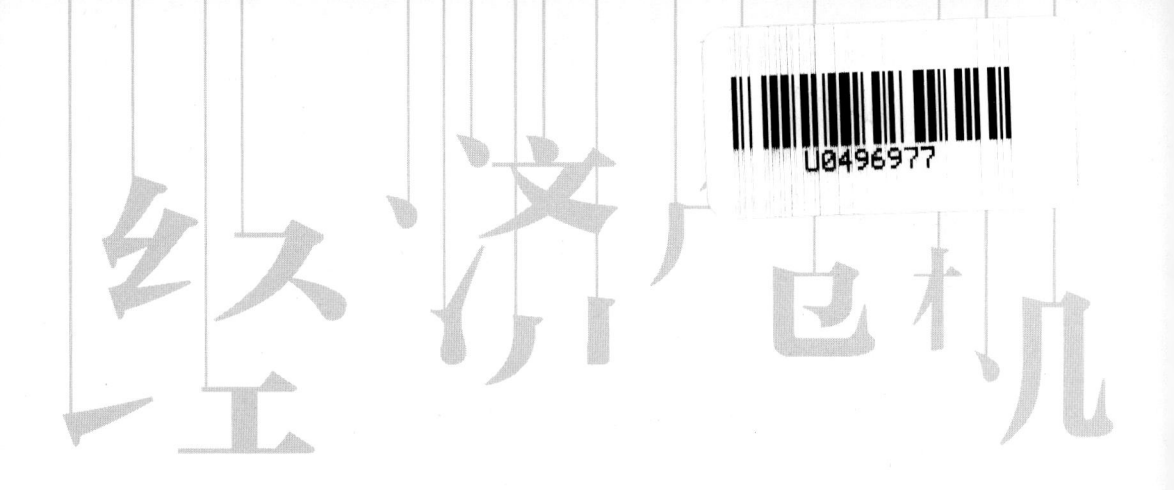

当代经济危机预警研究

——基于马克思主义政治经济学的视角

刘河北——著

西南财经大学出版社
中国·成都

图书在版编目(CIP)数据

当代经济危机预警研究:基于马克思主义政治经济学的视角/刘河北著.—成都:西南财经大学出版社,2023.7
ISBN 978-7-5504-5855-0

Ⅰ.①当… Ⅱ.①刘… Ⅲ.①金融危机—预警系统—研究
Ⅳ.①F830.99

中国国家版本馆 CIP 数据核字(2023)第 127781 号

当代经济危机预警研究——基于马克思主义政治经济学的视角
DANGDAI JINGJI WEIJI YUJING YANJIU——JIYU MAKESI ZHUYI ZHENGZHI JINGJIXUE DE SHIJIAO
刘河北　著

策划编辑:杨婧颖
责任编辑:杨婧颖
责任校对:雷　静
封面设计:墨创文化
责任印制:朱曼丽

出版发行	西南财经大学出版社(四川省成都市光华村街55号)
网　　址	http://cbs.swufe.edu.cn
电子邮件	bookcj@swufe.edu.cn
邮政编码	610074
电　　话	028-87353785
照　　排	四川胜翔数码印务设计有限公司
印　　刷	成都市火炬印务有限公司
成品尺寸	170mm×240mm
印　　张	14.5
字　　数	377 千字
版　　次	2023 年 7 月第 1 版
印　　次	2023 年 7 月第 1 次印刷
书　　号	ISBN 978-7-5504-5855-0
定　　价	80.00 元

1. 版权所有,翻印必究。
2. 如有印刷、装订等差错,可向本社营销部调换。

前言

自1825年英国爆发第一次经济危机以来，以生产过剩为特征的经济危机便周期性爆发，2008年全球金融危机则是二战后资本主义世界爆发的最严重的一次经济危机。在市场经济条件下，虽然经济危机无法避免，但是对经济危机进行预警并减少经济危机带来的损失，是能够做到的。

本书进行当代经济危机预警研究，遵循"提出问题—别人做了什么—本书要做什么—本书将如何做"的思路展开。要想成功地进行经济危机预警，第一位是运用科学的经济危机理论进行指导，第二位是选取恰当的预警指标。在分析层次上，本书按照"导论—文献回顾—寻找科学的经济危机理论（马克思经济危机理论）—选取恰当的预警指标（利润率是核心指标）—构建经济危机预警模型—将预警模型运用于实证分析"的顺序依次展开。

经济危机预警不仅是一个定量问题，也是一个定性问题。概括而论，面对经济危机带来的巨大灾难和损失，西方经济学总是找不到一种类似天气预报模式的、具有一定普遍性和准确性较高的经济危机的预警方法。西方经济学在经济危机预警上无所作为的原因主要是西方经济学没有真正抓住经济危机的本质和根源，进而无法形成科学的、经得起时间和事实检验的经济危机理论。西方经济学在定性的经济危机预警分析上的失败，导致西方经济学无法在定量的经济危机预警分析上取得令人满意的结果。与西方经济危机理论相比，马克思经济危机理论采用另外一种不同的范式来研究资本主义经济危机。笔者通过比较发现，马克思经济危机理论是一种科学而深刻的经济危机理论。这种科学性体现在采用科学的历史观和方法论、理论内在逻辑的一致性，经得起时间和事实的检验。为此，本书把马克思经济危机理论作为经济危机预警研究的理论基础。

资本主义基本矛盾既是马克思经济危机理论的理论内核，也是资本主义经济危机的根源。通过比较资本主义基本矛盾的三种主要表现形式（消费不足、比例失调和利润率下降），笔者发现，利润率下降不仅在理论上更加深刻，而且利润率下降趋势规律也更能够说明经济危机爆发的具体机制。因此，本书把利润率指标作为经济危机预警的核心指标。在对利润率进行估算后，本书构建了一个包含四个指标的经济危机预警指标体系，分别为利润率、实际利率、外汇储备和真实汇率；然后，利用这四个指标构建经济危机指数和经济危机预警模型，分别对1997年亚洲金融危机和2007年美国次贷危机进行危机预警检验，并基于经济危机预警模型探讨其对中国的启示。在实证分析过程中，笔者发现，本书构建的经济危机指数和经济危机预警模型是有效的，而且利润率指标在预警检验过程中发挥了重要作用，利润率指标并不是可有可无的。本书的三个实证分析证明了马克思经济危机理论不仅在危机预警的定性上是科学的，而且在定量的危机预警中也是非常有效的。

具体而言，本书各章节的主要内容如下：

第1章是绪论，主要包括选题背景、研究意义、概念界定，并重点阐述了进行经济危机预警的两个关键要点，即科学的经济危机理论、选取恰当的经济危机预警指标；同时，还包括本书的结构安排、研究方法和可能的创新之处。

第2章是关于经济危机预警的相关文献回顾，包括西方经济学和马克思主义学者对经济危机预警的研究。西方经济学对经济危机预警的研究可以分为三类，分别为统计方法预警、计量方法预警和DSGE模型预警。整体而言，这三类预警方法得到的预警效果并不佳，经济危机预警的有效性较差。这主要是因为，西方经济学没有真正抓住经济危机的本质和根源，经济危机定性上的错误决定了西方经济学的定量分析技术无论多么先进，都难以成功地进行经济危机预警。马克思主义学者对经济危机预警的研究，主要包括现有文献对马克思经济危机理论的四种不同解读。马克思对资本主义经济危机的论述是科学而明确的，其中最重要的论述是资本主义基本矛盾是经济危机的根源，生产过剩是经济危机的本质。但是，现有的许多文献对马克思经济危机理论的解读，却存在一种越来越忽视和淡化资本主义基本矛盾，而又过分地强调资本主义基本矛盾的表现形式，并把表现形式视为经济危机的主因和根源的倾向。为此，本书的第3章将从马克思的著作和手稿出发，来探讨马克思经济危机理论。

第3章是马克思经济危机理论，包括科学的历史观和方法论、马克思对古典经济学家关于生产过剩危机论点的批判，以及马克思经济危机理论的基本内容。马克思对经济危机的分析抓住了经济危机的根源和本质，沿着经济危机的可能性、现实性、必然性，生产过程，流通过程，资本的一般性和特殊性，信用，竞争，投机，世界市场的经济危机的层次逐步展开，这在逻辑上具有一致性。更为重要的是，马克思经济危机理论经受住了时间和事实的检验，从1825年至今的近200年的时间里，资本主义世界每隔一段时间就会爆发经济危机,这是对马克思经济危机理论的科学性的最好证明。由于马克思经济危机理论具有深刻性和科学性,本书把马克思经济危机理论作为经济危机预警的理论基础。

第4章对马克思经济危机理论进行了更细致、更具体的考察。首先对资本主义基本矛盾的三个主要表现形式进行比较分析,发现利润率下降比消费不足和比例失调都更加深刻,而且利润率下降趋势规律能够与经济危机爆发的具体机制紧密联系在一起。这与马克思经济危机理论具有内在的一致性,因此本书把利润率作为经济危机预警的恰当指标,而且是最为核心的指标。在分析了当代资本主义经济和经济危机的特点后,本书构建了一个包含四个指标的经济危机预警指标体系,这四个指标分别为利润率、实际利率、外汇储备和实际有效汇率。

第5章是利润率的计算。在理清与利润率的计算密切相关的理论问题之后,本书根据数据可得性的难易不同,分别计算了亚洲六国、美国和中国不同层次的利润率。通过对利润率的估算,本书有两个重要的发现:一是发现马克思利润率下降趋势规律在亚洲六国、美国和中国表现较为明显;二是发现利润率的短期波动与宏观经济的周期性波动紧密联系在一起,利润率的大幅下降总是伴随经济危机的爆发。所以,利润率与经济危机之间的这种关系,为本书利用利润率来预警经济危机提供了数据上的便利和统计上的可能。

第6章是构建以利润率为核心指标的经济危机预警模型:对1997年亚洲金融危机的预警再检验,主要包括对亚洲金融危机进行马克思主义的解读、计算亚洲六国经济危机指数、利用预警模型对亚洲金融危机的始发地——泰国进行预警再检验。其中,对泰国的研究发现,如果把经济危机指数中的利润率指标删去,那么经济危机指数将无法预警到经济危机。而且利用 Probit 模型和 Logit 模型进行危机预警再检验，发现泰国在 1996 年发生经济危机的概率大于 93%，将利润率指标剔除后，发生亚洲金融危机的概率则大大下降。一方面，这说明本书构建的经济危机预警模型对亚洲金融危机的预警再检验是有效的；另一方面，这说明利润率指标在本书构建的预警模型中居于很重要的地位，不是可有可无的。

第 7 章是采用类似于第 6 章的方法，对 2007 年美国次贷危机的预警再检验。笔者发现，经济危机指数能够在美国次贷危机爆发前的 2006 年发出预警。利用 Probit 模型和 Logit 模型对美国次贷危机的预警再检验，发现美国在 2006 年发生经济危机的概率大于 63%，将利润率指标剔除后，危机发生的概率也大大下降。这不仅说明本书构建的经济危机预警模型对美国次贷危机的预警再检验是有效的，而且说明了利润率指标的重要性。

第 8 章是采用类似于第 6 章、第 7 章的方法，对中国经济新常态下可能发生经济危机进行预警和检验。中国的经济危机预警指数显示，1988 年、2007 年、2010—2014 年和 2020—2021 年，中国发生经济危机的概率较大，这与中国当时的经济运行状况比较一致。此外，本书从定量分析和定性分析的角度对中国未来可能发生经济危机的领域做出预判，在实体经济的低利润率和虚拟经济的资产价格大幅波动的背景下，中国经济存在显著的"脱实向虚"问题，企业金融化趋势明显。房地产行业、金融领域和地方政府债务的风险较大，是重点防范的对象和领域。如果这些行业领域的经济指标发生异常变动，则应该引起相关部门的高度警惕。

第 9 章是本书的主要结论、政策建议与不足之处。本书的主要结论包括理论层次和实证分析层次所得到的结论，并从短期、中期和长期提出了相应的政策建议。比如，短期，要加快推进供给侧结构性改革，促使实体经济利润率回升；中期，加大科研投入，加快推进"一带一路"建设；长期，要完善所有制结构。

本书是在我的博士毕业论文的基础上修改而成的。本书在写作过程中，得到了我的博士生导师西南财经大学赵磊教授的悉心指导、同门张鏊博士的帮助，在此向他们表示衷心的感谢和崇高的敬意！感谢西南财经大学出版社的杨婧颖编辑为本书的出版给予的帮助、关照和付出！感谢我的妻子默默无闻的付出和支持，愿女儿健康快乐地成长！

本书从马克思主义政治经济学的视角对当代经济危机预警展开研究，希望对经济危机预警的相关研究能够起到抛砖引玉的作用。当然，本书内容仅是笔者在此研究领域的个人见解，因水平有限，书中难免存在不足之处，敬请广大读者谅解并不吝赐教。

刘河北
2023 年 3 月

目录

1 绪论 / 1

    1.1 选题背景与研究意义 / 1

        1.1.1 选题背景 / 1

        1.1.2 研究意义 / 4

    1.2 概念界定 / 6

        1.2.1 对当代的界定 / 6

        1.2.2 对经济危机的界定 / 6

        1.2.3 对经济危机预警的界定 / 8

    1.3 进行经济危机预警的两个关键要点 / 12

        1.3.1 科学的经济危机理论 / 12

        1.3.2 选取恰当的经济危机预警指标 / 14

    1.4 本书的结构安排 / 15

    1.5 本书的研究方法 / 17

    1.6 本书可能的创新之处 / 19

2 关于经济危机预警的相关文献回顾 / 21

    2.1 西方经济学对经济危机预警的研究：侧重定量 / 21

        2.1.1 统计方法预警 / 22

        2.1.2 计量方法预警 / 23

2.1.3 DSGE模型预警 / 29
　　2.2 马克思主义学者对经济危机预警的研究：侧重定性 / 32
        2.2.1 生产过剩论 / 33
        2.2.2 比例失调论 / 34
        2.2.3 消费不足论 / 35
        2.2.4 利润率下降论 / 35
        2.2.5 货币金融论 / 37
　　2.3 小结 / 40

3 马克思经济危机理论 / 41
　　3.1 科学的历史观和方法论 / 41
        3.1.1 历史唯物主义视角下的经济危机 / 42
        3.1.2 运用唯物辩证法分析经济危机 / 45
　　3.2 马克思对古典经济学家关于生产过剩危机论点的批判 / 46
        3.2.1 对萨伊、穆勒和李嘉图观点的批判 / 47
        3.2.2 对西斯蒙第和马尔萨斯观点的批判 / 49
　　3.3 马克思经济危机理论的基本内容 / 51
        3.3.1 危机的可能性：商品、货币与劳动 / 51
        3.3.2 危机的必然性：资本主义生产方式的内在矛盾 / 53
        3.3.3 危机具体形式的发展（Ⅰ）：资本的流通过程 / 55
        3.3.4 危机具体形式的发展（Ⅱ）：信用、竞争与资本的各种形态 / 58
        3.3.5 世界市场的危机 / 62
　　3.4 马克思恩格斯对经济危机的预测 / 64
　　3.5 小结 / 66

4 资本主义基本矛盾视角下的利润率下降与经济危机预警 / 68

4.1 利润率下降是更为恰当的危机预警指标 / 68
4.1.1 消费不足仅停留于消费环节 / 68
4.1.2 比例失调没有接近资本主义生产的本质 / 70
4.1.3 利润率下降动态地刻画了资本主义生产和历史趋势 / 72

4.2 利润率下降趋势与资本主义经济危机 / 74
4.2.1 马克思对斯密和李嘉图关于利润率下降趋势观点的批判 / 74
4.2.2 利润率下降趋势规律内部矛盾的展开和经济危机的爆发 / 76
4.2.3 资本闲置、贬值和破坏促使利润率恢复和走出经济危机 / 81
4.2.4 利润率下降趋势展现了经济危机循环爆发的图式 / 83
4.2.5 现有文献对利润率下降与经济危机的进一步研究：实证的角度 / 84

4.3 当代资本主义经济和经济危机的新特征 / 88
4.3.1 新的产业分工与全球经济失衡 / 89
4.3.2 有效需求不足转变为需求过度、消费透支和高福利 / 91
4.3.3 商品生产过剩转变为金融资本过剩和投机盛行 / 91
4.3.4 收入分配不公加剧：分配偏向资本、利润流向发达国家 / 92

4.4 构建当代经济危机预警的指标体系 / 93
4.4.1 利润率指标的理论依据 / 94
4.4.2 利率指标的理论依据 / 95
4.4.3 汇率指标的理论依据 / 97
4.4.4 外汇储备指标的理论依据 / 98

4.5 小结 / 99

5 利润率的计算：不同的定义、口径和计算方法 / 101

5.1 利润率估算的三个基本问题 / 102
- 5.1.1 价值量与价格量 / 102
- 5.1.2 生产性部门与非生产性部门 / 105
- 5.1.3 可变资本：生产性工人与非生产性工人的工资 / 108

5.2 利润率公式的分子：利润的确定 / 109

5.3 利润率公式的分母：资本的确定 / 111
- 5.3.1 资本数量的确定 / 111
- 5.3.2 资本价格的确定 / 112
- 5.3.3 对利润率计算的小结 / 113

5.4 亚洲六国的利润率 / 114

5.5 美国的利润率 / 119
- 5.5.1 美国制造业和生产性部门1997—2015年的利润率：增加值的视角 / 120
- 5.5.2 美国生产性部门1948—2014年的利润率：国民收入的视角 / 122
- 5.5.3 美国非金融公司1945—2014年的净利润率 / 124
- 5.5.4 美国两个具体生产性部门1948—2011年的净利润率 / 125
- 5.5.5 对美国利润率计算的小结 / 126

5.6 中国的利润率 / 127
- 5.6.1 中国1970—2020年工业与制造业利润率：世界银行数据 / 127
- 5.6.2 中国1998—2021年的利润率：《中国统计年鉴》数据 / 129

5.7 小结 / 130

6 以利润率为核心指标的经济危机预警模型：
对 1997 年亚洲金融危机的预警再检验 / 132

6.1 三种经典经济危机预警模型的原理与优缺点 / 133
6.1.1 FR 概率模型 / 133
6.1.2 STV 截面模型 / 134
6.1.3 KLR 信号分析法模型 / 136

6.2 亚洲金融危机：马克思主义的解读 / 139

6.3 各个预警指标之间的关系 / 142
6.3.1 对利润率核心地位的说明 / 142
6.3.2 利润率与其他预警指标的关系 / 143

6.4 对 1997 年亚洲金融危机的预警再检验 / 143
6.4.1 构建经济危机指数 / 143
6.4.2 亚洲六国的经济危机指数 / 145
6.4.3 利润率指标在经济危机指数中的重要性 / 150
6.4.4 利用 Probit 模型和 Logit 模型对亚洲金融危机导火索——泰国的危机预警再检验 / 151

6.5 小结 / 154

7 以利润率为核心指标的经济危机预警模型：
对 2007 年美国次贷危机的预警再检验 / 156

7.1 对美国次贷危机根源的争论 / 156
7.2 美国的经济危机指数 / 159
7.3 利用 Probit 模型和 Logit 模型对美国次贷危机的预警再检验 / 161
7.4 小结 / 165

8 以利润率为核心指标的经济危机预警模型：对中国经济的启示 / 167

8.1 中国经济新常态的特征与挑战 / 167
8.2 对中国经济进入新常态的原因的争论 / 168
8.3 中国的经济危机预警指数 / 171
8.4 在新常态背景下中国可能发生经济危机的领域 / 174
8.5 小结 / 177

9 主要结论、政策建议与不足之处 / 178

9.1 主要结论 / 178
9.1.1 理论层次上的结论 / 178
9.1.2 实证分析所得到的结论 / 179
9.2 政策建议 / 180
9.2.1 短期，要加快推进供给侧结构性改革，促使实体经济利润率回升 / 181
9.2.2 中期，加大科研投入，加快推进"一带一路"建设 / 182
9.2.3 长期，要完善所有制结构 / 183
9.3 本书的不足之处 / 184

参考文献 / 186

附录 / 202
附录A 第5章计算所得的利润率数据 / 202
附录B 第6章亚洲金融危机预警再检验所用的数据 / 213
附录C 第7章美国次贷危机预警再检验所用的数据 / 216

1 绪论

1.1 选题背景与研究意义

1.1.1 选题背景

"资产阶级争得自己的阶级统治地位还不到一百年，它所造成的生产力却比过去世世代代总共造成的生产力还要大，还要多"[①]，马克思和恩格斯在《共产党宣言》中指出了资本主义创造出巨大生产力的历史进步性，同时也指出了资本主义经济危机必然会周期性爆发的残酷现实。与资本主义之前的时代相比，生产过剩的经济危机是一种奇怪的现象。在资本主义生产关系中，生产力的发展使生产出来的商品多到卖不完，以至于只能通过商品毁灭，如把牛奶倒入大海、资本破坏和生产力的后退来解决问题[②]，而且经济危机是资本主义发展到大工业时代的特有、固有的现象[③]。

经过第二次工业革命，资本主义的生产力得到更大的发展，"生产资料太多，工商业规模太大"的现象更为普遍和严重，之后就爆发了影响世界格局的1929—1933年经济危机。二战以后，第三次科技革命的爆发，使生产力获得了更大的发展，资本主义生产方式也在欧美日以外的国家和地区得到更大范围的拓展，各国的商品生产能力都得到普遍的提升。此外，二战后，资本主义生产关系也出现了一些新变化，如国家对经济的调控能

[①] 《马克思恩格斯全集》，人民出版社，1958，第471页。
[②] "生产过剩的瘟疫[……]生产资料太多，工商业规模太大[……]生产力已经增长到这种关系所不能容纳的地步"，《马克思恩格斯全集》第4卷，人民出版社，1958，第472页。
[③] "延续多年的、本身分为一些各具特点的时期或时代的工业周期，确是大工业所固有的"，《马克思恩格斯全集》第46卷（下），人民出版社，1980，第235页。

力得到加强，国家垄断资本主义得到了发展，经济全球化背景下的跨国贸易、跨国投资和技术传播变得很普遍，各国的经济联系也更为紧密，出现了区域集团化。冷战结束后，资本主义和市场经济制度覆盖了全球绝大部分地区。西方国家特别是北欧国家，由于较高的经济发展水平以及重视对收入分配进行再调控，不同程度地迈入了高福利的"福利国家"行列，阶级矛盾得到了缓和；而发展中国家的社会福利、收入分配关系和劳资关系，则比发达国家更为严峻。

二战以后，虽然资本主义出现了新变化，资本主义生产关系也进行了局部调整，但是经济危机并未被克服和消除，资本主义生产关系的局部调整也不可能消除危机，二战后除了一些局部危机（如20世纪80年代的拉美债务危机），资本主义世界还爆发了六次较大的危机，如1957—1958年、1973—1975年、1980—1982年、1990—1991年、1997年亚洲金融危机和2008年全球金融危机，其中2008年全球金融危机是二战后资本主义爆发的最严重、破坏力最强的一次危机（刘鹤，2013），"危机永远只是现有矛盾的暂时的暴力的解决"[1]。一波未平一波又起，2009年希腊债务危机的爆发又把欧洲的主权债务问题推向了台前（贺力平，2010），社会各界对金融危机、主权债务危机以及经济危机的各方面展开了广泛的讨论和反思。西方主流经济学并未预测到2008年全球金融危机，而2008年全球金融危机反而印证了"马克思是对的"，当时在西方社会还出现了"马克思热"和《资本论》畅销的现象。资本主义的经济危机史也表明，资本主义总是试图不断地避开危机，但又不断地不可避免地走向危机，经济危机是资本主义无法摆脱的顽疾。

从经济危机的地理分布来看，经济危机主要爆发于经济最发达的北美洲、欧洲等地，这些国家及地区不仅拥有众多的研究机构和大量训练有素的、获得过诺贝尔经济学奖的经济学家，而且拥有完善的统计机构和系统的统计数据。研究经济的各种计量模型和数理模型也是层出不穷的。从理论上来看，经济危机虽然无法避免，但是对经济危机进行预警并减少危机带来的损失，是可以做到的，这就像恶劣天气虽无法避免，但天气预报总是能进行预测并提醒我们做好防范是一样的。但事实上，面对经济危机带来的巨大灾难和损失，西方经济学总是找不到一种类似天气预报模式的、

---

[1]《马克思恩格斯全集》第25卷，人民出版社，1974，第277-278页。

具有一定普遍性和准确性、较高的经济危机预警方法。难道经济危机本身根本无法预测？对于这一问题，马克思早就回答我们了。早在 1856 年马克思写给恩格斯的信中，马克思就预言资本主义世界将在 1857 年爆发危机[①]，结果 1857 年 11 月经济危机果真就爆发了，这说明经济危机是可以预测的。马克思对 1857 年经济危机的成功预测，主要是由于马克思对资本主义制度进行了长期而深刻的研究，对资本主义经济危机的规律有了全面的认识和准确的把握。而且，经济危机的周期性爆发也是马克思转向政治经济学研究的动因之一[②]。

面对当前经济学无法准确预测经济危机的困境，一方面，政治经济学在模型定量分析方面存在的不足，使得在马克思之后，政治经济学大部分相关文献专注于对经济危机的定性分析，而忽视了对经济危机预警方面的研究，导致政治经济学对经济危机预警的定性优势完全没有发挥出来；另一方面，虽然西方经济学在经济危机预警的定量分析方面存在众多工具上的优势，而且设计出了许多经济危机预警模型，但是在定性的理论层面上，西方经济学常常找不准经济危机的真正根源，也认不清经济危机的真正本质，对经济危机认识的深刻性远不及马克思（刘明远，2014）。西方经济学对经济危机的解读，通常是把经济危机视为一种外在的偶然性事件，将经济危机的根源归因于外部因素和人为因素，如外生冲击、政策失误、监管不力、投机和人性的自私，等等。

虽然马克思主义政治经济学在危机预警模型的定量分析方面的研究还需要进一步开拓和发展，但是在对经济危机进行"追根溯源"的理论定性分析上，马克思主义政治经济学的深刻性和科学性则远超西方经济学。西方经济学在经济危机理论定性上的片面性，决定了西方经济学不能准确预测经济危机。而某些西方经济学学者，他们确实在经济危机爆发前，对经济危机做出了成功的预测。但是，刘明远（2014）指出，这种成功预测，一方面存在较大的偶然性，另一方面他们是根据"大的繁荣之后，必然会

---

① "贴现率的提高，不论其原因如何，总是在加速巨额投机活动的崩溃，特别是巴黎的大 pawningshop 的崩溃。我不认为，一场大的金融危机的爆发会迟于 1857 年冬天"，《马克思恩格斯全集》第 29 卷，人民出版社，1972，第 72-73 页。

② "目前的商业危机促使我认真着手研究我的政治经济学原理，并且搞一些关于当前危机的东西"，《马克思恩格斯全集》第 29 卷，人民出版社，1972，第 527 页。

出现大的危机"来预测经济危机的,这种简单的因果关系与马克思科学的经济危机理论相比,存在本质差异。

鉴于以上状况,本书要开展的工作是选择并运用科学的经济危机理论作为理论基础,选用恰当的经济危机预警指标,构建经济危机预警指标体系和预警模型,对当代[①]的经济危机进行预警研究。那么,什么才是科学的经济危机理论呢?本书认为,与西方经济学的经济危机理论相比,马克思的经济危机理论是科学而深刻的,这种科学性和深刻性体现在马克思坚定的阶级立场、科学的历史观和方法论、对经济危机科学而深刻的分析上面。唯有如此,才能深刻洞察资本主义制度内在的运行机制和经济危机的必然性。

1.1.2 研究意义

本书从马克思主义政治经济学的视角出发,运用马克思的经济危机理论并且尝试构建恰当的经济危机预警指标,对当代经济危机进行预警。

本书的研究意义体现在两方面。一方面,在我们所处的时代和世界中,经济危机不但无法避免,而且会周期性地爆发,经济危机带来的损失是巨大的。如何在经济危机爆发前,对经济危机进行预测和预警,以降低经济危机带来的损失,具有重要的现实意义。而西方经济学在经济危机预警中的表现不尽如人意,以至于英国女王伊丽莎白二世在2008年全球金融危机爆发后,向伦敦经济政治学院的教授们提出了"为什么没有预测到金融危机"的疑问,而教授们也为西方经济学在危机预警方面的无所作为而感到困惑不解。西方经济学在危机预警方面的无所作为(刘明远,2014),恰恰从侧面反映出政治经济学在经济危机预警方面应该有所作为。因此,面对这种状况,本书从马克思主义政治经济学的视角出发,对当代经济危机进行预警研究,算是一次有益的尝试。另一方面,当前学术界对马克思经济危机理论的解读,存在两个问题:一是割裂了资本主义基本矛盾和基本矛盾的具体表现形式的关系,淡化了基本矛盾而单方面突出基本矛盾的具体表现形式(克拉克,2011),这容易使丧失政治经济学的批判性和深刻性,而走向肤浅;二是对马克思经济危机理论进行单因论

---

① 本书把"当代",界定为二战以后(1945年至今),下文将对"当代"进行详细的界定。

和多因论①的解读，在单因论与多因论之间纠缠。之所以会出现单因论和多因论的解读和纷争，主要是因为这种解读割裂了基本矛盾和基本矛盾的具体表现形式之间的关系，用一种表现形式去否定另一种表现形式，或者把经济危机的根源归结为多因素。事实上，马克思对经济危机的论述是非常明确的，如资本主义经济危机的本质是生产过剩②，根源是资本主义基本矛盾③，而且资本主义基本矛盾还有两个具体的表现形式——生产无限扩大与有支付能力的需求相对缩小的矛盾，单个企业内部生产的有组织性与整个社会生产的无政府状态之间的矛盾④，再加上利润率下降趋势规律，把这三者综合起来，资本主义基本矛盾就存在三个主要表现形式，即消费不足、比例失调和利润率下降。而且对于经济危机的根源，马克思的结论和逻辑都是单因论或一元论的，消费不足、比例失调和利润率下降只是基本矛盾的表现形式。但是，许多文献对马克思经济危机理论的解读，要么是犯了方法论上的错误、要么是有意而为之，形成了所谓的消费不足论、比例失调论和利润率下降论三个对立观点（许健康，2009）。谢富胜等（2010）从单因论和多因论的角度，对现有文献进一步概括出四种对立的论点，即消费不足论、比例失调论、利润挤压论和利润率下降论。

本书认为，消费不足、比例失调和利润率下降是资本主义基本矛盾的不同表现形式、不同侧面，是同时存在的三种现象，不能把三者对立起来。某些文献对马克思的经济危机理论进行单因论和多因论的解读，一方面，淡化了基本矛盾与经济危机之间的关系，容易引起歧义和分歧，似乎基本矛盾不重要了，这种淡化是应该引起足够警惕的；另一方面，悬置甚至不提基本矛盾，而只提经济危机的具体原因或者基本矛盾的具体表现形

---

① 《新帕尔格雷夫经济学大辞典》在对"马克思的危机理论"进行论述时，使用的是"单因论"和"非单因论"两个词，参见《新帕尔格雷夫经济学大辞典》第3卷，北京：经济科学出版社，1996，第409页；谢富胜等（2010）根据曼德尔的方法，使用"单因论"和"多因论"的提法，参见谢富胜、李安、朱安东《马克思主义危机理论和1975—2008年美国经济的利润率》，中国社会科学，2010，第67页。

② "在危机中，特别是在作为危机的基本现象的生产过剩"，《马克思恩格斯全集》第26卷（Ⅱ），人民出版社，1973，第603页。

③ "社会化生产和资本主义占有之间的矛盾"，《马克思恩格斯全集》第20卷，人民出版社，1971，第301页。

④ 这也是中国当前的政治经济学教科书使用的普遍说法，参见刘诗白：《政治经济学》，西南财经大学出版社，2004，第125-126页。

式，这样容易消解甚至使人忘记马克思对经济危机理论研究的伟大贡献，甚至容易落入西方经济学的范畴和窠臼，而这种现象和问题不仅应该得到澄清、重视，而且应该得到纠正。

1.2 概念界定

1.2.1 对当代的界定

本书是对当代经济危机预警进行研究，研究的时间范围为当代，所以首先需要对当代进行界定。"当代"是一个时间概念，也是一个历史学概念。与"当代"相对应的词有古代、近代、现代，而现代和当代两个词比较接近，有时候不会做严格的区分。这些词可以和不同的地理概念相结合，如中国的古代、近代、现代和当代，一般是以1840年的鸦片战争、1919年的五四运动和1949年新中国的成立（朱佳木，2009），作为时间节点进行划分的，即中国的当代是指1949年新中国成立至今的历史。而世界近代史则是以1640年英国资产阶级革命的爆发作为起点，世界现代史则是以1917年俄国十月革命作为开端，二战结束（1945年）后至今的历史则被界定为世界当代史。

根据本书研究的需要，本书把"当代"界定为二战结束（1945年）后至今的历史，这种界定一方面是参照传统的划分习惯，另一方面与二战前的资本主义发展历史相比较，二战后的资本主义虽然其本质未发生改变，但其也呈现出许多新的特点，如第三次科技革命、国家垄断资本主义、高福利制度、经济全球化、冷战结束后"一超多强"的世界格局等。同时，二战后资本主义经济危机依旧周期性地爆发，但经济危机也呈现出许多新特点，特别是金融在经济危机中扮演着越来越突出的角色，原先的有效需求不足也转变为需求过度和消费透支，实体经济中的生产过剩、商品过剩也转变为虚拟经济中的资本过剩和金融投机盛行（赵磊，2008），而生产过剩也并不局限于一国或一地区，2008年全球金融危机实质上是全球性生产过剩。

1.2.2 对经济危机的界定

《新帕尔格雷夫经济学大辞典》第1卷对"危机"一词进行了专门的

定义，而且是从马克思的角度进行定义的。该词条开头便指出，"经济学中'危机'一词的使用主要与马克思联系在一起"①。

"经济危机"一词在马克思的语境中，具有特殊的意义。马克思对经济危机的分析是严格建立在对资本主义经济进行深刻分析的基础之上的。经济危机内生于资本主义制度，经济危机作为资本主义积累的后果，是资本主义社会一切矛盾的集中体现和爆发，因此资本主义经济危机具有必然性。

具体而言，马克思首先从简单商品循环来分析经济危机的可能性，而后从资本循环来分析经济危机的现实性。马克思所定义的经济危机主要是资本主义经济发展过程中周期爆发的生产相对过剩的危机。更精确地讲，主要是资本循环过程中资本更新与扩张的中断，是资本积累的中断。虽然经济危机可能由一些偶然的因素引发，如战争、农业歉收、投机等，经济危机还表现出生产停滞、物价下跌、失业等特征，但马克思认为经济危机的本质是生产过剩，而且是生产的相对过剩，这个相对过剩是相对于一定的价格②、有限的收入（支付能力）和一定的利润率水平而言的。除了对经济危机必然性的论述，马克思还指出了经济危机的周期性爆发，至于长期的、永久性的经济危机和经济的长期下降或停滞是不存在的③，并且经济危机也不应该被认为是资本主义的最后灭亡，经济危机是资本主义的正常现象和事件，是资本主义内在矛盾的集中爆发和暂时缓解④。经济危机作为经济周期中的决定性阶段，还意味着经济危机过后资本又将重新组织起来，资本积累又重新开始，资本主义经济在经历经济危机和萧条阶段之后，又逐步步入复苏和繁荣阶段，循环往复。

马克思对经济危机的认识是深刻的，但这种深刻并不脱离它对现实经济的描述，马克思的经济危机不仅包括单个经济部门生产过剩引发的特殊危机，如企业破产、银行倒闭、金融大崩溃，也包括影响所有经济部门，甚至波及世界其他国家的最一般的经济危机。经济危机过去是，现在也是

---

① 《新帕尔格雷夫经济学大辞典》第1卷，经济科学出版社，1996，第783页。

② "商品的过剩总是相对的，就是说，都是在一定价格条件下的商品过剩"，《马克思恩格斯全集》第26卷（Ⅱ），人民出版社，1973，第576-577页。

③ "暂时的资本过剩、生产过剩［……］永久的危机是没有的"，《马克思恩格斯全集》第26卷（Ⅱ），人民出版社，1973，第567页，注1。

④ "危机永远只是现有矛盾的暂时的暴力的解决，永远只是使已经破坏的平衡得到瞬间恢复的暴力的爆发"，《马克思恩格斯全集》第25卷，人民出版社，1974，第277-278页。

资本主义世界普遍的、周期性爆发的事件。因此，马克思的经济危机，除了一般意义上的生产相对过剩的危机外，还包括各种具体的危机，如货币危机、银行危机、通货膨胀危机、股票市场危机、外汇市场危机、主权债务危机、支付危机等，这些具体危机爆发的直接原因虽然各不相同，但是只要对这些具体危机的根源进行追溯，最后必然会追溯到资本主义基本矛盾，而且这些具体危机的本质都是生产相对过剩。

1.2.3 对经济危机预警的界定

预警（early warning）是指在重大事件（如危机）爆发之前，能够事前预先发出警报，便于提前采取预防措施，避免损失和危害。预警与预测密切相关，预测是预警的基础，预警是在预测的基础之上发出相应的警报，只有成功预测了事物的发展，才能发出正确的警报[①]。所以，预警的前提是强调对规律的认识，只有把事物变化发展的规律认识清楚，才能成功预警。现实中，虽然也存在预警错误或预警不准确的情况，但是这并非否定预警的存在和继续发挥作用。在现实生活中预警有较为广泛的应用，常见的预警比如天气预报，对灾害性天气——寒潮、台风、暴雨、干旱、雾霾等预警；突发事件预警，如火灾预警；军事预警，如采用预警机、雷达等进行预警；经济上的财务预警、融资风险预警。顾海兵（1994）认为，预警包括四个步骤：明确警情（明确预警指标）、寻找警源（导致危机灾害的各种原因，包括内因、外因、根本原因）、分析警兆（分析指标的异常变化）、预报警度（发布灾害的严重程度，划分危险等级）。对于预警，许多文献还采用预警系统（early warning systems）和预警信号（early warning signals）等术语，它们只是表达方式不同，本质并无差异。

将预警运用于经济领域，虽然在19世纪就出现了（顾海兵，1997），但是各国政府重视并将经济预警大规模运用于实践的历史，则始于二战后的20世纪50年代（顾海兵，1994），经济预警运用的领域非常广泛，经

[①] 与"预警"较为密切的词，有"预期""预测"，三者的共同点在于"预"，即事先、事前、预先、事情还未发生。三者的差异分别体现在"警""期""测"，"警"表示警告、警示、警报，事故将要发生而且事态较为严重，如火警；"期"表示期待、期望，是人的一种主观判断，强调现在与未来的变化差异；"测"表示推测、测度、测定、测算，强调运用一定的方法和数据资料，对事物未来的发展变化进行推测。从这三个词包含的范围大小来看，预期范围最大、最宽泛；预测其次；预警最小，值得进行预警的事件也是危害较大、破坏能力较强的少数事件。所以，预警是预期和预测其中的一部分。

济危机预警只是其中之一。

经济危机作为一个总称，里面包含许多具体的危机，如经济危机中的货币危机和外汇市场危机。许多文献是通过合成一个综合指数来界定货币危机，然后设置一个门槛值，通过比较门槛值与综合指数的大小来界定经济危机预警的。

具体文献，如艾肯格林（Eichengreen）等（1995）把危机定义为对中央银行的总外汇储备和贴现利率，偏离其均值的百分比。弗兰克尔（Frankel）和罗斯（Rose）（1996）指出，货币的名义汇率贬值至少达到25%，以及折现率至少上升10%，危机倾向于在产出增长很低、国内信贷快速增长、国外利率水平很高的时候发生，FDI与债务的低比例与危机发生的高概率存在高度一致。卡明斯基等（Kaminsky et al.，1998）在前两者的基础上，构建了一个外汇市场压力指数（exchange market pressure index，EMPI），这一指数采用名义汇率（nominal exchange rate，NER）和外汇储备（foreign exchange seserves，FES）这两个指标的加权平均月度变化百分比来表示。当EMPI超过其均值与3倍标准差之和时，就认定此时危机发生了。

$$\mathrm{EMPI}_t^i = \frac{\mathrm{NER}_t^i - \mathrm{NER}_{t-1}^i}{\mathrm{NER}_{t-1}^i} - \frac{\sigma_{\Delta \mathrm{NER}}^i}{\sigma_{\Delta \mathrm{FES}}^i} * \frac{\mathrm{FES}_t^i - \mathrm{FES}_{t-1}^i}{\mathrm{FES}_{t-1}^i}$$

$$C_t^i = \begin{cases} 1, & \text{如果 } \mathrm{EMPI}_t^i > \overline{\mathrm{EMPI}^i} + 3\sigma_{\mathrm{EMPI}^i}^i \\ 0, & \text{其他} \end{cases}$$

贝克曼（Beckmann）等（2006）和布西埃（Bussiere）、弗雷兹策尔（Fratzscher）（2006）在卡明斯基等（Kaminsky et al.，1998）的基础上，为了把通货膨胀的因素考虑进去，在外汇市场压力指数中加入了实际利率（real interest rates，用r表示），并且用实际有效汇率（real effective exchange rate，REER）代替了名义汇率（NER），FES依旧为外汇储备，他们利用这三个变量来定义EMPI，其中方差越大权重越小，并把当EMPI超过其均值与两倍标准差之和时，危机爆发：

$$\mathrm{EMPI}_t^i = \frac{1}{\sigma_{\mathrm{REER}}}\left(\frac{\mathrm{REER}_t^i - \mathrm{REER}_{t-1}^i}{\mathrm{REER}_{t-1}^i}\right) + \frac{1}{\sigma_r}(r_t^i - r_{t-1}^i) - \frac{1}{\sigma_{\mathrm{FES}}}\left(\frac{\mathrm{FES}_t^i - \mathrm{FES}_{t-1}^i}{\mathrm{FES}_{t-1}^i}\right)$$

$$C_t^i = \begin{cases} 1, & \text{如果 } \mathrm{EMPI}_t^i > \overline{\mathrm{EMPI}^i} + 2\sigma_{\mathrm{EMPI}^i}^i \\ 0, & \text{其他} \end{cases}$$

塞维姆（Sevim）等（2014）采用了上述文献类似的对货币危机定义的方法，但也存在差异，他们首先定义了美元汇率（dollar exchange rate，用 E 表示）、央行的外汇储备（foreign exchange reserves of the central bank，用 R 表示）和隔夜利率（overnight interest rates，用 I 表示）的月度变化率，分别用 e、r、i 表示：

$$e_t = \frac{E_t - E_{t-1}}{E_{t-1}}, \quad r_t = \frac{R_t - R_{t-1}}{R_{t-1}}, \quad i_t = \frac{I_t - I_{t-1}}{I_{t-1}}$$

在 e、r 和 i 的基础上，他们定义了金融压力指示（financial pressure index，FPI），并表示为

$$\text{FPI}_t = \frac{1}{3}\left(\frac{e_t - \mu_e}{\sigma_e} - \frac{r_t - \mu_r}{\sigma_r} + \frac{i_t - \mu_i}{\sigma_i}\right)$$

其中，μ 和 σ 为相应的均值和标准差。

同时，把门槛值（threshold value，TV）定义为：$\text{TV} = \mu + a\sigma$。而后，把危机 C 定义为一个虚拟变量，FPI>TV 时爆发危机，其他时候危机不发生：

$$C = \begin{cases} 1, & \text{如果 FPI} > \text{TV} \\ 0, & \text{其他} \end{cases}$$

除了模型中应该包括哪些变量以及外汇市场压力指数或金融压力指数的加权数不一样之外，现有文献的分歧还在于 TV 中的系数 a 应该多大？大部分文献把 a 取值范围定为 1.5~3。贝克曼等（Beckmann et al., 2006）发现，在很多情况下，卡明斯基等（Kaminsky et al., 1998）对货币危机的定义方式，似乎是最实用的一个定义。

以上是经济危机预警的第一步，即定量地界定经济危机并构建危机指数。第二步则是定义预警信号，当危机指数超过门槛值时，便发出危机警报，进而形成经济危机预警。而且危机警报必须在危机爆发前发出，贝熙叶和弗雷兹策尔（Bussiere & Fratzscher, 2006）、塞维姆等（Sevim et al., 2014）的界定方法是，只要危机警报在危机发生前的 12 个月之内，能够发出预警信号，则意味着经济危机预警是成功的。

具体而言，塞维姆等（Sevim et al., 2014）把预警信号（EWS）定义为，当危机预期在未来 12 个月之内将发生时，EWS 取 1，当没有预期到时，EWS 取 0。

$$\text{EWS} = \begin{cases} 1, & \text{如果 } \text{ECI}_{t+k}^{i} > \overline{\text{ECI}^{i}} + a \times \sigma_{\text{ECI}^i}^{i}, \ k = 1, 2, 3, \cdots, 12 \\ 0, & \text{其他} \end{cases}$$

比如，美国次贷危机在 2007 年 8 月爆发，那么 EWS 在 2007 年 8 月之前的 12 个月都应该发出信号，EWS 此时取 1，其他时间取 0，如表 1.1 所示。对于即将可能到来的危机，所有变量都有能力发出一个预警信号，但是要预测危机准确发生的时间，则只有少数几个有意义的基础性的信号能起作用（卡明斯基 等，1998）。同时，预警信号还存在误报的可能，这些都涉及预警模型的稳定性和稳健性，这是在实证过程中需要注意的问题。

表 1.1 预警信号的定义

时间	危机	预警信号
2006.7	0	1
2006.9	0	1
2006.10	0	1
2006.11	0	1
2006.12	0	1
2007.1	0	1
2007.2	0	1
2007.3	0	1
2007.4	0	1
2007.5	0	1
2007.6	0	1
2007.7	0	1
2007.8	1	0
2007.9	1	0
2007.10	1	0

1.3 进行经济危机预警的两个关键要点

1.3.1 科学的经济危机理论

科学的经济危机理论是成功进行经济危机预警的基础和前提。根据库恩的科学哲学,一套理论是否科学,一般需要满足两个条件,即理论自身的逻辑自洽(理性)和经得起经验事实的检验(证实)。现有的经济危机理论存在两种不同的范式,即马克思的经济危机理论和西方经济学的经济危机理论。从库恩的标准来看,马克思的经济危机理论不仅在逻辑上是自洽和严密的,而且是能够经受历史和事实的检验的。而西方经济学的经济危机理论,其科学性远不如马克思的经济危机理论。

(1)从西方经济学的发展历史来看,如在古典经济学阶段,坚持"供给自动创造需求"的萨伊是不承认经济危机的存在的。詹姆斯·穆勒则指出,供给等同于需求[1],而李嘉图也认为生产与消费是等价的,买者和卖者是等同的,进而否定危机的存在[2]。西斯蒙第虽然承认经济危机的存在[3],但却无法找到经济危机的真正根源和解决危机的真正办法,并指出过剩的商品需要通过富人的过度消费来解决[4]。而马尔萨斯对经济危机的看法,则是对西斯蒙第观点的剽窃,并无新颖之处[5]。这些西方古典经济学家,要么不承认经济危机的存在,要么找不到、认不清经济危机的真正根源,在这种情况下,他们所谓的经济危机理论的科学性何在?

(2)古典经济学之后的新古典经济和现代主流经济学,都是建立在一般均衡的框架之上,他们更喜欢使用经济波动理论或者经济周期理论来解

---

[1] "需求和供给直接等同(从而市场商品普遍充斥的不可能性)",《马克思恩格斯全集》第26卷(Ⅲ),人民出版社,1974,第106页。

[2] "主张把资本主义生产中的消费者(买者)和生产者(卖者)等同起来,从而否定危机",《马克思恩格斯全集》第26卷(Ⅱ),人民出版社,1973,第592页。

[3] "在西斯蒙第看来,危机并不像李嘉图所认为的那样是偶然的,而是内在矛盾的广泛的定期的根本爆发",《马克思恩格斯全集》第26卷(Ⅲ),人民出版社,1974,第55页。

[4] "资本家引起的生产过剩的失调现象,则通过财富享受者的消费过度得到消除",《马克思恩格斯全集》第26卷(Ⅲ),人民出版社,1974,第51页。

[5] "马尔萨斯用多么巧妙的办法剽窃了西斯蒙第的观点",《马克思恩格斯全集》第26卷(Ⅲ),人民出版社,1974,第55-56页。

释现实经济中发生的经济危机,即便如此,在《新帕尔格雷夫经济学大辞典》第1卷"萧条"的词条下,有这样一段话①(参见脚注)。从这段话可知,西方经济学的周期理论没有成功地回答这样一个根本性问题,即"危机②,进而萧条对于资本主义制度而言,是一个内生的、固有的,还是一个偶然性的结果?"一个理论倘若连与该理论密切相关的根本性问题都无法正确地回答,说明这个理论还不够深刻,其科学性何在?

(3)在2008年全球金融危机爆发后,时任美联储主席格林斯潘反思自己为什么没有预测到这次严重的危机。格林斯潘指出,充斥于市场上的非理性因素(动物精神)未纳入经济模型当中,是预测失败的主要原因之一。而此次经济危机的原因在于政府的监管体系出了问题。很显然,格林斯潘的这种反思是片面的。与此同时,克鲁格曼也对2008年全球金融危机进行了反思,他提出了这样一个问题,"是经济学出了问题,还是经济学家们出了问题?"克鲁格曼进一步指出,一方面,经济学作为一门学科,在很大程度上已经走上了一条邪路;另一方面,经济学家过分地相信人的理性和市场的完美,以至于2008年全球金融危机几乎没有人预测到,最后克鲁格曼指出,经济学需要改革和反思,经济学家自身也有错误③。2008年全球金融危机在印证马克思经济危机理论的科学性的同时,又对西方主流经济学打了一个大大的问号。

西方经济学从古典经济学开始发展至今,其经济危机理论正是因为缺乏科学性,缺乏对资本主义经济危机深刻的认识,找不准经济危机的根源,对经济危机的本质认识不清,理论上的不足导致西方经济学很难对经济危机做出成功预警,偶尔成功的预警更多地只能归于运气成分。

而马克思经济危机理论的科学性,一方面体现在理论自身的科学,另一方面体现在理论对现实危机的成功验证和预测。首先,马克思经济危机理论是在批判和继承古典经济学经济危机理论的基础上,并在科学的历史观和方法论的指导下完成的,这使得马克思经济危机理论在内容和逻辑

---

① "大多数周期理论出现相同的描述重点和相同的解释因素,这是不足为奇的。然而,这些理论,没有一个能完全成功地回答萧条是否是世界资本主义发展固有和内在循环的组成部分,或是否每一次萧条都无一例外地是各种环境的偶然结合的结果",《新帕尔格雷夫经济学大辞典》第1卷,经济科学出版社,1996,第874页。

② 在经济周期中,萧条的前一个阶段是危机,危机爆发之后便是萧条,所以在论述萧条的时候,就暗含了危机已经存在,危机已经发生了。

③ 克鲁格曼:经济学是如何出错的?译言网,http://article.yeeyan.org/view/100667/424112。

上,具有内在的一致性。本书的第3章将详细论述马克思经济危机理论的科学性。其次,马克思经济危机理论也是能够经受历史和事实的检验的。1825年至今,资本主义世界周期性爆发的经济危机,则是对科学的马克思经济危机理论最好的证明和注释。1929—1933年的大萧条印证了马克思的论断,2008年全球金融危机的爆发也必须重提马克思(赵磊和李节,2009)。只要资本主义还没有灭亡,经济危机就依然会周期性地爆发,马克思对资本主义做出的科学论断就不会过时,而且其科学性具有长期不变性,这一点会被历史和未来不断发生的经济危机验证。最后,马克思主义不但具有科学性,而且具有阶级性。阶级性作为价值判断,丝毫不会影响马克思经济危机理论的科学性,科学性与阶级性两者是辩证统一的。

综上所述,通过比较可知,马克思经济危机理论是科学的经济危机理论,因此,本书把马克思经济危机理论作为当代经济危机预警的理论基础和依据。本书的第3章将重点论述为什么马克思经济危机理论是科学的经济危机理论。

1.3.2 选取恰当的经济危机预警指标

经济危机预警,除了需要有理论作为基础和依据之外,还需要选取恰当的预警指标。世界上既不存在两片完全相同的叶子,也不存在两次一模一样的经济危机,虽然资本主义经济危机的根源和实质是不变的,但是每一次经济危机都是独特的,经济危机发生的时间、地点、经过、领域等都是不一样的,经济危机可能是由农业歉收、某一部门生产过剩、信用收缩、生产要素短缺、高利率、银行挤兑、投机猖狂、价格暴跌暴涨、贸易中断等多种多样的具体原因引起的,或者突然爆发,或者缓慢爆发。如何在看似复杂的经济危机现象中选择恰当的预警指标呢?

许多文献在进行经济危机预警研究时,选取的预警指标往往缺乏理论依据,而且带有一定的随意性。比如卡明斯基等人(Kaminsky et al.,1998)在研究货币危机时,收集了103个危机预警指标,并且比较了这103个指标在以往文献中的显著性状况,最后从中选取了15个比较显著的指标。伯格和帕蒂略(Berg & Pattillo,1999)对KLR模型进一步的研究发现,KLR模型对亚洲金融危机的预警效果欠佳,许多预警指标并未发出预警信号,而且出现了许多错误的预警信号,即使对预警指标进行适当的调整之后,最后的预警效果仍然欠佳。陈守东等(2006)选取了16个危机预警指标。为什么选取这些指标，陈守东等人并未给出理论上的支撑。苏冬蔚和肖志兴（2011）统计了 8 个危机预警模型选取指标的状况，这 8 个危机预警模型选用的指标少则 8 个多则 15 个。在这些指标当中，统计上显著的指标没有超过一半，比例最高的是 DKD 模型（4/8，总共 8 个指标，只有 4 个是显著的），比例最低的是 ED 模型（3/15，15 个指标，只有 3 个显著）。苏冬蔚和肖志兴（2011）在他们自己的研究中，选择了 19 个预警指标，但是最后显著的指标也仅仅只有 5 个。其他一些文献，如崔百胜和姜逸菲（2015）、颜建晔等（2014）、朱钧钧等（2012），都存在预警指标的选取缺乏理论依据。于是，他们只能首先通过大量选取预警指标，然后进行各种检验，最后得到的显著指标却只有少数几个，对危机预警的效果也不理想。西方经济学大部分文献研究经济危机预警都是采用这种方法。

  本书认为，西方经济学选取预警指标采用的这种方法是值得商榷的。经济危机预警指标的选取，不在于指标数量的多与少，而在于选择能够抓住问题本质的核心指标，并且核心指标的选取需要有理论依据作为支撑。本书的经济危机预警正是按照这种思路展开的，即本书不但有科学的经济危机理论作为支撑（第 3 章的内容），而且能够根据科学的经济危机理论引申出一个恰当的、核心的经济危机预警指标——利润率。本书的第 4 章将对利润率进行详细的论述，所以本书的第 3 章和第 4 章具有逻辑一致性。把利润率作为经济危机预警的核心指标，并不意味着只要利润率一个指标就能对经济危机进行预警，除了利润率指标外，我们还需要根据所研究的具体危机的差异选择其他恰当指标进行预警，进而形成一个经济危机预警的指标体系。

1.4　本书的结构安排

  本书是在马克思主义政治经济学的视角下，对当代经济危机进行预警的研究。本书由三个部分组成：一是科学的经济危机理论，二是选取恰当的预警指标，三是构建经济危机预警模型并运用于实证分析。

  具体而言，第 2 章是关于经济危机预警的相关文献综述，包括西方经济学和马克思主义对经济危机预警的研究。

第3章是马克思经济危机理论,包括马克思科学的方法论和历史观、对古典经济学家的批判,以及经济危机的内容。马克思是从经济危机的可能性、现实性、必然性、生产过程、流通过程、资本一般和特殊、信用、竞争、投机、世界市场的危机的层次逐步展开的。由此可见,马克思经济危机理论不仅拥有科学的方法论和历史观,而且在内容上也是逻辑一致的、深刻的,并能经受时间和事实的检验,因此马克思经济危机理论是科学的。

第4章对马克思经济危机理论进行了更细致、更具体的考察。首先对资本主义基本矛盾的三个主要表现形式进行比较分析。笔者研究发现,利润率下降比消费不足和比例失调都更加深刻,而且利润率下降的趋势规律能够说明经济危机爆发的具体机制,这与马克思经济危机理论具有内在的一致性,因此本书把利润率指标作为经济危机预警的恰当指标,而且也是最为核心的指标。

第5章是利润率的计算,在理清与利润率计算密切相关的理论问题之后,本书根据数据可得性的难易分别计算了亚洲六国、美国和中国不同层次的利润率。

第6章构建了以利润率为核心指标的经济危机预警模型,对1997年亚洲金融危机中的六个国家进行经济危机预警再检验,包括对三种经典的经济危机预警模型的理论论述、亚洲经济增长奇迹的状况、亚洲六国经济危机指数的计算、利用预警模型对亚洲六国的危机状况进行再检验,而且利润率指标在预警模型中的作用不是可有可无的。

第7章采用类似于第6章的方法,对2007年美国次贷危机进行预警再检验,包括从文献的角度论述关于美国次贷危机根源的各种争论、计算美国的经济危机指数、对次贷危机进行模型预警的再检验。

第8章是以利润率为核心指标的经济危机预警模型,对中国经济的运行情况进行分析,包括对中国经济新常态特征与挑战的分析、梳理现有文献对中国经济进入新常态的原因的争论、计算中国的经济危机指数,以及分析新常态背景下中国可能发生经济危机的领域。

第9章是本书的主要结论、政策建议与不足之处。根据以上内容,笔者绘制了本书章节的逻辑框架图,见图1.1。

图 1.1　本书的逻辑框架

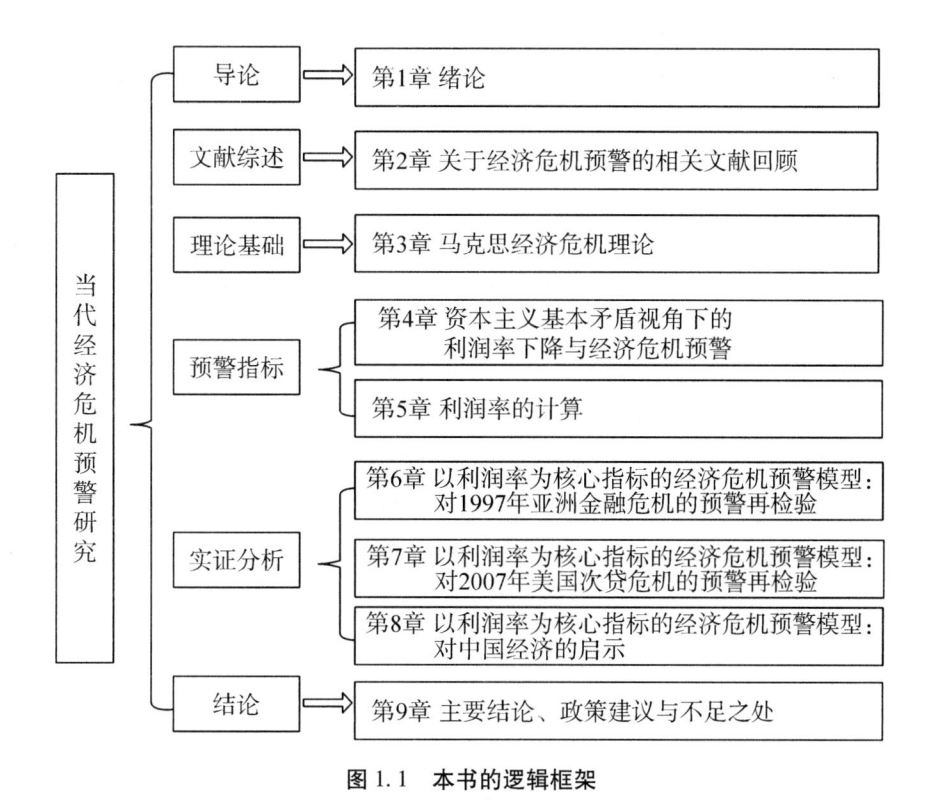

1.5　本书的研究方法

本书的研究方法分为两种：一是根本方法，二是具体方法。

（1）根本方法。本书主要是采用历史唯物主义和唯物辩证法。

第一，历史唯物主义在本书的运用。历史唯物主义的方法论可以从不同角度进行研究，比如从出发点来研究（黄光秋，2016）、从两个基本视角（历史的和社会关系的）来研究生产力与生产关系在人类社会中的辩证统一关系（唐正东，2013）。本书对亚洲金融危机、美国次贷危机和中国经济新常态可能发生的危机相应地进行了马克思主义的解读，这既是对马克思经济危机理论的运用，也是将生产力与生产关系的辩证关系运用其中。此外，本书之所以进行预警，是因为在市场经济中，危机的爆发具有必然性，这是进行危机预警的认识前提。倘若危机的爆发没有必然性，经济危机预警则是多余的、无规律可循的。而且，本书对中国经济新常态可能发生的危机进行了肯定的预判，这是依据生产力与生产关系之间的矛盾运动规律，特别是生产社会化与生产资料私有制之间的矛盾在中国依然起作用，这样危机就必然会爆发。

第二，本书对唯物辩证法①的运用。本书在开展当代经济危机预警研究时，运用了对立统一规律（资本主义基本矛盾的三个主要表现形式，既是对立的，又是统一的。本书从这三者中挑选出利润率指标，并运用于经济危机预警分析）、具体问题具体分析（对三个不同的案例进行具体分析）、现象与本质（三个案例所表现出来的危机特征不一样，但是本书抓住了危机的本质，利润率在经济危机预警中的作用是一样的）、偶然性和必然性（如对中国经济新常态可能发生危机的领域的分析，抓住了经济危机在未来爆发的必然性和爆发时间、地点的偶然性）、两点论和重点论（预警指标体系中各个指标的地位是不一样的，本书把利润率作为经济危机预警的核心指标）等方法。

（2）具体方法。本书主要采用了比较分析法、定性分析法和定量分析法。

第一，比较分析法。当前，经济学研究经济危机预警的理论基础有两种：西方经济学的经济危机理论和马克思经济危机理论。本书通过比较发现，马克思的经济危机理论才是科学的，因而本书把马克思的经济危机理论作为危机预警的理论基础。

第二，定性分析法。本书既然把马克思经济危机理论作为预警的理论基础，就需要对马克思经济危机理论进行深入的定性分析，理清理论的内容和内在逻辑，以及弄清楚如何从理论中提取恰当的危机预警指标。

第三，定量分析法。经过理论的定性分析，本书把利润率作为经济危机预警恰当的、核心的指标，进而需要计算具体的利润率，并且把计算好的利润率纳入危机预警模型中，最后把构建好的包含利润率的危机预警模型运用于1997年亚洲金融危机和2007年美国次贷危机的预警再检验，同

---

① 唯物辩证法主要包括两个基本特征（普遍联系和永恒发展）、三大基本规律（对立统一规律、量变质变规律、否定之否定规律）、五对范畴（现象与本质、内容和形式、原因和结果、可能性和现实性、偶然性和必然性）和矛盾分析法（包括普遍性和特殊性、两点论和重点论、具体问题具体分析），等等。

时还把预警模型运用于对中国经济运行状况的分析。

此外,本书还使用了文献分析法、抽象与具体的方法,等等。

1.6 本书可能的创新之处

本书可能的创新之处,主要体现在以下两点:

(1)本书在对马克思主义经济危机理论进行文献梳理时,发现当前学术界对马克思经济危机理论的解读存在一种曲解,那就是许多文献割裂了危机的根源和根源的表现形式之间的关系,即资本主义基本矛盾与基本矛盾表现形式的关系,对基本矛盾进行了淡化处理而又单方面突出了基本矛盾的具体表现形式,并试图把具体表现形式作为经济危机的主要原因,用一种表现形式去否定另一种表现形式,或者把经济危机的根源归结为多因素,进而产生了所谓的单因论与多因论之争,这种解读容易引起歧义和分歧,似乎基本矛盾不重要了。脱离资本主义基本矛盾来谈论经济危机,往往会不得要领,过于片面,甚至容易落入西方经济学的范畴和窠臼,而且悬置甚至不提基本矛盾的做法容易忘记马克思对经济危机理论研究的伟大贡献,而这种现象和问题不仅应该被澄清,而且应该得到纠正。

事实上,马克思对经济危机的论述是非常明确的,马克思的结论和逻辑也是很明确的,消费不足、比例失调和利润率下降是资本主义基本矛盾的不同表现形式、不同侧面,是同时存在的三种现象,我们不能把三者对立起来,三者是统一的。

(2)由于西方经济学在经济危机预警中的表现并不令人满意,因此本书尝试从马克思经济危机理论的角度来研究当代经济危机预警。在进行理论分析和比较之后,本书把利润率作为预警模型的核心指标,并把所构建的预警模型运用于1997年亚洲金融危机、2007年美国次贷危机和中国经济运行状态的预警分析。本书研究发现,对于1997年亚洲金融危机和2007年美国次贷危机,本书构建的预警模型能够在这两次经济危机爆发前发出警报,说明本书构建的模型对这两次危机的预警是有效的。而且中国当前的经济新常态与中国实体经济利润率的下降存在很大的关系,中国当前的经济运行状况很符合马克思对经济危机的一般论述,所以中国应该注意防范经济危机的发生。

马克思经济危机理论是深刻而科学的，如何把这一深刻而科学的理论运用于实践并且指导实践，是马克思主义政治经济学这一学科的重要任务之一。而且，一门学科的科学性必须不断地接受现实的检验，经济学作为一门经验科学更是如此。本书在研究经济危机预警的过程中，把马克思经济危机理论的定性分析与定量分析有效地结合在一起，而且从利润率的角度更为清晰地将定性分析与定量分析统一在一起并进行实证分析，算是对马克思经济危机理论的一次有效运用。

2 关于经济危机预警的相关文献回顾

危机是一种偏离正常情况的状态,危机的历史非常久远。在生产力不发达的时候,人类常常遭受生产力不足的危机,如物质短缺、饥饿、饥荒等。自工业革命以来,生产便走向了另一个极端,出现了大量商品的堆积和生产过剩,而且生产过剩的危机每隔几年就会周期性地爆发,每一次危机的爆发都会给相关国家带来巨大的灾难和损失。因此,对经济危机进行预测,不仅吸引了企业、金融机构、个人以及众多研究者的注意力,而且对整个国家来说,预警经济危机也是至关重要的。为此,本书首先从西方经济学和马克思主义经济学的角度,对经济危机预警进行了相关文献梳理。

需要指出的是,经济危机预警有两个基本维度:一是从定性的角度进行预警,二是从定量的角度进行预警。所以,经济危机预警不仅是一个定性问题,也是一个定量问题。定性是定量的基础和前提,而定量是定性的表现。一个完整的经济危机预警过程需要把定性和定量结合在一起,两者不可偏废。但是,从现有文献来看,西方经济学的预警是定量有余,而定性不足,甚至是定性错误;马克思主义政治经济学的预警则是定性有余,而定量不足。

2.1 西方经济学对经济危机预警的研究:侧重定量

西方经济学对经济危机预警的研究是定量有余,而定性不足的,甚至还有定性错误。

为了更加全面地梳理西方经济学对经济危机预警的相关文献，根据对危机预警不同的研究方法，本书从统计方法预警、计量方法预警和理论模型预警三个方面来进行文献综述。统计方法预警立足数据，采用一定的方法对数据趋势进行预警；计量方法以相关理论和统计数据为基础；理论模型则是从模型内部探讨危机的起因与发展，大多是在动态随机一般均衡的框架下展开的。但是，这三种方法不是完全独立的，它们之间存在较为紧密的关系，划分的界限也是模糊和相对的；而统计和计量方法存在"卢卡斯批判"问题，理论模型预警则克服了这一问题而成为未来预警方法的发展新方向。

2.1.1 统计方法预警

统计方法预警是最基本的预警方法，主要是采用统计方法对统计数据进行相应的处理，设定某些参数值或预警值。因为某些指标在危机发生前会出现异常值，这些指标一般为宏观经济的领先指标，所以能够在危机发生前起到一定的预警作用。

根据顾海兵（1997）的研究可知，较早的统计方法预警是起源于1888年在巴黎召开的统计学学会。当时法国的统计学者根据搜集的统计数据，研究了法国经济的运行状况并参照气象学的方法，用不同的颜色对经济形势进行描述和预警，法国政府随后在1911年设立了经济恐慌委员会。随后，西方发达国家都开始设置各种经济景气指数。二战后，随着统计学的发展和各国国家统计局的成立，各国统计局和研究所开始定期编制和发布整体宏观经济和各个子行业的景气指数。这些指数在一定程度上能够对经济运行状况起到风向标的作用，若要起到经济危机预警的作用，则还需要对这些数据进行相应的处理和分析。

除了利用短期的统计数据来研究经济走向外，许多文献还从长期的经济发展历史来研究经济危机。如弗里德曼和施瓦茨（Friedman & Schwartz, 1963）在《美国货币史（1867—1960）》中研究了1867—1960年美国90多年货币存量变化发展的历史，并对1929—1933年大萧条时期做了详细的原因分析。他们认为，货币与货币政策在经济周期和宏观经济运行中起了很关键的作用。金德尔伯格（Kindleberger, 1978）讨论了资本主义发展以来的荷兰郁金香投机狂热、英国南海泡沫和密西西比泡沫、1763—1819年的危机、1825—1896年的危机、1907年美国金融危机、1929年全球经济危机，以及这些危机爆发的原因、投机欺诈、传播蔓延、危机救助和历史教训。康纳等（Connor et al., 2012）对2010年爱尔兰债务危机和2008年全球金融危机进行了描述性分析，拉津等（Razin et al., 2011）描述和比较了20世纪90年代的日本危机、1997年亚洲金融危机和2007年美国次贷危机。卡普里奥和克林格比尔（Caprio & Klingebiel, 1996）研究了各种文献并且为了收集世界上不同地区银行危机的第一手资料，他们也采访了各个国家银行危机的经历者和相关专家，建立了一份包括各个国家、危机年份、一些相当基本的经济指标提出了一些关于危机的政策建议，这一数据成为后续研究的重要资料。

　　早期的经济危机预警研究大部分采用统计方法进行预警，这种方法主要是对原始数据进行分析。需要指出的是，这些原始数据虽然是客观的，但是这些文献在西方经济学的框架内展开对经济危机的研究，得到一些浅层和表面的结论。例如，弗里德曼将1929—1933年大萧条的根源归结为政府管理的失误，特别是货币政策的失误，而不是资本主义私有制经济的问题，并认为资本主义制度是稳定的（刘贵鹏和杨建飞，2010）。如果我们对经济危机的认识仅停留于这种浅层的表面，那么要想成功预警经济危机，是不可能的。

2.1.2　计量方法预警

　　根据塞维姆（Sevim, 2014）的分类方法，采用计量方法来进行预警的文献，可以分为三类。第一类是回归模型，我们可以通过先行指标而提前对金融危机进行预测和估计；第二类采用潜在的预警指标（potential early warning indicators），并与信号法相配合；第三类机器学习方法（machine learning methods）的应用，这是预测金融危机比较新的方法。

　　第一类回归模型：在早期的回归模型当中，艾肯格林（Eichengreen, 1995）使用经济合作与发展组织（OECD）20个国家1959—1993年的数据，首先使用VAR方法考察了汇率贬值、汇率升值、浮动汇率、固定汇率和其他汇率制度在遭受投机性攻击时各主要宏观变量的波动；然后使用极大似然估计法考察了外汇市场动荡的前因后果，发现货币贬值发生在政治动荡、预算和经常账户赤字、货币和价格的快速增长之前，资产价值重估是货币贬值的表现，各国汇率制度的转换（如遭受攻击时，固定汇率转换为浮动汇率制）是异质和外生推导的，政府财政政策和货币政策的过分扩张,制造了货币危机,进而波及汇率市场,引发了许多投机性攻击。而对于这些投机性攻击,该模型既没有给出明显的预警信号,政策制定者也没有给出相应的解决方案。

弗兰克尔和罗斯（Frankel & Rose,1996）把货币危机定义为在一年的时间内名义美元汇率至少上升25%,或者与前一年相比,名义美元汇率至少上升10%。他们使用1971—1992年超过100个发展中国家的年度面板数据并构建了一个包含四类指标（国外变量、国内宏观变量、外部变量、债务组成）的、使用极大似然方法进行估计的多元Probit模型,研究了货币危机,并进行了相应的敏感性和稳健性分析,发现当FDI流入减少、外汇储备很低、国内信贷增长很快、国外利率上升、真实汇率高估时,货币危机发生的可能性非常大。虽然这些变量之间的因果关系还不明确,但它们与深度衰退存在较高的相关性。此外,他们还发现,无论是经常账户,还是政府预算赤字,都没有在典型的货币危机中扮演重要角色。

萨克斯等（Sachs et al.,1996）从1994年11月墨西哥比索贬值引发的墨西哥金融危机出发,构建了一个简单模型,并采用1995年20个新兴市场国家的跨国截面数据,探讨了为什么1995年有些新兴市场国家遭受到了金融危机,而有些国家则没有。研究发现,一个较高的真实汇率、近期繁荣的借贷和较低的外汇储备,成为一个国家更容易遭受金融危机的三个重要因素,而其他一些因素（如较高的经常账户赤字、过度的资本流入和宽松的财政政策）表面上虽然能解释金融危机的发生,但却没有在数据上得到支持。货币危机往往是区域性的,它们影响地理上相近的国家,而国际贸易超越其他宏观经济变量,成为理解区域性货币危机最重要的方式和渠道,克利克和罗斯（Glick & Rose,1998）为这一观点提供了经验上的支持,他们使用数据对五种不同的货币危机类型（1971、1973、1992、1994、1997年）进行研究,发现货币危机通过国际贸易影响捆绑在一起的国家集群,而宏观经济和金融影响与投机性攻击跨国传染的关系并不密切,在控制宏观经济因素之后,贸易联系有助于解释危机事件中的外汇市场压力的跨国联系。

莱索托等（Lestaho et al.,2004）区分了金融危机、货币危机、银行危机和债务危机,构建了外部、金融、国内和全球四类指标,采用多元Logit模型对亚洲6个国家1970年1月—2001年12月的月度面板数据进行了回归分析,并且比较了以往常见的经济危机预警方法的优劣,发现艾肯格林等（Eichengreen et al.，1995）和卡明斯基等（Kaminsky et al.，1998）的预警方法优于弗伦克尔和罗斯（Frenkel & Rose，1996）的方法。茨巴斯等（Canbas et al.，2005）提供了一个方法论框架，采用多元统计方法（主成分分析、判别分析、logit 和 probit 方法）构建了一个财务结构的综合预警系统（integrated early warning system，IEWS），用于揭示银行的基本财务特征和作为检查与监督银行风险的决策支持工具（decision support tool），并且使用 1994—2001 年土耳其 40 个私有商业银行及其财务比率的数据进行研究，发现 IEWS 在银行审核中的重要性体现在对失败的成本评估上面。

从 2007 年美国次贷危机爆发开始，学术界出现了大量对美国次贷危机进行跨国计量分析的文献。随着经济自由化、金融系统和金融创新的发展，银行风险的自然变化使得使用危机预警系统来阻止危机的发生比以前显得更为必要了，为了全面理解银行危机，戴维斯和卡里姆（Davis & Karim，2008）使用 1979—2003 年 105 个国家的数据，评估了银行危机中 Logit 模型的危机预警系统和信号提取的危机预警系统，发现 Logit 模型是最适合进行全球危机预警的方法，而信号提取是最适合对特定国家进行危机预警的方法。Guo 等（2011）分析了次贷危机之前的股票市场、房地产市场、信贷违约市场和能源市场之间的相互传染效应。

杰若思和雅各伯·德·哈恩（Jeroen & Jakob de Haan，2012）采用分位数回归（Quantile Regressions）的方法，使用 2002—2008 年 OECD 21 个国家超过 200 个银行的数据，研究了银行管制和监督对银行风险的影响。与大部分传统研究相比较，他们发现银行管制和监督对高风险银行的风险会产生影响，而大部分银行管制和监督的措施对低风险银行没有显著的影响。艾泽曼和帕斯里查（Aizenman & Pasricha，2012）搜集了 107 个国家的数据并区分了发展中国家和发达国家，设置了内部和外部的金融压力指标，使用最小二乘法分析了 2008—2009 年全球金融危机中各国的金融部门和资本外逃的关系。他们发现发展中国家与发达国家的内部金融压力出现的时间与股票价格指数涨跌变化的时间是一致的，而 OECD 国家在危机时期主导着资本流动的格局，发达国家是资本和投资净流入，发展中国家是资本净流出，而发展中国家的银行压力指标也高于发达国家，外部脆弱性存在于危机时期和复苏时期，更高的外汇储备并不能使国家免受危机的侵害。

贝尔克曼等（Berkmen et al.，2012）利用40个新兴市场国家的数据，分析了危机传递的跨国联系，发现一小部分变量解释了经济增长份额相当大的变化，拥有较高的金融杠杆率、更快的信贷增长和更多的短期债务的国家受危机的影响更大。而对于新兴市场国家，金融渠道扩大了贸易渠道，而汇率的灵活性有助于缓解冲击的影响，一个更强有力的财政状况的国家在危机爆发前，将受到更少的冲击。

以上文献对经济危机预警的研究，更多还停留于现象层面的表面研究，没有深入深层次的、制度性的原因分析，对单个危机案例的分析也无法得出关于危机的一般性规律。

第二类方法采用潜在的预警指标并与信号法相配合。卡明斯基等（Kaminsky et al.，1998）采用5个工业国家和15个发展中国家1970—1995年的数据，较早地使用信号法来预测货币危机，当一个信号超过了某一预先设定的阈值时，该信号被认定为是一个预警信号，这意味着货币危机可能会在未来24个月之内发生，能够较好地充当预警信号的变量有出口、真实汇率对趋势项的离差、广义货币与总外汇储备的比率、产出和资产价格。卡明斯基和莱因哈特（Kaminsky & Reinhard，1999）采用信号法，调取了20个国家1970—1995年发生的26次银行危机和76次货币危机的样本数据，选择恰当的预警信号并设置了相应的危机预警信号门槛值，分析了货币危机和银行危机之间的关系。他们发现，在时间顺序上，以资本项目开放等为特征的金融自由化发生于银行危机之前，银行部门的问题一般又先于货币危机，而货币危机又会加重银行危机，进而形成恶性循环。

爱迪生（Edison，2003）拓展了上述的信号法预警系统，把真实汇率、出口增长、M2与外汇储备的比率作为解释货币危机发生概率最重要的指标，该模型对1997年亚洲金融危机的预警能力有所提高，但是预警信号并未在危机爆发前的12个月之内发出。此外，Edison还评估了如何将预警系统应用于单个国家，并认为预警系统应该被当成一种有用的危机诊断工具。霍金斯和克拉（Hawkins & Klau，2000）在对以往危机预警信号法文献梳理和比较的基础上，构建了一些相对简单却又能系统和客观地概括新兴市场国家危机信息的指标，发现金融危机通常发生在汇率高估、外汇储备不足、经济衰退和信贷过度增长之后，而其他的指标如短期外债，在危机临近爆发时则显得更为重要，这组危机预警信号对金融市场压力和金融危机有较好的预测能力。阿比阿德（Abiad，2003）采用马尔科夫转制的方法内生地构造了一个危机预警模型,该模型可以充分利用汇率动态变化中包含的信息进行预警,该模型分析了亚洲金融危机中韩国、印度尼西亚、马来西亚、菲律宾、泰国等国家1972—1999年的数据。他发现,该模型在危机预警信号和减少错误信号方面,优于标准的危机预警模型,并得到两条经验,即对汇率动态的解释很重要和不同的国家应该采用不同的危机预警信号。Frankel 和 Saravelos(2012)在比较以往信号法文献的基础上,发现中央银行的储备和真实汇率过去的波动,被证明是解释不同国家和过去不同危机事件最有用的两个领先指标。

第三类方法是机器学习方法的应用,如人工神经网络(artificial neural networks,ANN)。ANN模型广泛地运用于经济领域,已被证实是一套实用且可靠的预测分析方法。ANN模型是智能技术中使用最广泛的模型,它是在人工智能和脑模拟的基础上发展而来的,拥有数学和算法的元素,使用非线性方程近似的工具来测试解释变量和被解释变量的关系,该模型结构的变化基于在学习过程中流经网络的内部或外部的信息,进而可以模仿人类神经系统中的神经网络。与统计方法相比,ANN模型有两个优势:一是ANN模型不需要对统计分布或数据特征提前给出假设,因为大部分金融数据很难达到统计模型所要求的统计特征,所以ANN模型在实际运用中更广泛;二是ANN依赖于非线性方法,所以在检查复杂数据方式时可以得到更加精确的结果(Demyanyk & Hasan,2010)。由于对金融危机具有较高的精准预测能力,人工神经网络已经被许多研究者认可,并成为一种流行的金融预测工具和数据挖掘工具(Akkoc,2012)。ANN被广泛应用于如下的预测,如ATM机的现金需求、风速、外汇汇率、每日电力需求和金融危机。

拉舍尔等(Lacher et al.,1995)发现,在评估企业未来财务健康状况时,ANN可以得到更好的结果。Zhang等(1999)以220家制造企业的样本为基础的研究显示,在解决真实问题如破产预测时,ANN模型显著优于传统回归方法。Yu等(2006)通过构建一个一般回归的神经网络来预测1997年亚洲金融危机,他们首先把以汇率波动为核心的指标体系输入广义回归神经网络(GRNN)中,然后利用GRNN来预测未来的危机,而后他们又利用印度尼西亚、菲律宾、新加坡和泰国的货币波动来验证这个模型,但是得到的预警结果并不太精确。菲奥拉曼蒂(Fioramanti,2008)运用ANN方法对1980—2004年46个新兴国家的主权债务危机的数据进行分析，神经网络的高度灵活性和非线性近似的特征，使得以 ANN 为基础的预警系统在一定条件下优于其他一般的方法。

与国外相比，国内从计量方法的角度对经济危机预警模型进行的研究尚处于起步和借鉴国外预警模型的阶段。刘志强（2000）较早地介绍了国外四种主要的金融危机预警方法，分别为 KLR 信号法、Probit 或 Logit 模型、STV 横截面回归法和主观概率法，并且评估了这四种方法的优劣、适用性和预测精准性。付克华（2003）从货币危机定义、参数法预警、非参数法预警、银行危机和传染效应五个方面介绍了国外对经济危机预警的研究现状。张元萍和孙刚（2003）分析了资产泡沫的内在膨胀机制以及泡沫破裂后的危机传导机制，并采用中国 1997—2002 年的数据，利用 STV 横截面方法和 KLR 信号法对中国可能发生的金融危机进行了预警分析，发现中国的金融风险主要集中在银行体系，而防范重点也应该集中在银行系统。陈守东、杨莹和马辉（2006）利用中国 1994 年 1 月—2005 年 12 月的月度数据，从宏观经济、金融市场中的货币危机和国债危机、企业融资风险三个方面构建了预警指标体系，并采用因子分析方法和 Logit 模型对我国金融风险进行预警研究。南旭光和孟卫东（2007）采用 31 个国家的年度样本数据和 13 个预警指标，并构建相应的外汇压力指数和门槛值，利用等比例危险模型（PHM）对金融危机发生的前一年进行预警，得到的预警效果和预警准确度都有待提高。

陈守东、马辉和穆春舟（2009）利用马尔科夫转换—向量自回归（MS-VAR）模型研究了中国的货币危机、银行危机和资产泡沫危机，采用中国 1994 年 1 月—2008 年 6 月的月度数据构建了 4 层 23 个相应的指标，发现 MSI（3）-VAR（1）能较好地区分中国当时的风险状态，同时利用 ARMA 模型对 2008 年 6 月—12 月的经济风险进行预警。史建平和高宇（2009）使用 KLR 信号法对 24 个发展中国家 2006—2008 年的月度数据进行实证分析，发现部分国家自身经济体系的脆弱性容易诱发危机。苏冬蔚和肖志兴（2011）采用非参数的 KLR 信号法和参数的 Logit 模型，利用亚洲六国 1993—2009 年的季度数据，构建了相应的指标体系和预警模型，发现信贷规模与国内生产总值（GDP）比值、M2 与外汇储备比值、实际 GDP 增长率和外汇储备增长率可以作为我国金融危机预警的备选指标。马威和肖帅（2014）在提出构建预警指标体系的原则之后，从政府部门、金融部门、企业部门和对外部门设定了相应的指标，并利用结构方程模型计算各指标的显著性程度,挑选出显著变量后,利用自回归模型考察了指标的时滞性特征。傅强等(2015)采用1990—2012年19个国家的面板数据进行金融危机预警研究,为了避免因预警指标较多而存在的较强相关性和自由度下降问题,利用全局主成分分析的方法把11个指标的信息转化为4个主要因子,然后利用静态和动态的Logit方法构建了预警模型,发现动态Logit模型优于静态Logit模型。

采用计量方法进行预警的模型,其应用最广而且文献数量也是最多的,但是这类计量模型存在稳健性问题。这类模型的大部分文献并没有进行扩展的稳健性检验,所以随着时间的推移当现实条件发生改变时,模型的预警能力就会受到影响和质疑,即使所有的参数保持不变,但各指标之间的相互依赖关系也会随着实际情况的变化而变化(Edison,2003),这就是典型的"卢卡斯批判"问题。Raftery(1995)发现,当与模型的有效性密切相关的不确定性问题被忽视时,置信水平将会变高。如果关于预警信号的真实模型是未知的,被忽略被遗漏的变量则会影响模型的估计,当存在不确定性时置信水平就会受影响(Christofides et al.,2016)。

更为重要的问题,不是计量方法具体的定量问题,而是更为根本的定性问题,以上文献中的这些模型虽然比统计方法预警中的模型在分析技术水平上有所提高,但本质性的问题依然存在,即这些文献并没有深入资本主义制度的内部,仅仅停留于对危机的表面分析,而且这些文献潜在地包含这样一个前提假设——经济危机不是资本主义的制度性问题,而是运行层面的问题。所以,西方经济学的这些模型不管在定量分析上是多么的准确与成功,它们在定性上的缺陷和错误决定了西方经济学的经济危机预警只适应于某一个或某一类危机,对于长历史跨度下的经济危机,它们是无法预警的,2008年全球金融危机就是明证。

2.1.3 DSGE 模型预警

自基德兰德(Kydland)和普雷斯科特(Prescott)的开创性工作以来,动态随机一般均衡(DSGE)模型经过40多年的发展,已经在宏观经济研究中占据着举足轻重的地位。DSGE经历了三个发展阶段:第一个阶段是古典的RBC模型阶段,RBC即真实经济周期,它是在新古典增长模型的基础上,加入外生技术冲击来考虑经济波动的模型。RBC模型是经济人在理性预期基础上进行跨期最优选择的一般均衡模型,因而它可以避免"卢卡斯批判"的问题，但是RBC模型的完全竞争市场的假设，以及仅仅用技术冲击来考察经济波动，是不符合实际经济情况的。此后，许多文献把不完全竞争因素加入模型当中，于是就形成了DSGE的第二个发展阶段——动态新凯恩斯（DNK）的DSGE。这类文献不仅在研究内容上加入了垄断竞争、黏性工资、黏性价格、习惯形成、调整成本，并且考虑了技术冲击之外的其他冲击，如货币冲击、政府支出冲击、消息冲击等，而且为了使模型与现实拟合得更好更匹配，它们在研究方法上也使用了极大似然估计、贝叶斯估计，以及VAR和SVAR等方法与DSGE模型相配合。2005年前后的DSGE模型已经非常完善，其中的代表如克里斯蒂诺等（Christiano et al.，2005）、斯梅茨和乌斯特（Smets & Wouters，2003，2007）的模型已经非常好地拟合了美国和欧盟的宏观数据和特征事实。这一阶段的DSGE模型已经表现出经验数据与理论建模的较高拟合性、微观基础与宏观分析的内在一致性、短期波动与长期增长的有机结合等优点。许多中央银行因此都开发出符合本国实际情况的DSGE模型，用于政策分析和宏观预测，根据刘斌（2008）的统计，西方国家中央银行较为成熟的DSGE模型有美国2005年的MAQS模型、日本2004年的JEM模型、加拿大2006年的ToTEM模型、英国2005年的BEQM模型，等等。

但是，这一时期的DSGE模型都没有成功预测到2007年美国次贷危机和随后2008年全球金融危机，这使DSGE模型陷入理论和现实的尴尬之中。2008年之后，DSGE模型进入了第三个发展阶段，这一阶段的研究着力纠正DSGE模型之前存在的问题：部分文献把研究重点转向了危机分析和危机预警。具体而言，第二阶段的DSGE模型存在两个问题：一是对金融部门和金融市场的研究和刻画较为简单，有些文献甚至没有考虑金融部门，从而忽视了金融部门在宏观经济中的重要性；二是外生结构冲击以具有持续性的自回归（AR）方式引入模型，不仅过于简单而且与实际经济中的制度变化脱节。后续的研究，如克里斯蒂诺等（Christiano et al.，2010）把金融中介（银行部门）加入DSGE模型，还考虑了金融摩擦（如信息不对称）和金融冲击在经济危机背景下对整体宏观经济的影响。研究发现，把金融因素放入模型能够更好地拟合实际经济。格特勒等（Gertler et al.，2012）在一个带有金融中介的DSGE模型中，探讨了金融危机、银行风险暴露和政府金融政策的关系，当金融中介（银行）通过发行股票和短期债券进行融资时,银行风险就内生地决定和暴露了,该模型不仅能够在银行遭受风险影响时捕捉到危机,而且能够解释银行为什么采用这样一个风险资产负债表,以及政府的信贷政策如何在事前影响金融系统的脆弱性。

在具体的经济危机预警上,DSGE 模型使用现代宏观经济理论来解释和预测经济周期中各宏观经济变量之间的联动性(comovement),并能够进行相应的政策分析。贝奇(Bache et al.,2011)使用挪威中央银行的 NEMO 模型,采用线性意见汇集(linear opinion pool)的框架对通货膨胀进行预测,同时比较了 VAR 和 DSGE 模型预测精度的差异。Negro 和 Schorfheide(2013)在《经济预测手册》(*Handbook of Economic Forecasting*)上非常全面地介绍了以 DSGE 模型为基础的预测的发展情况,他们的模型以斯梅茨和伍特斯(Smets & Wouters,2007)的模型为基础,并把零利率下限和金融摩擦纳入了模型,把目标通胀率、长期生产率增长和可预期的货币政策冲击的数据作为先验数据,利用贝叶斯法分析了 2008—2009 年的金融危机和衰退,然后对模型的预测能力进行实时评估(real-time assessment),并与蓝筹预测(blue chip forecast)和绿皮书预测(greenbook forecast)的结果进行比较。

古普塔和斯坦巴克(Gupta and Steinbach,2013)使用了一个小型开放经济的新凯恩斯 DSGE-VAR 模型对南非的宏观经济变量进行了预测,模型中包含了不完全传递的汇率变化、外部的习惯形成、国内价格和工资与过去通货膨胀挂钩的部分指数化、黏性价格和黏性工资,同时使用贝叶斯法对 1980 年第一季度至 2003 年第二季度的数据进行模拟,并对产出、通胀和短期名义利率的变化进行预测,得到较好的结果。斯梅茨等(Smets et al.,2014)以加利等(Galí et al.,2012)为基础,比较了专业预测(professional forecasters)和实时预报(real-time forecasting)的差异,同时使用欧盟通货膨胀、GDP 增长和失业率的数据进行研究,发现专业预报提高了模型的预测能力,同时对 DSGE、贝叶斯 VAR、AR(1)模型和随机游走模型的预测能力进行了比较。科拉萨和鲁巴斯泽克(Kolasa & Rubaszek,2015)比较了含有金融摩擦和不含金融摩擦的 DSGE 模型的预测效果差异,发现在房地产市场中加入摩擦所得到的预测效果优于无摩擦的基准模型和将金融摩擦加入企业部门的模型。

与统计方法预警和计量方法预警不同，DSGE 模型预警不是借助具体的原始数据，而是利用模型化的结构方程来预警，虽然这三者在预警方法上存在差异，但是它们的价值基础是一致的，它们都是在一般均衡的框架内开展经济危机预警的。正如刘伟（2003）所指出的，西方经济学的所有流派，无论它们之间有多少分歧、差异和争论，它们有一点都是相同的，即它们把商品、交换、货币、市场经济与私有制，特别是资本主义私有制紧密联系在一起，并作为它们理论的共识，西方经济学不同方法和流派之间的分歧和争论，都是在这一理论共识下展开的，它们绝不会去触及、怀疑这一理论共识。正因为如此，西方经济学只能从表面和现象出发去研究经济危机和危机预警，所以它们在危机预警中得到的经验和认识只能解释一时，一旦经济的运行层面出现新的变化，它们的危机预警就失效和失灵了。

2.2　马克思主义学者对经济危机预警的研究：侧重定性

马克思主义学者对经济危机预警的研究是定性有余、定量不足。马克思之后的政治经济学侧重对经济危机的理论研究，即定性研究，但基本上放弃了同时也忽略了对经济危机预警的定量研究（刘明远，2014）。其中，李民骐是少数几个运用马克思主义研究经济危机预警定量研究的学者之一，他还把"一般利润率"纳入预警指标当中。但是大部分进行定性预警的马克思主义学者，都存在两个方面的问题：一方面是许多文献对马克思经济危机理论的解读，不是创新和发展，而是断章取义地曲解，存在一种越来越偏离马克思原意的倾向。特别是，他们忽视和淡化对资本主义基本矛盾，产生了一种脱离资本主义基本矛盾来单独探讨基本矛盾的表现形式的倾向。这使他们逐渐失去了对资本主义的批判性，不自觉地把危机的理论基础建立在西方经济学一般均衡的框架之上。另一方面是把资本主义基本矛盾的表现形式①中的某一种视为危机的主因或根源。在不同文本当中，马克思有时从生产过剩的角度，有时从比例失调的角度，有时也从消费不足和利润率下降的角度，对经济危机展开分析，既没有赞同某一理论，也

---

① 比例失调、消费不足和利润率下降是资本主义基本矛盾的三种主要表现形式。

没有明确这些因素的重要性以及它们和经济危机的关系[①]，克拉克（2011）认为，正是马克思没有十分具体地明确这些因素之间的关系，才使得后续文献对马克思经济危机理论会做出不同的解读，其中比例失调、消费不足和利润率下降是三种最主要的解读（克拉克，2011）。

从经济危机预警的角度来看，这些不同的解读意味着，即便是进行定量预警，也存在众多的争论和分歧。如果坚持消费不足论，那么就意味着消费不足是经济危机爆发的主因，对经济危机进行定量预警就自然需要把消费不足放在核心地位；而如果坚持利润率下降论，那么就意味着利润率下降是经济危机爆发的主因，对经济危机进行定量预警就需要把利润率下降放在核心地位。

所以，必须弄清楚哪一种解读（或基本矛盾的表现形式）是最贴近资本主义基本矛盾的，并且又能够说明经济危机爆发的具体机制，本书的第3章和第4章将开展这项工作。下文将详细介绍各种不同的解读。

2.2.1 生产过剩论

马克思逝世之后，后人对马克思的经济危机理论进行了不同的解读，都认为自己的学说是马克思危机理论的正统理论。比如，考茨基将生产过剩理论替换为一个与危机理论相联系的长期生产过剩理论，考茨基将经济危机看作商业周期的一方面，并把新市场的不断开辟又不断饱和作为推动危机周期性交替的力量，并把商业周期和商业危机的原因都归结为市场扩大对生产产生的临时性刺激，原料供应和产品市场限制了商品出售、资本积累和资本主义发展，所以经济危机的必然性和周期性爆发便不再由资本主义制度内生决定了，考茨基的这种解释偏离了马克思，而倾向于凯恩斯主义。此外，考茨基还认为危机的根源于生产者对自己产品的需求的无知有密切关系。总之，从考茨基的危机理论可知，考茨基虽然坚持生产过剩理论，但其理论内核已不是马克思主义了。同时，他认为所有产业部门的托拉斯化或卡特尔化，能够消除危机，这就丧失了马克思经济危机理论的鲜明特色（克拉克，2011）。

---

① 经济危机理论在马克思的理论体系中占据着非常重要的地位，但是马克思并没有写过一篇关于资本主义经济危机的系统论文，马克思对经济危机最主要的论述集中于《剩余价值理论》一书中，所以马克思对经济危机的论述是深刻的，但又是不系统的。《新帕尔格雷夫经济学大辞典》第3卷，经济科学出版社，1996，第409页。

伯恩斯坦从资本主义的新发展，如卡特尔、托拉斯和股份公司的大发展、国外市场的扩大、国内中产阶级的崛起等现象缓解了生产过剩的危机，通信手段和信用制度的发展减少了各种投机现象，这一切新的变化使市场的无政府状况趋于改善，并使市场更通畅地走向了均衡。伯恩斯坦进而否认了资本主义经济危机的周期性和必然爆发，资本主义的灭亡和崩溃也就不是必然事件。坚持改良道路，否定社会主义的必然性。卢森堡认为，伯恩斯坦对马克思危机理论的解读是一种较为彻底的修正主义，资本主义积累的历史趋势消失了。

2.2.2 比例失调论

面对杜林和拉萨尔将经济危机归因于消费不足的论点，杜冈利用马克思的再生产理论，发现各个部门只要维持适当的比例，新增产品的实现就不会有问题，持续的资本积累仅取决于恰当的比例关系，所以消费不足不是生产过剩的结果，比例失调才是生产过剩的结果，消费不足是比例失调的特例，并认为危机的唯一可能在于比例失调，但杜冈却认为是无知造成了比例失调，而不是内在的生产过剩趋势，这就脱离了资本主义的根本特征和马克思的原意，也意味着消除无知便可以消除比例失调和危机（克拉克，2011）。希法亭却认为杜冈的理论是奇特和令人振奋的，杜冈的理论使马克思的危机理论具体地分化为消费不足论和比例失调论（克拉克，2011）。

希法亭赞同杜冈的比例失调论，并把消费不足视为比例失调的一个特例，希法亭从金融资本和不完全竞争的角度进一步发展了比例失调论。他认为，在金融资本主导资本主义生产的格局下，固定资本是比例失调的根源，固定资本的流动性不足和庞大规模导致供求的长期失衡和危机的爆发，卡特尔的计划性不足以缓解经济危机。希法亭的危机理论是建立在不完全竞争（托拉斯和卡特尔的垄断竞争）而不是资本主义内在规律的基础之上，是金融资本的发展、资本转移的困难和竞争受阻导致了比例失调，比例失调引发了危机。希法亭的比例失调理论，抛弃了对资本积累动力机制和生产过剩趋势的论断，极易陷入改良主义。因为只要加强合作就能避免失调和危机的爆发。此外，希法亭还发展了一种投资过度理论，并把生产过剩、比例失调、消费不足和利润率下降视为投资周期不同阶段的不同特征和表现。从希法亭的理论可以看出，危机只不过是商业周期的一部分,是由市场不完善而非资本主义生产方式内在决定的,是投资周期所固有而不是资本主义制度所固有的,是由资本家的主观判断和非理性造成的,所以说危机不是必然的,而是可以克服的。

2.2.3 消费不足论

面对希法亭等人对马克思经济危机理论的解读,卢森堡提出了不同意见,并在《资本积累论》一书中区分了资本主义积累的长期趋势和周期性波动,把资本主义积累的长期趋势作为她的分析重点,同时把消费需求作为资本主义生产的动力,外部需求特别是非资本主义生产方式国家的需求,视为资本主义积累的另一种推动力,而国内消费的不足则极易导致危机。卢森堡的错误在于她讲资本主义积累的动力归结为消费的扩大,而不是追求更多的利润,这完全曲解了马克思。卢森堡的消费不足论与凯恩斯的有效需求不足论的关系是十分密切的,两者的差异主要体现在政治上而非理论上(克拉克,2011)。

斯威齐并不认同考茨基的长期生产过剩理论,认为生产过剩和消费不足是一枚硬币的两面,并把消费不足与垄断资本主义结合起来,认为只有非生产性支出才能维持资本主义的发展,否则资本主义容易走向危机与停滞。非生产性支出,如军事开支,是吸收剩余产品和剩余资本、解决生产过剩的有效手段,这些观点都是对消费不足论的继承(克拉克,2011)。20世纪70年代,面对西方国家的滞涨,与凯恩斯主义的束手无策一样,消费不足论也越来越失去拥护。

2.2.4 利润率下降论

克拉克(2011)指出,在各种理论的斗争之中,取代消费不足成为马克思主义危机理论新正统的是利润率下降趋势规律。起初,利润率下降被视为危机的结果而非原因,利润率下降加速了中小资本的崩溃,这使得资本积聚和资本集中更为迅速,这可能加强危机的趋势,但利润率下降未被当作引发危机的原因,因为只要利润和利润率为正,投资动机就存在。希法亭认为,只有在资本的绝对过度积累的情况下,利润率下降才可能导致危机的爆发。因为此时的利润率为负,过度积累导致了工资的上升,工资进而侵蚀了大部分的剩余价值,利润的枯竭引发了危机。斯特雷齐(Strachey,1935)进一步指出,劳动后备军的不足与短缺,将导致资本的过度积累和工资侵蚀利润的现象,并造成利润量的下降,经济危机就不可避免地爆发了。多布(Dobb,1940)进一步指出,利润率下降趋势不但是形成长期趋势的原因,而且是危机周期性爆发的一个基本原因。但是,这两人都将利润率下降看作一定劳动力情况下的资本过度积累的结果,看似过度积累导致了危机,利润率下降只是中介作用,因此就能得出货币当局可以通过收缩信用而抑制过度投资的结论,经济危机不是资本主义所固有的,它也是可以避免的。

20世纪60年代末70年代初的滞涨再次验证了利润率下降先于经济危机的爆发,而且只有利润率下降后,资本家才会减少对资本的需求,因此利润率下降是因,生产过剩是果,而不是倒过来。利润率下降作为危机爆发的原因在20世纪70年代初得到了西方马克思主义学者的广泛认同,而他们争论的焦点在于利润率下降是由工资侵蚀利润导致的,还是由资本有机构成的提高导致的。工资侵蚀利润(被称为新李嘉图主义)又可分为是由于工人阶级与资本家的不断斗争博弈所取得的成果(阶级斗争),还是由于资本积累过度导致劳动力供不应求,出现工资上涨过快的现象,这两种原因都会导致工资的增加和利润率的下降(克拉克,2011)。格林和萨克利夫(Glyn & Sutcliffe,1972)强调了工人阶级斗争在工资提高和危机爆发过程中的促进作用。但新李嘉图主义过分强调阶级斗争和分配的作用,忽视了对生产领域的考察和资本主义的内在矛盾。在20世纪80年代的现实面前,新李嘉图主义不仅存在理论上的缺陷,也丧失了革命动力而易落入改良主义的窠臼。因为按照他的理论,只要在分配领域进行干预便可缓解矛盾。因此,这也被斥之为唯意志论,因为他们同样无力解决资本积累的危机趋势(克拉克,2011)。

而坚持资本有机构成提高的一方学者,被称为基本定理派,基本定理派从资本主义生产的客观事实出发,来探寻危机的根源,基本定理派面对两个方面的任务:利润率是上升还是下降;利润率下降怎样导致危机的爆发(克拉克,2011)。从利润率的定义和公式可知,利润率与剥削率的变化方向一致,同升或同降,利润率与资本有机构成的变化方向相反,资本有机构成上升,利润率下降。所以,利润率的变化方向,受方向相反的两方面因素的影响:当剥削率不变时,利润率呈现下降趋势,因此利润率是上升、不变,还是下降是存在争议的。基本定理派坚持利润率在长期一定会下降,因为为了抵消利润率下降的趋势而提高剥削率的做法,只会使生产资料增长得更快,进而也导致资本有机构成更快提高,同时剥削率的提高也是有限度的;所以,在某种程度上,利润率必会下降,危机必将爆发。此外,置盐定理(Okishio Theorem)还从另外一种角度论证了除资本有机构成提高以外的其他因素同样会导致利润率的下降。基本定理派忽视了对阶级斗争的分析,而仅仅把利润率下降视为资本有机构成提高的结果,这是片面的。

对于利润率下降怎样导致危机的爆发,宇野学派的伊藤诚(1990)构建了一个包含两类市场(垄断性的产品市场、竞争性的劳动力市场)的模型。该模型认为竞争性的劳动力市场是技术创新的动力,模型假设经济体一开始拥有一个固定的技术水平和利润率水平,当劳动力市场的技术创新导致劳动生产力水平提高而引发工资上升,进而挤压利润时,资本家被迫进行节约劳动的革新,利润率的下降使经济危机爆发。伊藤诚综合了比例失调、新李嘉图主义和基本定理派,却带有浓厚的西方经济学一般均衡的色彩,而且也颠倒了危机的发生机制。20 世纪 80 年代,资本主义世界的经济利润率的恢复,破坏了对危机必然性的信念,也丧失了对社会主义的信念,在理论上,使用各种理论和各种具体理由来解释各种具体的危机,丧失了对资本主义的批判(克拉克,2011)。

生产过剩论、比例失调论、消费不足论和利润率下降论,就解释资本主义经济危机而言,它们都具有一定的合理性,这些因素在现实的资本主义经济中都存在,并未因时间的流逝而显得过时;但是,就对马克思经济危机理论的解读而言,它们在脱离资本主义基本矛盾情况下,都具有较大的片面性。

2.2.5 货币金融论

20 世纪 80 年代后,始于美国和英国的新自由主义开始席卷全球,其中金融自由化、利率市场化和汇率自由浮动是新自由主义的核心内容之一(大卫·科茨,2010),货币与金融对经济的影响越来越显著,而且经济危机也带有浓厚的金融味道,许多经济危机也是以货币危机、金融危机的方式体现出来,如亚洲金融危机和美国次贷危机。大卫·科茨(2008)认为新自由主义是美国次贷危机的根本原因。

基于这种现实,许多马克思主义的文献从货币金融的角度对资本主义经济危机进行解读。实体经济利润率的下降,导致资本大量涌入虚拟经济和金融领域，开展各种面向家庭的金融创新活动，进而形成对家庭收入的榨取和掠夺。拉帕维查斯（Lapavitsas，2009）认为，2008年全球金融危机是当代资本主义金融化的结果，在过去的30年，美国的大型企业主要是转向通过直接融资来获得资金，迫使银行通过其他渠道来获取利润，而向个人提供金融服务则是银行的主要途径。美国开放的金融市场采用投资银行业务，通过与金融体系的关系直接从个人收入中提取利润，由于住房抵押贷款的巨额扩张（包括向最贫穷阶层的放贷），金融机构普遍的债务交易，再加上这种金融模式所具有的不稳定性和掠夺性，推动着次贷危机的爆发。瓦苏德万（Vasudevan，2008）分析次贷危机向全球扩散的机制后认为金融市场是联系美国与其他国家的重要手段，美元的金融统治地位把新兴市场国家和外围国家纳入资本主义世界体系当中。

大卫·科茨（2010）根据积累的社会结构（SSA）理论，从促进资本积累的具体制度机制出发，探讨了20世纪70年代以来的经济危机，认为当旧的制度结构无法为资本积累提供动力时，结构性的危机和矛盾便会产生和爆发，直到新的制度结构建立起来才能使资本主义经济摆脱危机，从新自由主义的制度结构这个角度来看，利润的实现机制受到了阻碍，促使了2008年全球金融危机的爆发。布伦纳（2003）将二战后的资本主义经济发展划分三个阶段：战后的长期繁荣、1973—1993年的持续停滞、美国经济的复苏，美国非金融部门利润率的复苏推动着美国经济的复苏和金融业的发展，当利润率停止上升时，资本便大量流向股市和房地产行业，资产泡沫在扩大经济繁荣的同时，也为未来的危机埋下了伏笔。

法国调节学派创始人之一的罗贝尔·布瓦耶（2014）认为，将危机根源视为资本主义基本矛盾被激化的做法，轻视了资本主义经济中的制度、体制、结构的变化对资本主义的调节和改良作用，并认为美国最近几十年的体制变化赋予了金融家巨大的权力，这些体制变化和巨大权力能够解释美国次贷危机的爆发。法国调节学派的另一个代表人物阿格里塔，从具体的历史层面出发，把货币与资本主义积累的结构形式紧密联系在一起，强调货币的重要功能，并指出货币能使资本主义摆脱灭亡的命运（唐正东，2008）。

日本学者对资本主义制度的研究认为，资本主义已经由20世纪70年代之前的生产资本、福特主义主导的体制转变为20世纪70年代之后的金融资本主导的体制，此时金融资本与产业资本已经脱离了，金融投机带来的恐慌也被放大了。井村喜代子将货币危机、财政危机、金融危机放在金融资本变质的框架下考察；伊藤诚在信用和金融体系中考察经济危机的现代表现形式；山田锐夫则把资本主义经济危机与经济增长放在一起，认为两者是历史地交替出现（渡边雅男、谭晓军，2016）。此外，伊藤诚还用债务的螺旋积累，以及这种螺旋积累的膨胀和不可持续性导致的债务链条的断裂来解释危机的发生。

杨慧玲（2009）认为，信用的过度发展进而产生了信用异化，使得资本主义的经济增长不得不依靠信用泡沫来推动，这使得金融风险、资产泡沫急剧扩大，进而为危机的爆发铺平了道路。杨慧玲（2016）进一步探讨了金融不稳定问题，认为信用的投机性、杠杆性，信用发行的弹性，以及金融支持与技术创新的周期性等都将导致金融的不稳定。当这种脆弱的不稳定进一步发展和被催化时，系统性金融危机就将不可避免地爆发。何秉孟（2010）立足于国际金融垄断资本主义，从经济金融化、泡沫化和虚拟化的角度来探讨2008年全球金融危机，张宇和蔡万焕（2010）从金融资本的角度来探讨2008年全球金融危机。谢富胜等（2010）认为，经济的金融化和虚拟化是不可避免的，实体经济利润率的下滑导致越来越多的资本投向虚拟领域，在这个过程中，不但削弱了资本积累的能力和整个经济创造新价值的基础，而且宽松的货币政策导致大量货币的注入，弱化了货币作为价值尺度的基础，进而吹大了资产泡沫，当债务链条和债务压缩机制混合在一起而得到加强时，危机就爆发了。杨慧玲（2018）考察了金融不稳定性的逻辑，指出资本主义积累的无政府性是金融不稳定的根源，新自由主义和金融化的发展激化了危机的内部矛盾，使得金融变得更加不稳定，且危机一旦爆发就向全球扩散，使金融不稳定成为一种系统性风险。

这些文献都是从马克思主义的角度来探讨经济危机，但是从内容上来看，这些文献过分强调金融市场和金融资本在经济危机中的作用和地位，过于孤立地看待金融市场和金融资本，对经济危机的分析重点集中于经济运行层面上。二战特别是20世纪80年代以后，资本主义经济危机的货币金融化特色、全球化特色越来越浓厚，但是这些经济危机的根源和本质并没有超出马克思对经济危机深刻而科学的论述范畴。

2.3 小结

本书认为，这些经济危机理论对马克思经济危机理论的解读，忽视了资本主义的基本矛盾，而过分地强调基本矛盾的表现形式，甚至用表现形式来替代基本矛盾。这样的解读是失败的，是一种曲解，是逐步违背和脱离马克思的本意的，丧失了鲜明的马克思主义特色。

这些争论和不同的解读，也意味着经济危机预警可以依据不同的解读而设置不同的核心指标。为此，本书在坚持资本主义基本矛盾的情况下，重新对马克思经济危机理论进行解读并从中选择一个最恰当的预警指标，进行经济危机预警。本书第4章将开展这些工作。

马克思的经济危机理论，不仅应该包括对资本主义生产过程的考察，也应该包括对资本流通过程可能出现中断的考察，进而证明经济危机的趋势是资本主义所固有的，并且内生于资本主义制度，资本积累的历史趋势意味着经济危机的不可避免，也意味着资本主义向社会主义过渡的必然性。消费不足、比例失调和利润率下降趋势都可以视为经济危机在运行层面上的原因或表现，它们必须纳入资本再生产总过程的框架中进行阐述，脱离资本主义基本矛盾而单独用消费不足、比例失调和利润率下降中某一个去说明经济危机的做法，是不科学的。

为此，本书第3章从马克思的著作和手稿出发，来探讨马克思的经济危机理论，只有首先对马克思经济危机理论有一个清晰而正确的认识，才能在后续的工作中开展对经济危机的预警。资本主义基本矛盾不仅是马克思经济危机理论的理论内核，也是资本主义经济危机的根源，而消费不足、比例失调和利润率下降是基本矛盾的三个主要表现形式。在第4章中，本书将论证利润率下降不仅与资本主义的生产过程和流通过程紧密联系在一起，而且是反映经济危机状况的重要指标。因此，本书把利润率下降作为经济危机预警的核心指标。

3 马克思经济危机理论

马克思经济危机理论是一个内在统一、逻辑一致的理论体系（胡代光、魏埙，1990）。和马克思的其他理论一样，马克思经济危机理论也是在批判和吸收其他理论中的有益成分的基础之上，运用科学的历史观和方法论对资本主义制度进行研究和思考，最后形成了马克思自己的经济危机理论。本章的任务为重点论述马克思经济危机理论是科学的，这种科学性不仅体现在研究方法上，即马克思运用科学的历史观和方法论来分析资本主义制度，而且体现在内容上，马克思经济危机理论具有深刻性和内在逻辑一致性。更为重要的是，马克思经济危机理论能够接受时间和事实的检验。从1825年至今的近200年的时间里，资本主义世界每隔一段时间就会爆发经济危机，而经济危机周期性爆发的事实是对马克思经济危机理论科学性的最好证明。下文将对科学的马克思经济危机理论进行论述。

3.1 科学的历史观和方法论

马克思对事物和世界的认识，不是仅停留于对现象的描述，而是透过现象寻求事物的本质和规律。恩格斯曾说："马克思的整个世界观不是教义，而是方法。它提供的不是现成的教条，而是进一步研究的出发点和供这种研究使用的方法。"[1] 唯物辩证法和历史唯物主义是马克思研究资本主义生产关系最根本的方法，而对资本主义经济危机的研究，马克思也是运用这两种方法。

---

[1] 马克思恩格斯全集：第39卷 [M]. 北京：人民出版社，1974：406.

3.1.1 历史唯物主义视角下的经济危机

如果缺乏对人类社会历史的科学认识，就无法准确而全面地认识资本主义社会，而历史唯物主义正是科学认识人类社会的过去、现在和未来的有效工具。《德意志意识形态》系统地论述了历史唯物主义①，其主要观点包括：马克思把现实的人、有生命的人而不是抽象的人，作为人类历史的第一个前提②；系统而辩证地阐述"生产方式与交往形式、生活方式的关系"③；分工④、生产力和所有制形式的发展演变的关系⑤；实践的观点⑥；阶级斗争和革命是人类历史向前发展的动力⑦等观点。赵家祥从九个方面概括了历史唯物主义的主要内容⑧。

历史唯物主义在马克思的理论体系中占据着非常重要的地位，马克思

---

① "这种历史观就在于：从直接生活的物质生产出发来考察现实的生产过程，并把与该生产方式相联系的、它所产生的交往形式，即各个不同阶段上的市民社会，理解为整个历史的基础；然后必须在国家生活的范围内描述市民社会的活动，同时从市民社会出发来阐明各种不同的理论产物和意识形态"，《马克思恩格斯全集》第 3 卷，人民出版社，1956，第 42-43 页。

② "任何人类历史的第一个前提无疑是有生命的个人的存在"，《马克思恩格斯全集》第 3 卷，人民出版社，1956，第 23 页。

③ "人们用以生产自己必需的生活资料的方式，首先取决于他们得到的现成的和需要再生产的生活资料本身的特性。[……]它在更大程度上是这些个人的一定的活动方式、表现他们生活的一定形式、他们的一定的生活方式。[……]因此，他们是什么样的，这同他们的生产是一致的——既和他们生产什么一致，又和他们怎样生产一致。因而，个人是什么样的，这取决于他们进行生产的物质条件。[……]而生产本身又是以个人之间的交往为前提的。这种交往的形式又是由生产决定的"，《马克思恩格斯全集》第 3 卷，人民出版社，1956，第 24 页。

④ "分工包含着所有这些矛盾"，《马克思恩格斯全集》第 3 卷，人民出版社，1956，第 36 页。

⑤ "分工发展的各个不同阶段，同时也就是所有制的各种不同形式。这就是说，分工的每一个阶段还根据个人与劳动的材料、工具和产品的关系决定他们相互之间的关系"，《马克思恩格斯全集》第 3 卷，人民出版社，1956，第 25-26 页。"以一定的方式进行生产活动的一定的个人，发生一定的社会关系和政治关系"，《马克思恩格斯全集》第 3 卷，人民出版社，1956，第 28-29 页。

⑥ "这种历史观和唯心主义历史观不同，它不是在每个时代中寻找某种范畴，而是始终站在现实历史的基础上，不是从观念出发来解释实践，而是从物质实践出发来解释观念的东西"，《马克思恩格斯全集》第 3 卷，人民出版社，1956，第 43 页。

⑦ 《马克思恩格斯全集》第 3 卷，人民出版社，1956，第三卷说明，第 X 页。

⑧ 这九个方面分别为：关于历史唯物主义的出发点、关于社会历史观的基本问题、物质生产是人类社会存在和发展的基础、关于两种生产理论、关于历史发展的基本动力、关于人和环境的关系、关于分工及其在社会发展中的作用、关于所有制形式与社会形态的划分、关于实践观点是马克思主义的基本观点。赵家祥：《历史唯物主义基本形成的标志性著作——纪念〈德意志意识形态〉诞生170周年》，《深圳大学学报（人文社会科学版）》2016 年第 1 期。

不仅自己创立了历史唯物主义，而且把历史唯物主义运用于对资本主义制度的研究之中①。恩格斯在《社会主义从空想到科学的发展》一书中指出，历史唯物主义和剩余价值论是马克思的两个伟大发现②。具体而言，马克思发现人类社会的历史是一部阶级斗争的历史③。随着生产力的发展，剩余劳动和剩余产品的产生④，私有制的出现，阶级分化也随之产生。于是，整个社会被划分为统治阶级和被统治阶级，或者是剥削阶级和被剥削阶级。自阶级产生以后，阶级之间的斗争便没有停止过，而阶级斗争的目的是追求阶级利益，如经济利益或政治利益，但是所有的阶级斗争归根结底是对社会产品分配的斗争，特别是对剩余产品分配的斗争⑤。而剩余产品的背后是剩余劳动或者无偿劳动。由人类社会的发展历史可知，奴隶主直接且无偿地占有奴隶的剩余劳动，地主以实物地租或货币地租的形式占有农民的剩余劳动，资本家以剩余价值的形式（如利润、利息、地租）占有工人的剩余劳动，统治阶级的这种占有，实质上就是一种剥削。这种占有和剥削不是"和谐"地进行的，而是以"斗争"的方式展开的，阶级斗争虽然是残酷的，但是它却推动着历史的进步⑥。

生产力与生产关系的矛盾推动着历史的进步和人类社会的发展，这一矛盾在资本主义社会表现为资本主义基本矛盾，即生产社会化与资本主义

---

① "马克思和恩格斯在制定辩证唯物主义和历史唯物主义时，不仅完成了哲学和历史观中的根本变革，而且用真正科学的研究方法武装了政治经济学"，《马克思恩格斯全集》第 3 卷，人民出版社，1956，第三卷说明，第 XI 页。

② "这两个伟大的发现——唯物主义历史观和通过剩余价值揭破资本主义生产的秘密，都应当归功于马克思"，《马克思恩格斯全集》第 19 卷，人民出版社，1963，第 227 页。

③ "至今所有一切社会的历史都是阶级斗争的历史"，《马克思恩格斯全集》第 4 卷，人民出版社，1958，第 465 页。

④ "一般剩余劳动，作为超过一定的需要量的劳动，必须始终存在"，《马克思恩格斯全集》第 25 卷，人民出版社，1974，第 925 页。"在任何社会生产中，总是能够区分出劳动的两个部分，一个部分的产品［……］用于个人的消费，另一个部分即始终是剩余劳动的那个部分的产品，总是用来满足一般的社会需要，而不问这种剩余产品怎样分配"，《马克思恩格斯全集》第 25 卷，人民出版社，1974，第 992-993 页。

⑤ "剩余价值有一个自然基础，但这只是从最一般的意义来说，即没有绝对的自然障碍会妨碍一个人把维持自身生存所必要的劳动从自身上解脱下来并转嫁给别人"，《马克思恩格斯全集》第 23 卷，人民出版社，1972，第 559 页。"为别人从事剩余劳动，需要外部的强制"，《马克思恩格斯全集》第 23 卷，人民出版社，1972，第 563 页。

⑥ "资本主义生产方式的这种进步，同它的所有其他历史进步一样，首先也是以直接生产者的赤贫为代价而取得的"，《马克思恩格斯全集》第 25 卷，人民出版社，1974，第 697 页。

私有制的矛盾①。资产阶级通过各种方式（如暴力）使劳动者与生产资料相分离，而生产资料最后被资产阶级占有，劳动者变得一无所有，只能通过出卖劳动力来生存，此时劳动力变为了商品。在这种情况下，资本家只要拥有一定数量的货币资本，购买原材料和机器，并向工人支付工资，就能够进行生产了，此时剩余价值的秘密就在于工人得到的工资少于他创造的新价值，资本家在这个过程中占有了剩余劳动，得到了工人创造的剩余价值。在社会化大生产背景下，资本主义的私人占有，不仅导致资本家与工人之间的剥削与被剥削关系，而且导致资本家之间为争夺剩余价值而展开的竞争，这种竞争在扩大生产、促使生产力发展的同时，也出现了盲目生产、对工人的剥削加重、有支付能力的需求相对下降等现象，最后的结果就是出现生产的相对过剩，资本主义基本矛盾被激化，经济危机就不可避免地爆发了②。

经济危机只是资本主义所积累的矛盾的暂时解决，经济危机过后资本主义积累又重新开始，生产力又向前发展，之后又会周期性地爆发经济危机，当生产力与资本主义生产关系的矛盾无法调和时，资本主义必将走向灭亡，社会主义的胜利必将到来。但是，马克思又指出了社会主义替代资本主义是一个漫长的过程，即"两个决不会"③，生产力的发展促使资本主义向社会主义过渡，而经济危机正是这种漫长过渡的一种表现形式。

此外，刘伟（2003）指出，从历史唯物主义和劳动价值论的角度，也能得出资本主义经济危机具有必然性的结论。具体而言，马克思将价值界定为人与人之间的社会历史关系，而价值是相对于商品和交换而言的，只有在生产力发展、剩余产品以及私有制出现的情况下，才会出现交换和劳动产品向商品的转换。正是由于私有制，商品的交换才成为可能和必须，而商品交换的背后是劳动之间的交换和转化，商品交换的背后包含着劳动

---

① "在大工业中，生产工具和私有制之间的矛盾才第一次作为大工业所产生的结果表现出来；这种矛盾只有在大工业高度发达的情况下才会产生"，《马克思恩格斯全集》第3卷，人民出版社，1956，第74页。

② "当一方面分配关系，因而与之相适应的生产关系的一定的历史形式，和另一方面生产力，生产能力及其要素的发展，这二者之间的矛盾和对立扩大和加深时，就表明这样的危急时刻已经到来。这时，在生产的物质发展和它的社会形式之间就发生冲突"，《马克思恩格斯全集》第25卷，人民出版社，1974，第999页。

③ "无论哪一个社会形态，在它们所能容纳的全部生产力发挥出来以前，是决不会灭亡的；而新的更高的生产关系，在它存在的物质条件在旧社会的胎胞里成熟以前，是决不会出现的"，《马克思恩格斯全集》第13卷，人民出版社，1962，第9页。

形式的双重转换：一是各式各样的具体劳动转换为一般的抽象劳动，二是生产者的私人劳动转换为被社会承认的社会劳动。其中，私人劳动向社会劳动的转换是商品交换的核心所在，私人劳动与社会劳动之间转换的失败则意味着商品卖不出去，而私人劳动与社会劳动的矛盾在资本主义社会则表现为资本主义基本矛盾，进而成为资本主义经济危机的根源所在，私人劳动与社会劳动的矛盾则源于私有制。在马克思看来，一切与私有制存在直接联系的商品、价值、货币和交换关系，都是一种异化和历史扭曲，最终都是要被消灭的（刘伟，2003）。只有在生产力充分发展的未来社会，私有制才会消亡，由私有制导致的商品与价值，货币与交换也将一起走向消亡，私人劳动与社会劳动之间的矛盾也就随之消失，经济危机发生的基础也不存在了，经济危机自然就消失了，所以说经济危机是一个历史范畴，它与私有制特别是与资本主义私有制伴随在一起。

3.1.2 运用唯物辩证法分析经济危机

唯物辩证法中的矛盾（对立统一）分析方法和从抽象到具体的分析方法是马克思在分析经济危机时使用的两种最主要的方法（刘明远，2009）。

马克思把经济危机的爆发、发展和结束视为资本主义生产关系一种对立统一的矛盾运动，当生产关系中的各要素处于统一而协调的状态时，经济便正常运作，生产处于连续与均衡状态①。当资本主义经济内在的动力机制导致经济体系内各要素彼此的独立、分离和对立达到一定程度时，危机便爆发了，但危机的最终结果是使已经分离对立的各因素重新趋于统一，是资本主义经济各种矛盾爆发之后的强制平衡的过程②，经济危机的各要素既独立又统一，没有表面的统一，就没有危机的存在③。此外，危机的这种统一还体现在资本生产过程与流通过程的统一，这种统一里面包含了危机的可能性和抽象形式，正是因为有统一的关系，现实的经济运动

---

① "因为有统一，所以就不会有危机"，《马克思恩格斯全集》第26卷（Ⅱ），人民出版社，1973，第571页。

② "时而主要是在空间上并行地发生作用，时而主要是在时间上相继地发生作用；各种互相对抗的要素之间的冲突周期性地在危机中表现出来。危机永远只是现有矛盾的暂时的暴力的解决，永远只是使已经破坏的平衡得到瞬间恢复的暴力的爆发"，《马克思恩格斯全集》第25卷，人民出版社，1974，第277-278页。

③ "危机表现出各个彼此独立的因素的统一。没有表面上彼此无关的各个因素的这种内在统一，也就没有危机"，《马克思恩格斯全集》第26卷（Ⅱ），人民出版社，1973，第571页。

才会把它们分离开来,当分离和对立的程度达到一定程度时,危机又把分离和对立的关系又重新统一起来①,经济危机因此在这种统一对立关系中循环爆发。虽然资本主义经济危机周期性地爆发,但这种周期性并不是简单的重复,而是通过否定之否定的方式一步步走向灭亡。

  经济危机作为一个概念,既抽象又具体,马克思对这一问题的研究是按照从抽象到具体、从一般到特殊的顺序展开的。经济危机从一般形式向特殊形式的演进,其内在质的规定性的增加必然导致其外在表现形式更加多样化。因此,虽然经济危机的直接原因和现象是多样和变化不定的,但经济危机作为一般层次上的现象,生产过剩作为其本质,资本主义基本矛盾的激化作为其根源是稳定不变的。马克思首先从劳动的异化、商品流通阶段的买卖脱节和货币支付手段的角度,对商品经济中危机爆发的可能性进行探讨;其次,马克思由对商品和货币的分析,进入对资本的分析,并在资本的生产过程中,探讨了危机爆发的内在的必然性;再次,由资本的生产过程转入流通过程,分析了资本的循环、周转以及信用、竞争和资本的各种具体表现形态,并对危机的各种具体表现形态进行分析,如货币危机、商业危机和信用危机,等等;最后,马克思分析了世界市场的危机,资本向外扩张的动力促使整个世界联系在一起,而世界市场的危机是资本主义矛盾的总爆发和强制平衡。本章对马克思经济危机理论的论述,既包括经济危机的内容,又是马克思方法论的展开。

3.2 马克思对古典经济学家关于生产过剩危机论点的批判

  资产阶级古典经济学家对"资本主义是否会爆发普遍的生产过剩危机"的看法,不是一致的。例如,萨伊坚持"供给自动创造需求",认为不会产生普遍的生产过剩的现象,李嘉图同意萨伊的观点;而西斯蒙第和马尔萨斯则坚持普遍生产过剩的危机是存在的。对于这两种对立的观点,

---

① "资本的总流通过程或总再生产过程是资本的生产阶段和资本的流通阶段的统一〔……〕这里包含着得到进一步发展的危机的可能性〔……〕包含着得到进一步发展的危机的抽象形式〔……〕如果这两个阶段只是彼此分离而不成为某种统一的东西,那就不可能强制地恢复他们的统一,就不可能有危机。如果它们只是统一的而彼此不会分离,那就不可能强制地把它们分离,而这种分离还是危机。危机就是强制使已经独立的因素恢复统一,并且强制地使实质上统一的因素变为独立的东西",《马克思恩格斯全集》第26卷(Ⅱ),人民出版社,1973,第586页。

马克思在《剩余价值理论》中都对它们进行了批判。

3.2.1 对萨伊、穆勒和李嘉图观点的批判

萨伊对生产过剩危机的否认，是依据他的"供给自动创造需求"即萨伊定律，这意味着交换是通过物物交换的形式进行的，供给会自动去寻找它的需求，商品生产出来就能卖出去，生产过剩是不存在的[①]。而穆勒则坚持类似的观点[②③]。李嘉图同意并接受萨伊和穆勒的观点，并进一步指出，生产是为了消费，买和卖在数量上是平衡的，多余的商品不会被生产出来，没有需求的商品也不会被生产出来[④]。

对此，马克思从三个方面进行批判：一是生产者为自身需求而进行生产，当然不会出现危机，但这种情况既不是简单商品生产，又不是资本主义生产，资本主义的商品生产是为了出卖而生产的，而不是为了满足生产者自身需要[⑤]。二是在资本主义经济中，生产者必须出售，并且是为了获得利润而出售，他没有选择出售或不出售的自由，在危机中，生产者出售的愿望更为强烈[⑥]。而且买和卖不是简单地相等，它们之间存在脱节，买和卖是对立统一的，商品货币流通在突破交换的限制的同时，也为买和卖的分离和对立创造了条件[⑦]。三是资本家可以是为了支付和利润而出售，

[①] "除非存在某些激烈的手段，除非发生某些特殊事件，如政治变动或自然灾害等，或除非政府当局愚昧无知或贪得无厌，否则一种产品供给不足而另一种产品充斥过剩的现象，决不会永久继续存在"，见萨伊，《政治经济学概论》，商务印书馆，1995，第144页。

[②] "一切商品从来不会缺少买者。任何人拿出一种商品来卖，总是希望把它换回另一种商品，因此，单单由于他是卖者这个事实，他就是买者了[……]总起来看，一切商品的买者和卖者必然保持平衡"，《马克思恩格斯全集》第13卷，人民出版社，1962，第87页。

[③] "需求和供给的直接等同（从而市场商品普遍充斥的不可能性）……需求据说就是产品"，《马克思恩格斯全集》第26卷（Ⅲ），人民出版社，1974，第106页。

[④] "任何人从事生产都是为了消费或出卖，任何人出卖都是为了购买对他直接有用或者有助于未来生产的某种别的商品。所以，一个人从事生产时，他不成为自己产品的消费者，就必然成为他人产品的买者和消费者"，《马克思恩格斯全集》第26卷（Ⅱ），人民出版社，1973，第563页。

[⑤] "李嘉图和其他人对生产过剩等提出的一切反对意见的基础是，他们把资产阶级生产或者看作不存在买和卖的区别而实行直接的物物交换的生产方式"，《马克思恩格斯全集》第26卷（Ⅱ），人民出版社，1973，第604页。

[⑥] "一个人已经进行了生产，是出卖还是不出卖，在资本主义生产条件下是没有选择余地的。他是非出卖不可"，《马克思恩格斯全集》第26卷（Ⅱ），人民出版社，1973，第573页。

[⑦] "流通所以能够打破产品交换的时间、空间和个人的限制，正是因为它把这里存在的换出自己的劳动产品和换进别人的劳动产品这二者之间的直接同一性，分裂成卖和买这二者之间的对立"，《马克思恩格斯全集》第23卷，人民出版社，1972，第132-133页。

追求剩余价值，特别是超额剩余价值是资本家从事生产的目的[①]，这也是资本和资本主义最根本的逻辑所在，资本的一切生产活动都是围绕获得利润和价值增殖而展开的。萨伊、穆勒和李嘉图的错误在于，他们的演绎起点和模式是把物物交换的简单商品循环当成资本主义再生产的全部，而且把消费作为资本主义生产的目的，这是根本的错误。

马克思对经济危机的研究完全超越了萨伊、穆勒和李嘉图他们，马克思从简单商品循环和资本循环两个循环入手。马克思首先从简单商品循环（商品—货币—商品）来分析危机的可能性，从商品到货币的这个出售环节潜伏着危机的可能，马克思称这一过程为"惊险的一跃"，如果不能顺利出售商品完成这一跳跃，那么摔坏的将"不是商品，而是商品的生产者"。但仅从商品循环来看待危机是远远不够的，因为商品循环在前资本主义阶段就存在，但生产过剩的危机是资本主义特有的，所以资本主义经济危机必须深入资本循环当中。只有这样，潜伏的危机才可能转化为现实。在资本循环（货币—商品—货币）中，危机的可能性获得了充分的发展，资本循环的本质在于获取剩余价值或利润。首先，在商品循环中，货币只是循环的媒介，循环的目标是消费，出售是为了购买。而在资本循环中，劳动力转化为商品，货币也就转化为资本，购买是为了出售，生产的直接目的是交换价值和利润，交换价值推动着资本循环。如果商品循环和资本循环被打断，大量商品将堆积于销售阶段，价值无法实现，生产就无法继续，循环被中断，危机自然无法避免。其次，在资本主义经济中，作为支付手段的货币在交换与生产过程中形成了广泛的联系和制约。在整个过程中，资本家之间形成了相互的债权和债务关系，以及相应的买卖和信用关系，这种关系一旦中断，危机的可能性就变成了现实性。最后，资本主义生产的目的是不断实现和获取价值与剩余价值，竞争的外在压力与追求利润的内在动力，迫使资本家不断增加资本积累和扩大再生产。当生产相对过剩与资本所要求的一般利润率相矛盾时，危机便不可避免地产生了。

[①] "资本主义生产的目的首先不是获得别的产品，而是占有价值、货币、抽象财富"，《马克思恩格斯全集》第26卷（Ⅱ），人民出版社，1973，第574-575页。

3.2.2 对西斯蒙第和马尔萨斯观点的批判

与萨伊、穆勒和李嘉图等人否定普遍生产过剩危机不同，西斯蒙第对资本主义经济危机的认识是深刻的，而且他也是系统论证经济危机必然爆发的第一人（杨黛，2002）。马克思把西斯蒙第的观点总结为，"西斯蒙第深刻地感觉到，资本主义生产是自相矛盾的：一方面，它的形式——它的生产关系——促进生产力和财富不受拘束地发展；另一方面，这种关系又受到一定条件的限制，生产力愈发展，这种关系所固有的使用价值和交换价值、商品和货币、买和卖、生产和消费、资本和雇佣劳动等之间的矛盾就愈扩大。他特别感觉到了这样一个基本矛盾：一方面，是生产力的无限制的发展和财富的增加——同时财富由商品构成并且必须转化为货币；另一方面，作为前一方面的基础，生产者群众却局限在生活必需品的范围。因此，在西斯蒙第看来，危机并不像李嘉图所认为的那样是偶然的，而是内在矛盾的广泛的定期的根本爆发"①，从这段话可知，西斯蒙第认为：一是资本主义生产是充满矛盾的，资本为了获得更多的利润，必然会扩大生产，这导致了越来越严重的产品实现问题（商品转化为货币），即生产过剩问题；二是这个生产过剩问题是由人民群众的消费不足、消费被限定在生活必需品范围导致的，生产与消费内在地失衡了；三是资本主义经济危机不是偶然的，而是由内在矛盾决定的，具有客观性和必然性，经济危机因此会定期爆发。在另一方面，西斯蒙第也指出了资本主义生产的盲目性、缺乏协调和无政府状态②，这种盲目性势必会加重生产的波动。西斯蒙第对经济危机的认识，与马克思在某些方面存在相似之处，可以说马克思继承了西斯蒙第的某些观点。

西斯蒙第虽然揭示了资本主义生产过剩的矛盾③，但是却没有真正理

---

① 《马克思恩格斯全集》第 26 卷（Ⅲ），人民出版社，1974，第 55 页。
② "要确切了解和估计市场上的这种波动是困难的 [……] 并不是每一个生产者都洞悉其他商人的数目和购买力"。吴奎罡、李可，《资产阶级政治经济学史教程》，人民出版社，1985，第 140–142 页。
③ "资产阶级形式只是暂时的、充满矛盾的形式，在这种形式中财富始终只是获得矛盾的存在，同时处处表现为它自己的对立面"，《马克思恩格斯全集》第 26 卷（Ⅲ），人民出版社，1974，第 55 页。

解这些矛盾①。面对经济危机，西斯蒙第不知所措②，他提出要回到过去，并试图用调节的办法来解决危机③，而且西斯蒙第对资本主义经济危机原因的探讨，只挖掘到消费不足和生产的无政府状况这一层面，并没有深入资本主义的制度层面，没有触及资本主义私有制。

马尔萨斯随后也对资本主义经济危机进行了探讨。与李嘉图等人的观点相反，马尔萨斯认为资本主义存在普遍的生产过剩危机④，普遍的商品充斥是可能的⑤。与西斯蒙第类似，马尔萨斯将生产过剩的原因归结于工人的消费不足⑥，并指出提高工人的消费必将导致生产费用增加、利润下降和资本积累动机的削弱⑦。马克思进一步指出，马尔萨斯的这种做法，不是出于对工人阶级的同情，而一方面是为了证明工人阶级贫困的必要性，另一方面是为了证明资本主义社会必须还存在一个专门消耗过剩产品的"非生产消费者"，如"养得脑满肠肥的僧侣和官吏是必不可少的"⑧⑨，并把这种解决生产过剩的办法视为"唯一办法"和"灵丹妙药"⑩。

---

① "他中肯地批判了资产阶级生产的矛盾，但他不理解这些矛盾，因此也不理解解决这些矛盾的过程"，《马克思恩格斯全集》第26卷（Ⅲ），人民出版社，1974，第55页。

② "他经常迟疑不决的是：国家应该控制生产力，使之适应生产关系呢，还是应该控制生产关系，使之适应生产力？"《马克思恩格斯全集》第26卷（Ⅲ），人民出版社，1974，第55页。

③ "他经常求救于过去［……］企图通过别的调节收入和资本、分配和生产之间的关系的办法来制服矛盾，而不理解分配关系只不过是从另一个角度来看的生产关系"，《马克思恩格斯全集》第26卷（Ⅲ），人民出版社，1974，第55页。

④ "和李嘉图学派相反，马尔萨斯强调了普遍生产过剩的可能性"，《马克思恩格斯全集》第26卷（Ⅲ），人民出版社，1974，第57页。

⑤ "商品不仅同商品相交换，而且也同生产劳动和个人服务相交换［……］可能发生市场商品普遍充斥［……］供给必须始终同数量成比例，而需求必须始终同价值成比例"，《马克思恩格斯全集》第26卷（Ⅲ），人民出版社，1974，第57页。

⑥ "由生产工人本身造成的需求，决不会是一种足够的需求［……］必须先有一种超过生产这种商品的工人的需求范围的需求"，《马克思恩格斯全集》第26卷（Ⅲ），人民出版社，1974，第56页。

⑦ "工人阶级消费的剧增必然大大增加生产费用，因此，这一定会降低利润，削弱或破坏积累的动机"，《马克思恩格斯全集》第26卷（Ⅲ），人民出版社，1974，第56页。

⑧ "马尔萨斯［……］想要突出这些矛盾，以便一方面证明工人阶级的贫困是必要的，另一方面向资本家证明，为了给他们出卖的商品创造足够的需求，养得脑满肠肥的僧侣和官吏是必不可少的"，《马克思恩格斯全集》第26卷（Ⅲ），人民出版社，1974，第56-57页。

⑨ "全部非生产消费者特别是地主"，《马克思恩格斯全集》第26卷（Ⅲ），人民出版社，1974，第59页。

⑩ "避免生产过剩的唯一办法［……］医治这两种过剩的灵丹妙药［……］通过根本不参加生产的游手好闲者吃掉一部分产品的办法得到消除［……］则通过财富享受者的消费过度得到消除"，《马克思恩格斯全集》第26卷（Ⅲ），人民出版社，1974，第51页。

马尔萨斯虽然承认生产过剩危机的存在，但是他的观点是庸俗的，而且极力为其阶级利益辩护①，马克思对他的观点的评价是庸俗和可笑的②。

3.3 马克思经济危机理论的基本内容

马克思对资本主义经济危机的分析，在逻辑上是内在一致的，在结构上是层层递进的。马克思对经济危机的分析，沿着危机的可能性、现实性、必然性和周期性逐步展开，从简单的商品经济逐步转入资本的生产阶段和流通阶段，在分析经济危机的根源与本质的基础上，又把信用、竞争和资本的各种具体形态综合在一起，最后是分析世界市场的危机。马克思对资本主义经济危机的分析，为我们展现了一幅波澜壮阔的图景。

3.3.1 危机的可能性：商品、货币与劳动

马克思在《资本论》中，首先研究了商品，商品是资本主义一切矛盾的萌芽，首先就是商品内在的使用价值与价值之间的矛盾，商品生产者不可能同时拥有价值和使用价值，劳动产品一旦采取商品的形式，或者只要存在商品这种形式，商品生产的目的就变成了出卖、价值实现和赚取利润。而交换是解决商品使用价值与价值矛盾的唯一手段，而使用价值与价值的内在矛盾，通过交换外在化地表现为买卖之间的矛盾和对立。随着交换方式和价值形式的发展，自货币产生之后，商品使用价值与价值之间的矛盾就转变为商品与货币的矛盾，如果商品不能顺利地出卖或转化为货币，这就意味着买卖的脱节，这就是潜在的危机。货币的产生使异化关系进一步发展（人与人的关系异化并表现为物与物的关系），形成了货币拜物教③。而货币的支付手段又成为商品买卖分离的一种扩大形式，使危机的可能性进一步扩大。所以，买卖分离和货币的支付手段是危机的两种形

---

① "为大地主所有制、国家和教会、年金领取者、收税人、教会的什一税 […⋯] 辩护"，《马克思恩格斯全集》第26卷（Ⅲ），人民出版社，1974，第50页。
② "他显得多么幼稚、庸俗和浅薄 […⋯] 滑稽可笑"，《马克思恩格斯全集》第26卷（Ⅲ），人民出版社，1974，第51页。
③ "人的、社会的行动异化了并成为在人之外的物质东西的属性，成为货币的属性"，《马克思恩格斯全集》第42卷，人民出版社，1979，第18页。

式，货币的两个职能的体现①。

但是，劳动产品一旦采取商品的形式，就具有神秘性，商品生产者的命运好像就被商品支配，如果商品的跳跃无法实现，受伤的只能是商品所有者②。这就是商品拜物教③。这是因为，在私有制社会当中，商品和货币的价值的背后是劳动，是人的抽象劳动。马克思研究的不是抽象的人，而是现实的人，是现实的人与人之间的关系，而这种关系又表现为利益关系或财产关系。在这种社会分工和私有制的背景下，生产商品的劳动，一方面是私人劳动，另一方面是社会总劳动的一部分。但是，这种私人劳动不能直接转化为社会劳动，而是必须通过交换才能得到社会的承认，生产商品的这种劳动所具有的社会性质实际上一种异化劳动④，即现实中的人与人的关系由物与物的关系体现，并受物与物的关系支配。这种异化劳动的存在，使得交换关系成为私人劳动与社会劳动的纽带，私人劳动生产的产品异化为商品形式，私人劳动对社会贡献的大小则由商品价格进而由货币来体现。也正是由于这种异化，商品生产者进行生产的目的不是占有使用价值，也不是自己消费，而是获得价值。

所以，危机的可能性源于商品内部使用价值与价值的异化对立，进而外化为商品与货币的对立，商品的使用价值是私人劳动的产物，而货币作为价值的表现形式则是社会劳动的异化形态，交换只是暂时解决了这些矛盾和对立，而且交换的存在使买卖存在脱节的危险，货币的支付手段又使危机多了一种爆发的可能，现实中的货币危机就是货币支付手段危机的表现⑤。

危机的可能性只提供了一个分析框架，或者只是提供了一种可能性。

---

① "危机的第一种形式是商品形态变化本身，即买和卖的分离。危机的第二种形式是货币作为支付手段的职能"，《马克思恩格斯全集》第 26 卷（Ⅱ），人民出版社，1974，第 582 页。

② "商品价值从商品体跳到金体上 [……] 是商品的惊险的跳跃。这个跳跃如果不成功，摔坏的不是商品，但一定是商品所有者"，《马克思恩格斯全集》第 23 卷，人民出版社，1972，第 124 页。

③ "商品形式的奥秘不过在于：商品形式在人们面前把人们本身劳动的社会性质反映成劳动产品本身的物的性质 [……] 从而把生产者同总劳动的社会关系反映成存在于生产者之外的物与物之间的社会关系"，《马克思恩格斯全集》第 23 卷，人民出版社，1972，第 88—89 页。

④ "不是表现为人们在自己劳动中的直接的社会关系，而是表现为人们之间的物的关系和物之间的社会关系"，《马克思恩格斯全集》第 23 卷，人民出版社，1972，第 90 页。

⑤ "一旦劳动的社会性质表现为商品的货币存在，从而表现为一个处于现实生产之外的东西，独立的货币危机或作为现实危机尖锐化的货币危机，就不可避免"，《马克思恩格斯全集》第 25 卷，人民出版社，1974，第 585 页。

这种可能性不是资本主义特有的，只是在资本主义社会，而且是机器大生产时代的资本主义，生产力的大发展使得资本的力量得到了空前的提高，经济危机的普遍爆发才成为现实。商品和货币只提供了危机的可能性，而要探讨危机的必然性，就必须超越商品和货币的范畴而步入资本范畴，研究剩余价值进而研究资本主义生产和再生产的动力机制和内在矛盾。

3.3.2　危机的必然性：资本主义生产方式的内在矛盾

马克思对资本的分析，首先从产业资本和生产领域开始，产业资本作为资本的一般形态，是资本主义各种矛盾在本质上展开最充分的地方。资本主义生产的动力机制源于资本主义生产的目的，即最大限度地追求剩余价值和利润，追求利润已经成为整个资本主义社会运行的主旋律，而这一生产目的和动力机制源于资本的本性、源于作为资本的人格化代表的资本家追求个人利益的本性。马克思有一段关于资本追求利润的著名论断[①]，从中可以看出资本的一切行为都是围绕利润而展开的。资本追求剩余价值的动力机制，贯穿从资本原始积累阶段到相对剩余价值生产阶段的资本主义整个历史发展过程。但是，资本追求剩余价值的过程是一个矛盾激化的过程，这个矛盾不仅体现在资本家与工人之间，而且体现在资本家与资本家之间。

（1）资本追求剩余价值的矛盾体现在资本家与工人之间，围绕工人的必要劳动与剩余劳动如何进行分割而展开的斗争。资本的原始积累[②]通过暴力手段，一方面促使劳动者与劳动资料的分离，为资本主义提供了一无所有的自由劳动力；另一方面，使货币财富集中在少数人手中，这些因素成为资本主义发展的前提和历史起点。进入资本主义社会，劳动力成为商品，货币就转化为资本，异化形式在这里得到进一步的发展，异化劳动表现为雇佣劳动与资本之间的对抗，资本支配着雇佣劳动，最大限度地占有剩余劳动及剩余价值，进行最大规模的资本增殖；随后又通过剩余价值的

[①]　"资本害怕没有利润或利润太少［……］如果有10%的利润，它就保证到处被使用；有20%的利润，它就活跃起来；有50%的利润，它就铤而走险；为了100%的利润，它就敢践踏一切人间法律；有300%的利润，它就敢犯任何罪行，甚至冒绞首的危险"，《马克思恩格斯全集》第23卷，人民出版社，1972，第829页注。

[②]　"资本来到世间，从头到脚，每个毛孔都滴着血和肮脏的东西"，《马克思恩格斯全集》第23卷，人民出版社，1972，第829页。

资本化，使资本积累不断扩大，生产也不断地在原来的规模上扩大生产，力图生产出更多的剩余价值。在这种形式下，生产者私人劳动的社会性依旧是以货币的形态体现，但却与其他生产者的劳动相对立，而资本组织生产的动力只有在采取获取剩余价值或利润而生产这一异化形式的时候才能顺利进行①。资本家作为资本的人格化代表，无偿占有工人的剩余劳动，而资本主义私有制是资本家无偿占有的基础，丧失生产资料的工人必须通过出卖劳动力来生存。为了占有更多的剩余劳动和追求更多的剩余价值，资本家必须不断地发展生产力和进行资本积累，使用新的机器和生产方法替代旧的生产资料和生产方式②，资本的生产过程以这样一种方式（$G-w \cdots P \cdots w'-G' \cdot G-w \cdots P \cdots w'-G''$）无限循环周转下去。这个过程既是生产和实现剩余价值，又是剩余价值向资本的转化过程，资本积累以这种方式不断推进。这使得生产存在无限扩大的可能，资本积累和生产力的这种发展趋势，一方面导致机器对劳动的替代，不断提高的资本有机构成，形成了对工人的排挤和相对过剩人口的增加，工人的失业和贫困化在加剧；另一方面是资本家财富的不断积累。当生产的扩大遭遇市场消费能力有限的限制时，当资本家与工人的矛盾激化时，商品和资本的生产过剩的危机便不可避免了。

（2）资本追求剩余价值的矛盾体现在资本家与资本家之间对剩余价值的争夺和分割上面。马克思的劳动价值论揭示了商品价值的决定问题，即商品的价值是由劳动时间决定的，但是商品交换的结果却意味着只有低于社会必要劳动时间，资本家才能获得超额利润。这激发了每一个资本家大力发展生产力的积极性和动力，使资本家必须不断地缩短生产商品的个别劳动时间，使得整个市场的商品数量增加，商品价格下降，生产过剩的趋势使得落后的技术和资本家不断被淘汰。在与其他资本家进行市场和利润的争夺过程中，处于竞争劣势的资本或被驱逐出市场，或被实力强大的资本吞并，这种资本积聚使得资本在更大程度上积累，新的机器和生产方法

---

① "过去表现为个人对个人的统治的东西，现在则是物对个人、产品对生产者的普遍统治"，《马克思恩格斯全集》第42卷，人民出版社，1979，第30页。

② "生产方式和生产资料总在不断变更，不断革命化；分工必然要引起更进一步的分工；机器的采用必然要引起机器的更广泛的采用；大规模的生产必然要引起更大规模的生产"，《马克思恩格斯全集》第6卷，人民出版社，1961，第501页。

在更大的范围扩张。因此，竞争只是资本内在本性的表现形式而已①。资本家大力发展生产力的行为，不仅是资本家的主观意志的体现，也是通过外在的竞争压力强加到资本家身上，这种压力促使资本家不顾市场的限制而大力扩大生产，因此整个社会不可避免地走向生产过剩。

因此，追求更多的剩余价值作为资本主义生产的目的，促使生产力不断发展②，资本积累的这种内在动力也促使经济形态由小农经济、小商品经济向发达的市场经济转变。当生产力的快速发展、生产的无限扩大在遭受市场需求有限的限制而又无法突破时，资本主义经济危机爆发了，而经济危机仅仅是资本主义现有矛盾暂时地暴力解决。危机过后，资本积累向更广更深的方向发展，又不断地遭遇市场的限制，经济危机又继续爆发，资本主义试图不断地避开经济危机，但又不断地走向经济危机。所以，资本追求剩余价值的生产目的和资本积累的一般规律决定了资本主义经济危机不但是周期性的，而且是资本主义固有和无法避免的。

资本积累的历史趋势决定着资本主义必然走向灭亡③。社会主义必然胜利，这个替代过程需要通过否定之否定的方式来实现，重建个人所有制④。

3.3.3　危机具体形式的发展（Ⅰ）：资本的流通过程

马克思在《资本论》第一卷论述了资本的生产以及资本积累的一般规律，从资本一般的角度证明了资本主义经济危机的必然性，但是现实的具体的经济危机通常发生在资本的流通过程中、发生在商品价值的实现阶段⑤。资本的生产过程就是剩余价值的生产，这个过程只是潜在地包含着

---

① "竞争不过是资本的内在本性，是作为许多资本彼此间的相互作用而表现出来并得到实现的资本的本质规定，不过是作为外在必然性表现出来的内在趋势。资本是而且只能是作为许多资本而存在"，《马克思恩格斯全集》第46卷（上），人民出版社，1979，第397-398页。

② "资本作为无限制地追求发财致富的欲望，力图无限制地提高劳动生产力并且使之成为现实"，《马克思恩格斯全集》第46卷（上），人民出版社，1979，第306页。

③ "生产资料的集中和劳动的社会化，达到了同它们的资本主义外壳不能相容的地步。这个外壳就要炸毁了"，《马克思恩格斯全集》第23卷，人民出版社，1972，第831页。

④ "但资本主义生产由于自然过程的必然性，造成了对自身的否定。这是否定的否定［……］在协作和对土地及靠劳动本身生产的生产资料的共同占有的基础上，重新建立个人所有制"，《马克思恩格斯全集》第23卷，人民出版社，1972，第832页。

⑤ "要彻底考察潜在的危机的进一步发展（现实危机只能从资本主义生产的现实运动、竞争和信用中引出）"，《马克思恩格斯全集》第26卷（Ⅱ），人民出版社，1974，第585页。

危机，生产过程难以把危机展现出来，危机的充分展现需要通过资本的流通过程[①]。

（1）马克思在《资本论》第二卷从资本循环和资本周转的角度，探讨了资本主义生产的现实运动。由此，马克思对资本的研究由资本一般扩展到资本特殊，由资本的生产领域扩展到资本的流通领域。资本的流通领域包含了特殊危机的一般可能形态，马克思首先是以一般经济危机形态的质的规定性为基础，特殊危机的本质依旧是生产过剩的危机；其次从资本运动的动态角度，探讨各种具体资本形态在循环中的各个环节、链条可能出现的中断以及危机的爆发由可能性向现实性演变，危机的可能性向现实性的演化在资本的循环中又递进了一步。马克思从资本形态变化和循环的角度，把产业资本的循环分解为三种形态和三种形式，即货币资本循环（$G - w \cdots P \cdots w' - G'$）、生产资本循环（$P \cdots w' - G' - w \cdots P$）和商品资本循环（$w' - G' - w \cdots P \cdots w'$），任何一种资本循环都包含另外两种资本循环，由于考察资本循环的角度和起点不同，展现出资本在运动过程中的不同侧面和性质，是抽象的产业资本运动的具体化。但是，这三种资本循环都展现了一个共同特点，即资本循环运动的目的和结果都是实现了资本增殖，这也是资本主义生产的目的和动机。资本的这些循环运动过程不仅是生产过程和流通过程的统一，也是时间上继起和空间上并存的统一、价值生产与价值实现的统一[②]。但是，这种统一的背后隐藏着对立，这种对立表现为资本循环的三种形态过程都存在中断的可能，一旦循环中断，将导致资本再生产运动的中断和危机的发生，其中资本循环中的卖（$w' - G'$，商品惊险跳跃的表现）的环节，最容易出现中断，这是商品买卖分离在资本形态中的具体表现[③]。某一环节发生中断将导致整个体系的中止和混乱，比如商品生产出现过剩，商品卖不出去，而只能降价甚至减产或停产，生产出现中断，即使降价能卖出部分商品，这也意味着资本

---

① "在论直接生产过程的那一篇，并未增加危机的任何新的要素［……］但是在生产过程本身，这一点是表现不出来的［……］只有在本身同时就是再生产过程的流通过程中，这一点才能初次显露出来"，《马克思恩格斯全集》第26卷（Ⅱ），人民出版社，1973，第585-586页。

② "资本主义生产只有在资本价值增殖时［……］因而只有在价值革命按某种方式得到克服和抵消时，才能够存在和继续存在"，《马克思恩格斯全集》第24卷，人民出版社，1972，第122页。

③ "危机可能性，通过（直接的）生产过程和流通过程的彼此分离，再次并且以更发展了的形式表现出来。一旦两个过程不能顺利地互相转化而彼此独立，就发生危机"，《马克思恩格斯全集》第26卷（Ⅱ），人民出版社，1973，第579页。

家不能收回成本和投资,更不能实现价值增殖,生产中存在的债务问题可能要延期或者违约,企业可能破产,进而引发一系列连锁反应。所以,从资本形态变化和循环的角度来看,生产过剩危机(生产资本循环中断)可以通过货币危机(货币资本循环中断)和商业危机(商品资本循环中断)的形式体现出来。

(2)资本循环往复的循环,便是资本周转。马克思在资本循环的基础上,进一步探讨了资本周转,资本周转的速度、时间、快慢将影响资本的增殖,资本周转越快,资本在一定时期内占有的剩余价值的量就越大,缩短流通时间和加快资本周转有利于提高利润率。而固定资本与流动资本比例的大小,对资本周转具有重要意义。固定资本对理解经济危机有重要意义:一是固定资本是"一次投入多次折旧",生产用途难以改变,而且转移也困难,这使得固定资本对生产的变化难以做出反应;二是固定资本的资本投入一般比较巨大,同时与信贷、债务、信用等联系在一起,因此一旦商品卖不出去,所欠债务无法及时偿还,债务链条断裂,就容易引发连锁反应甚至债务危机;三是固定资本投资是资本主义生产过剩的物质基础[①]。一方面,固定资本投资形成了新的需求,是资本主义经济复苏和走出危机的条件,经济危机淘汰了落后的生产能力,同时经济危机产生的资本毁灭和价值损失,使得机器的无形磨损或精神磨损非常严重,资本大量贬值,机器大量报废,而危机过后新的固定资本投资则为市场带来了新需求,推动着市场的复苏;另一方面,固定资本又为未来的生产过剩埋下了伏笔,由于新投入的固定资本具有更高的生产力,这促使生产进一步地扩大,为更严重的生产过剩做了铺垫。马克思进一步指出了固定资本的更新时间与经济危机的关系[②],但是两者的关系不是固定的,经济危机的周期从早期的5年,慢慢延长至10年[③][④]。随着19世纪后半叶第二次工业革命

---

① "这种由若干互相联系的周转组成的包括若干年的周期,为周期性的危机造成了物质基础[……]但危机总是大规模新投资的起点[……]危机又或多或少地是下一个周转周期的新的物质基础",《马克思恩格斯全集》第24卷,人民出版社,1972,第207页。

② "机器设备更新的平均时间,是说明大工业巩固以来工业发展所经过的多年周期的重要因素之一",《马克思恩格斯全集》第29卷,人民出版社,1972,第280页。

③ "在世界贸易的幼年期,自1815年至1847年,大约是5年一个周期;自1847年至1867年,周期显然是10年一次",《马克思恩格斯全集》第25卷,人民出版社,1974,第554页,注8。

④ "自从固定资本大规模发展以来,工业所经历的大约为期10年的周期",《马克思恩格斯全集》第46卷(下),人民出版社,1980,第235页。

的发展和固定资本更新速度的加快，经济危机爆发的周期也可能会缩短①。因此，固定资本的更新时间是资本主义经济危机周期性爆发的物质条件和原因之一。

此外，马克思还探讨了货币在流通中被抽出的情况，货币的抽出容易引发流通的中断②。货币作为交换媒介，具有天生的独立性。这意味着一旦货币从流通中退出，就是对流通的否定③，这种否定源于利润率的下降。由于有满意利润的资本积累条件被破坏，资本家无法获得满意利润而将货币资本从流通过程中抽出，而后投向利润率高的行业。在普遍生产过剩的情况下，大部分货币将会涌向投机领域，推高资产价格，这种货币抽出容易引发经济危机。当利润率回升时，货币资本又会重新投入流通过程中，所以利润率在资本主义的生产和流通过程中占据着重要的地位。

3.3.4　危机具体形式的发展（II）：信用、竞争与资本的各种形态

产业资本是资本的一般形态，产业资本在资本循环周转的运动中呈现出不同的形态，逐渐分化出商业资本和生息资本（借贷资本、银行资本和虚拟资本）等各种具体而特殊的资本形态，而且这种分化促进了信用的发展和竞争的加剧，这是马克思在《资本论》第三卷分析资本主义生产的总过程的内容④。

信用的本质是一种借贷关系，是商品买卖分离的高级形式，是货币支付手段发展的结果，信用将社会上闲散的资金集中到银行部门，或者股份公司通过股份制把分散的小额资金变成集中使用的大资本，所以信用对于重工业或者需要大量使用资本的行业非常重要。信用自资本主义诞生以来就占据着非常重要的地位。马克思在《资本论》第三卷第二十七章列出了

---

① "这种周期的延续时间是十年或十一年，但绝不应该把这个数字看作是固定不变的〔……〕这个数字是可变的，而且周期的时间将逐渐缩短"，《马克思恩格斯全集》第49卷，人民出版社，1982，第237页。

② "货币〔……〕它在流通之外还有一种独立的存在，而且在这种新的规定上它也可以从流通中被取出"，《马克思恩格斯全集》第46卷（上），人民出版社，1979，第151页。

③ "货币既是流通的前提，又是流通的结果。货币的独立性本身，不是同流通的关系的终止，而是同流通的否定的关系"，《马克思恩格斯全集》第46卷（上），人民出版社，1979，第168页。

④ "资本流通本身包含着破坏的可能性〔……〕危机还有许多因素、条件、可能性，只有在分析更加具体的关系，特别是分析资本的竞争和信用时，才能加以考察"，《马克思恩格斯全集》第26卷（II），人民出版社，1973，第608-609页。

信用四个方面的作用,分别为:一是信用制度在利润率平均化过程中起着中介作用,促使资本按照等量资本获得等量利润的原则分配总剩余价值[①];二是节约了流通费用和流通时间,加快了资本增殖;三是促使资本所有权与使用权的分离和股份公司的成立,有利于拥有聪明才干的人成为资本家,或者企业经营者[②];四是使投机活动在更大的范围开展[③]。信用不仅突破和超越了资本积累和资本增殖的时间界限和空间界限[④],而且促使资本主义生产的各个阶段保持连续性[⑤],进而促进资本主义经济的发展。但是,信用制度具有二重性,信用是一把双刃剑,信用越是促进了资本主义生产过程和流通过程的发展,越是突破了生产与流通的界限,信用所具有的破坏力就越大[⑥],这也就越容易引发和加速经济危机的爆发。信用只能解决部分资本家的商品实现问题,信用不仅无法解决商品的内在矛盾,反而使这一矛盾的对立普遍化,信用只能克服一部分市场障碍,但却加剧了生产过剩,而生产过剩又促使信用进一步膨胀,使资本积累的危机趋势变得更为激烈[⑦]。因此,信用制度一方面促进了生产力的发展,并将市场拓展到全世界,促进旧的生产方式的解体;另一方面却加速了生产过剩和危机的爆发[⑧]。

---

① "资本的这种社会性质,只是在信用制度和银行制度有了充分发展时才表现出来并完全实现",《马克思恩格斯全集》第 25 卷,人民出版社,1974,第 686 页。

② "一个没有财产但精明强干、稳重可靠、经营有方的人,通过这种方式也能成为资本家",《马克思恩格斯全集》第 25 卷,人民出版社,1974,第 679 页。

③ "全部信用制度,以及与之相联系的交易过度、投机过度等等,就是以必然要扩大和超越流通的界限和交换领域的界限为基础",《马克思恩格斯全集》第 46 卷 (上),人民出版社,1979,第 400 页。

④ "信用扬弃资本价值增殖的这些限制",《马克思恩格斯全集》第 46 卷 (下),人民出版社,1980,第 127 页。

⑤ "构成资本主义生产整个过程的各个不同过程的连续性,是否会出现,就成为偶然的了。资本本身消除这一偶然性的办法就是信用",《马克思恩格斯全集》第 46 卷 (下),人民出版社,1980,第 28 页。

⑥ "如果说信用制度表现为生产过剩和商业过度投机的主要杠杆,那只是因为按性质来说可以伸缩的再生产过程,在这里被强化到了极限",《马克思恩格斯全集》第 25 卷,人民出版社,1974,第 498 页。

⑦ "在生产过剩、信用制度等上,资本主义生产力图突破它本身的界限,超过自己的限度进行生产 [……] 由此就产生了危机,它同时不断驱使资本主义生产突破自己的界限",《马克思恩格斯全集》第 26 卷 (Ⅱ),人民出版社,1973,第 130 页。

⑧ "信用制度加速了生产力的物质上的发展和世界市场的形成;使这二者作为新生产形式的物质基础发展到一定的高度,是资本主义生产方式的历史使命。同时,信用加速了这种矛盾的暴力的爆发,即危机,因而加强了旧生产方式解体的各种要素",《马克思恩格斯全集》第 25 卷,人民出版社,1974,第 499 页。

信用虽然推动着资本主义经济的发展，但是经济危机并未因为信用的存在，而增加新的决定性和根本性因素。

竞争是资本主义生产的一种状态、常态和手段，而且竞争的压力是强加到资本家头上的，资本的竞争表现为对剩余价值瓜分的斗争，表现为大资本对中小资本的吞并以及垄断程度的提高。而竞争与信用又是紧密联系的，竞争与信用的关系是相互促进的，信用促进和加快了资本积聚和资本集中，使竞争更为激烈，而竞争的发展又促使信用在更大规模、更高水平的发展①，而且资本之间的竞争最终可以归结为信用手段之间的竞争②。此外，正是资本对利润的竞争和追逐，促进了资本的自由流动，并借助信用的手段，并通过供求关系调节着资本主义生产和各个行业的利润率。而且，资本的竞争是资本积累长期趋势的外在表现形式，是资本的内在规律得以实现的表现形式③。

资本的各种具体形态除了具备资本一般形态的基本特征之外，还拥有自己的运动规律和特征。自产业资本中的商品资本独立后，便转化为商业资本，但商业资本的循环周转（$G—w—G'$）不产生剩余价值，商业资本从属于产业资本。当商业资本中 $w—G'$ 无法实现时，大量商品积压，商品价值难以实现，商业危机就容易发生。而且商人资本的这种独立反过来又增加了商品生产过剩的可能性，这就使得危机的爆发经常出现在商业批发领域和银行部门④。生息资本是职能资本（产业资本和商业资本）衍生出来的，生息资本是信用的重要载体，是以信用为基础的借贷关系，而且生

---

① "较小的资本挤到那些大工业还只是零散地或不完全地占领的生产领域中去［……］信用事业，随同资本的生产而形成起来［……］很快它就成了竞争斗争中的一个新的可怕的武器；最后，它转化为一个实现资本集中的庞大的社会机构"，《马克思恩格斯全集》第23卷，人民出版社，1972，第687页。

② "这种信用既是资本主义生产的结果，又是资本主义生产的条件，这样就从资本的竞争巧妙地过渡到作为信用的资本"，《马克思恩格斯全集》第26卷（Ⅱ），人民出版社，1973，第233-234页。

③ "即资本之间的竞争中的，也就是各资本的实际运动中的决定因素，只有在这种运动中，资本的规律才得到实现"，《马克思恩格斯全集》第48卷，人民出版社，1985，第256页。

④ "由于商人资本的独立化，它的运动在一定界限内就不受再生产过程的限制［……］内部的依赖性和外部的独立性使商人资本达到这样一点，这时，内部联系要通过暴力即通过一次危机来恢复［……］危机最初不是在和直接消费有关的零售业中暴露和爆发的，而是在批发商业和向它提供社会货币资本的银行中暴露和爆发的"，《马克思恩格斯全集》第25卷，人民出版社，1974，第340页。

息资本本身不创造新的价值和利润,生息资本的特殊性在于它能贷给职能资本家,而以利息收入的形式作为回报,所以生息资本的循环($G—G'$)表现为"钱生钱"。生息资本虽然可以表现为各种具体的形式,如借贷资本、银行资本和虚拟资本,但是它们的本质仍然是以信用为基础的钱生钱,资本借出的目的仍然是获取利润。当产业资本领域的商品卖不出去、资本生产又无法获得满意的利润率时,资本家就会选择闲置资本,资本积累相对于利润率而言是过剩的,生产中的债权债务链条极易断裂,而此时货币资本变得非常缺乏,资金链紧张,利息率迅速上升。当信用变得贫乏甚至停止时,所有交易只能依靠现金交易来完成,如果危机一旦爆发,危机就容易采取信用危机和货币危机的形式,而危机背后的基础则是社会需求远远落后于生产规模[①]。信用的突然停止,以货币危机或信用危机为先导的生产过剩危机将无法避免。此外,虚拟经济和信用经济的发展,使得生息资本与不同载体相结合,产生了不同的资本形式以及不同的危机形态,如债务链条断裂产生的银行危机、债务危机和收支危机。生息资本其他的一些特点,如欺诈、高度投机性、专业性强、难以监管,使得金融领域危机爆发的可能性和破坏性更大。所以,生息资本与职能资本的关系,虽然生息资本表面上脱离了职能资本的运动限制,但实际上却是以职能资本的循环周转为基础,以实体经济的利润状况为基础。

总之,现实中的资本主义经济是资本的各种具体形态在信用制度的基础上,为了获得更多的剩余价值而展开的竞争和追逐的经济形式,资本有机构成的提高、资本的过度积累和危机趋势是资本主义生产方式固有的。从表面上看,经济危机一方面与信用的膨胀和收缩密切相关,好像是信用膨胀刺激了资本的过度积累,而信用收缩又导致了经济危机的爆发,但是信用周期只是经济危机周期的一种表现形式和外在推动力。西方经济学把投资过热和经济危机视为一种货币现象,认为只要采用恰当的货币政策就能控制投资过热和经济危机,但是货币政策只能暂时地控制,却无法避免危机的必然趋势,因为这些现象是资本积累的必然结果。另一方面,与资

---

① "在再生产过程的全部联系都是以信用为基础的生产制度中,只要信用突然停止,只有现金支付才有效,危机显然就会发生[……]好象整个危机只表现为信用危机和货币危机[……]而这种现实买卖的扩大远远超过社会需要的限度这一事实,归根到底是整个危机的基础",《马克思恩格斯全集》第25卷,人民出版社,1974,第554-555页。

本各种形态相联系的各种具体的危机，只是生产过剩危机的具体表现形式而已，如货币危机不过是生产再生产过剩失衡的外在表现而已①。而危机的背后归根结底是私人劳动的社会性质需要通过商品、货币和交换来体现，生产内部的矛盾往往就容易以货币危机的形式体现出来②。而且，现实中引发经济危机的因素往往是具体的，如原料短缺或价格上涨、工资上涨、信用崩溃、市场有限等，但是这些资本积累的具体障碍，与决定危机的根本原因相比，只是一个表面和次要的问题而已。

3.3.5 世界市场的危机

早在资本原始积累阶段，资本追求利润的动力就开始把整个世界紧密地联系在一起了，但是这种交往、贸易和联系不是平等的。资本通过暴力在国内一方面使劳动者与生产资料相分离③，另一方面积累货币财富。但是资本的这种原始积累，仅仅局限于国内是不够的，资本还把触角伸向了世界，特别是落后国家和地区，这些落后国家和地区逐步成为发达资本主义国家的原材料来源地、商品销售市场和资本投资场所④。殖民地制度极大地促进了货币向资本的转化，促进了资本积累⑤。通过殖民、航海、贸易、国债制度、国际信用制度、保护关税制度等，资本主义世界体系初步形成了，资本主义也度过了它的幼年时期⑥。资本主义世界体系的形成，使得经济危机也具有世界性了。工业革命以后，由主要资本主义国家和主

---

① "在货币市场上作为危机表现出来的，实际上不过是表现生产过程和再生产过程本身的失常"，《马克思恩格斯全集》第24卷，人民出版社，1972，第354页。
② "一旦劳动的社会性质表现为商品的货币存在，从而表现为一个处于现实生产之外的东西，独立的货币危机或作为现实危机尖锐化的货币危机——就是不可避免的"，《马克思恩格斯全集》第25卷，人民出版社，1974，第585页。
③ "资本主义生产一旦站稳脚跟，它就不仅保持这种分离，而且以不断扩大的规模再生产这种分离"，《马克思恩格斯全集》第23卷，人民出版社，1972，第782页。
④ "美洲金银产地的发现，土著居民的被剿灭[……]这一切标志着资本主义生产时代的曙光"，《马克思恩格斯全集》第23卷，人民出版社，1972，第819页。
⑤ "殖民制度大大地促进了贸易和航运的发展[……]殖民地为迅速产生的工场手工业保证了销售市场，保证了通过对市场的垄断而加速的积累[……]财宝，源源流入宗主国，在这里转化为资本"，《马克思恩格斯全集》第23卷，人民出版社，1972，第822页。
⑥ "殖民制度、国债、重税、保护关税制度、商业战争等等——所有这些真正工场手工业时期的嫩芽，在大工业的幼年时期都大大地成长起来了"，《马克思恩格斯全集》第23卷，人民出版社，1972，第826页。

要工业部门爆发的生产过剩危机，就已经开始向世界上其他国家传递①。

19世纪中期前后，工业革命首先在英国完成，所以此时危机的中心在英国，生产过剩的危机发生在少数几个主要的工业部门，如棉纺织业、铁路部门。工业革命随后向欧洲大陆和美国扩散，危机的策源地也随后转向了法国和美国等国家，1847年的危机始于英国，1857年的危机始于法国，1867年的危机始于美国②。同时，随着第二次工业革命的发展，重工业逐渐成为国民经济的主导工业部门，重工业的固定资本投资周期影响着整个生产过剩的危机周期。19世纪末20世纪初，铁路、航运、电话、电报等交通通信手段的发展，以及托拉斯、卡特尔、康采恩等垄断组织的产生，一方面使世界市场更为紧密地联系在一起，另一方面则加剧了世界市场的竞争，资本输出具有特别重要的意义③。从1825年至今的近200年的时间里，资本主义世界每隔一段时间就会爆发经济危机，而经济危机周期性爆发的事实是对马克思经济危机理论科学性的最好证明。

至此，整个世界已由商品、货币、贸易以及资本联系在一起，而且在发达资本主义国家掌控的世界市场体系中，处于不利地位的落后国家和地区，只能成为发达资本主义国家的原料产地、商品销售市场、资本输入和危机转嫁的场所。至此，世界市场的危机可以看成资本主义所有矛盾的强制平衡，危机中的各要素也必然在危机的每一个领域得到体现④。所以，世界市场的危机是资本主义矛盾在更广阔范围的总爆发和强制平衡。

---

① "工厂制度的巨大的跳跃式的扩展能力和它对世界市场的依赖，必然造成热病似的生产，并随之造成市场商品充斥，而当市场收缩时，就出现瘫痪状态"，《马克思恩格斯全集》第23卷，人民出版社，1972，第522页。

② "在普遍危机的时刻〔……〕这种情况，总是象排炮一样，按着支付的序列，先后在这些国家里发生"，《马克思恩格斯全集》第23卷，人民出版社，1972，第557页。

③ "当机器工业如此根深蒂固〔……〕只是从这个时候起，才开始出现不断重复的周期，它们的各个继续的阶段都为时数年，而且它们总是以一场普遍危机的爆发而告终，这场危机既是一个周期的终点，也是另一个新周期的起点"，《马克思恩格斯全集》第49卷，人民出版社，1982，第240-241页。

④ "世界市场危机必须看作资产阶级经济一切矛盾的现实的综合和强制平衡"，《马克思恩格斯全集》第26卷（Ⅱ），人民出版社，1973，第582页。

3.4 马克思恩格斯对经济危机的预测

工业革命之后,经济危机的频繁爆发促使马克思将研究重心转向对政治经济学的研究①。

除了对经济危机进行理论研究之外,马克思还对经济危机进行过预测,而且马克思对经济危机预测的准确度与他对经济危机的认识和研究进展密切相关,这也是马克思对资本主义运行规律的认识不断加深的一个过程。

恩格斯对政治经济学的研究早于马克思,在马克思和恩格斯的早期著作中,如恩格斯在1844—1845年的《英国工人阶级状况》中提到,他对未来的经济形势和可能发生的经济危机做了展望和预测,参见脚注②。从脚注的这段话可以看出,恩格斯是根据过去的经验,把经济危机爆发的时间间隔预设为5~7年,而事实上1847年确实爆发了经济危机。

之后,马克思和恩格斯预测经济危机将于1852年爆发,在1852—1853年马克思与恩格斯之间的通信内容中,我们可以看出他们对1853年前后爆发危机的期待,1852年4月30日马克思在写给恩格斯的信中说到,危机可能在1853年爆发③。在1852年8月19日的信中,马克思说,英国近期发生了黄金的外流、投机、破产事件,同时期的美国也出现了疯狂的投机、信贷快速扩张,马克思从这些现象中指出危机正在逼近,并把危机与革命联系在一起④,并且断言危机将于1853年爆发⑤。但是,马克思、恩格斯

---

① "目前的商业危机促使我认真着手研究我的政治经济学原理,并且搞一些关于当前危机的东西",《马克思恩格斯全集》第29卷,人民出版社,1972,第527页。

② "1846年或1847年行将到来的危机〔……〕但是在这次危机之后和下一次危机之前(〔……〕下一次危机应当在1852年或1853年到来)",《马克思恩格斯全集》第2卷,人民出版社,1957,第585页。

③ "由于出现了特殊情况〔……〕危机可能推迟到1853年。然而危机一旦爆发,就会是非常厉害的",《马克思恩格斯〈资本论〉书信集》,人民出版社,1976,第70页。

④ "在英国,由于购买谷物,英格兰银行已经开始黄金外流。同时西蒂区出现疯狂的投机。在上星期,证券交易所发生破产事件。最后,在北美〔……〕铁道、银行、住宅建设等方面的投机活动最为疯狂,信贷系统等扩展到空前未有的规模。这不就是正在逼近的危机吗?",《马克思恩格斯全集》第28卷,人民出版社,1973,第113页。

⑤ "许多征兆〔……〕都预示这个崩溃将在1853年到来",《马克思恩格斯全集》第8卷,人民出版社,1961,第421页。

所预测的 1853 年前后的经济危机却一直没有到来，这使马克思进一步深入研究经济危机的发生机制。

过度投机是生产过剩危机爆发的征兆。1856 年 4 月 10 日，在马克思致恩格斯的信中，马克思发现此时欧洲普遍的投机现象，并指出危机在不久的将来将到来①。在随后的 1856 年 9 月 26 日，马克思写到，贴现率的上升将导致投机的崩溃，进而引发危机，危机最迟将于 1857 年冬天爆发②。恩格斯对马克思的这一判断完全认同③。1857 年 11 月，盼望已久的危机终于来临，马克思和恩格斯的心情都无比喜悦④⑤，这次经济危机他们完全预测到了。但是，和 1847 年危机一样，1857 年的经济危机很快就过去了，从 1858 年 6 月 8 日马克思在《英国的贸易状况》的论述可知，英国的出口此时已经恢复，危机似乎已经结束了⑥。

虽然马克思成功预测到了 1857 年的经济危机，但危机爆发后又很快结束了，而且危机也没有带来相应的革命。1857 年的经济危机爆发后，马克思继续进行政治经济学研究，形成了《1857—1858 年经济学手稿》，这一手稿为马克思后来的《资本论》打下了扎实的基础（克拉克，2011）。在后续的研究中，马克思把经济危机的周期与固定资本的更新周期联系在一起，并把经济危机的周期设定为 10 年左右（克拉克，2011）。

1857 年之后，马克思也对 1866 年、1873 年和 1882 年危机进行了关注，但马克思对这些危机似乎很淡然，而且也没有花大量的时间和精力进行具体研究。这主要是因为：一方面，马克思在理论上对资本主义制度和经济危机爆发的一般规律已经有了深刻而科学的认识，并且把研究重点转向了资本主义积累的一般规律和长期趋势。而且，他把经济危机视为资本

---

① "普遍的金融危机在最近的将来是不可避免的"，《马克思恩格斯全集》第 29 卷，人民出版社，1972，第 38 页。

② "贴现率的提高，不论其原因如何，总是在加速巨额投机活动的崩溃，特别是巴黎的大 pawningsshop（指法兰西银行）崩溃。我不认为，一场大的金融危机的爆发会迟于 1857 年冬天"，《马克思恩格斯全集》第 29 卷，人民出版社，1972，第 72-73 页。

③ "全欧洲的工业完全衰落，一切市场都被充斥 […]一切有产阶级都被卷入漩涡，资产阶级完全破产，战争和极端的混乱"，《马克思恩格斯全集》第 29 卷，人民出版社，1972，第 75-76 页。

④ "但是从 1849 年以来，我还没有像在这次危机爆发时这样感到惬意"，《马克思恩格斯〈资本论〉书信集》，人民出版社，1976，第 99 页。

⑤ "我的情况正同你一样 […]而在这普遍崩溃的情况下，我感到非常愉快"，《马克思恩格斯〈资本论〉书信集》，人民出版社，1976，第 105 页。

⑥ 《马克思恩格斯全集》第 12 卷，人民出版社，1962，第 531-537 页。

积累过程中的一个普通环节,并放弃了由危机引发革命的想法,转而更加坚持工人阶级应该通过长期斗争来取得革命的胜利。另一方面,可能是因为马克思已经掌握了经济危机的发生规律,对危机预测的兴趣和重要性都降低了,马克思只需要用他的危机理论与现实的危机现象进行相互验证(克拉克,2011)。

3.5 小结

本章围绕马克思的经济危机理论为什么是科学的经济危机理论来展开论述。马克思经济危机理论的科学性不仅体现在马克思运用科学的历史观和方法论来分析资本主义制度,而且在内容上,马克思经济危机理论具有深刻性和内在逻辑一致性。更为重要的是,马克思经济危机理论能够接受时间和事实的检验。资本主义基本矛盾不仅是经济危机的根源,而且是马克思经济危机理论的理论内核。在资本主义基本矛盾的作用下,资本主义经济危机的爆发就具有内在的必然性和周期性。资本具有追求价值增殖的内在动力和外在压力,这种内在动力和外在压力首先源于商品生产所具有的异化的社会形式,在资本主义社会则源于资本主义基本矛盾。资本对剩余价值的追求,决定了物的生产必须从属于剩余价值的生产、实现和占有,而不断发展生产力、提高劳动生产率则是不断追求和占有剩余价值的手段,发展生产力在资本主义社会则表现为不断地进行资本积累、提高资本有机构成、形成相对过剩的人口和贫富的两极分化,这就构成了资本主义积累的长期趋势或历史趋势。当资本主义积累的长期趋势遭遇市场实现的障碍时,生产过剩的危机便产生了,资本主义生产方式注定了生产的增长快于市场的扩张,因此危机的爆发就具有必然性。资本主义经济危机还具有周期性,这种周期性体现在资本的过度积累最终引发了经济危机,而经济危机淘汰了落后的生产能力、破坏了资本、消除了过剩产品,为进一步的资本积累扫清了道路,在这个周期过程[①]中信用与固定资本发挥了重要作用,但信用也仅仅是资本主义内在矛盾的表现方式而已。

本章(第 3 章)对科学的马克思经济危机理论的论述,是沿着从抽象

---

① "这种产业周期的情况是,同样的循环一旦受到最初的推动,就必然会周期地再现出来",《马克思恩格斯全集》第 25 卷,人民出版社,1974,第 554 页,注 8。

到具体的方式展开的，即从"资本一般"到"资本的特殊形式"，从"危机的可能性"到"危机的必然性"再到"危机的具体形式"，揭示了在资本主义基本矛盾的作用下，资本主义生产过剩的危机是无法避免的，而且会周期性地爆发。那么，在现实经济环境中，是否存在某些具体的经济指标，不仅在定性上能够与马克思经济危机理论相一致、相吻合，能够说明经济危机的一般规律，而且在定量上也能够作为资本主义经济危机是否爆发的警示器或风向标呢？寻找这种具体的经济指标是本书第 4 章的任务。在第 4 章中，本书发现利润率下降不仅在定性上能够与马克思的经济危机理论相吻合，而且在定量上，利润率的变化也能够反映生产过剩的状况，可以作为经济危机预警的恰当指标。因此，本书的第 4 章是在资本主义基本矛盾的视角下，分析利润率下降与经济危机的内在关系，进而为"把利润率下降作为经济危机预警的恰当指标"提供理论依据。

4 资本主义基本矛盾视角下的利润率下降与经济危机预警

本章是第 3 章科学的马克思经济危机理论的继续和更细致、更具体地考察，资本主义基本矛盾是马克思经济危机理论的理论内核。资本主义基本矛盾是经济危机的唯一根源，但基本矛盾的激化在社会再生产的四个环节（生产、交换、分配和消费）中都有表现，消费不足、比例失调和利润率下降是基本矛盾的三个主要表现形式，而且是同时存在的。在这三个主要表现形式中，哪一个更能体现经济危机的具体爆发机制呢？在本章中，本书将论证利润率下降比消费不足和比例失调，更能说明和体现经济危机的具体爆发机制，因而也是更为恰当的经济危机预警指标。

4.1 利润率下降是更为恰当的危机预警指标

消费不足是从消费领域来说明危机的，比例失调则是从资本主义经济的整体来说明危机，而利润率下降则是与资本主义的生产领域紧密联系在一起的，从这点来看，利润率下降更为深刻。而且，资本进行生产的目的不是满足消费而是赚钱，以及追求更多的利润。而更为重要的是，利润率下降能够说明资本主义积累的一般规律和历史趋势，利润率下降正是资本在追求利润的过程中无法避免的事实。此外，消费不足和比例失调容易得出社会改良的政策结论，这样就容易偏离马克思主义。下面我们将从经济危机预警指标的角度，分别讨论消费不足、比例失调和利润率下降。

4.1.1 消费不足仅停留于消费环节

马克思逝世后，第二国际理论家将马克思经济危机理论解读为消费不足论。在历史上，用消费不足来解释经济危机的做法由来已久。恩格斯在《反杜林论》（1878年）中就对以拉萨尔和杜林为代表的消费不足论进行了批判。恩格斯指出，人类的低消费水平有几千年的历史，但生产过剩的危机只是最近几十年才出现，低消费固然与生产过剩危机有关，但消费不足无法说明人类社会以前无危机的状况，也无法说明当前的危机状况①。

事实上，马克思在进行政治经济学批判时，引用并赞同马尔萨斯对消费不足的看法，指出利润的存在决定工人的消费必然低于工人的生产，工人生产出来的商品必然高于工人对商品的需求②。从这段话我们可以看出，工人的需求只能限制在必要劳动的范围。如果工人的需求能够解决所有商品的实现问题，那么利润将不存在，资本主义也不会存在。所以，剩余产品的实现不能依靠工人的需求，而应该转向资本家的需求，资本家将剩余价值资本化的资本积累过程就是不断消耗自身和其他资本家剩余产品的过程。因此，在资本主义生产方式当中，人民群众的消费能力注定是有限的。因为必要劳动作为工人工资的界限，是工人被雇用、利润存在进而资本主义生产方式存在的前提和基础。

所以，工人的工资水平是有限度的，必须限制在必要劳动的范围内，这意味着工人的有限需求是资本主义内在决定的，资本主义越发展就越依赖资本家以及其他阶级的需求。因此问题的症结依旧是商品生产和资本增殖之间的矛盾，这是由资本内在矛盾决定的，资本本身就是一个矛盾的综合体③。

马克思进一步指出，提高工人的工资，进而提高工人的消费，同样无法消除矛盾和危机，企图通过提高消费来根除危机无疑是一种幻想④。而且，如果对经济危机的分析仅停留于消费不足，那么就可以得出这样的结

---

① "消费水平低是数千年来的经常的历史现象，而由生产过剩所引起的、爆发于危机中的普遍的商品滞销，只是最近五十年才变得明显［……］群众的消费水平低［……］既没有向我们说明过去不存在危机的原因，也没有向我们说明现时存在危机的原因"，《马克思恩格斯全集》第20卷，人民出版社，1973，第301页。

② "由生产工人本身造成的需求，决不会是一种足够的需求，因为这种需求不会达到同工人所生产的东西一样多的程度。如果达到这种程度，那就不会有什么利润，从而也就不会有使用工人的劳动的动机"，《马克思恩格斯全集》第46卷（上），人民出版社，1979，第402-403页。

③ "资本按照自己的本性来说，会为劳动和价值的创造确立界限［……］因为资本一方面确立它所特有的界限，另一方面又驱使生产超出任何界限，所以资本是一个活生生的矛盾"，《马克思恩格斯全集》第46卷（上），人民出版社，1979，第408页。

④ "认为危机是由于缺少有支付能力的消费或缺少有支付能力的消费者引起的，这纯粹是同义反复［……］即提高他们的工资，弊端就可以消除，那末，我们只须指出［……］而这种繁荣往往只是危机风暴的预兆"，《马克思恩格斯全集》第24卷，人民出版社，1972，第456-457页。

论，即通过改良、通过各种措施增加消费，就能消灭和避免生产过剩的危机。这意味着如果经济危机不是资本主义内生的，也不是资本主义所固有的，资本主义必然灭亡的历史趋势就无法得到说明。

此外，不把消费不足与资本主义基本矛盾联系在一起，不把消费不足与资本本性联系在一起，而仅仅把消费不足作为经济危机的原因来探讨，那么消费不足就容易演变为凯恩斯的有效需求不足论。而且，消费不足是从消费的角度来论述经济危机，它远离了资本主义生产过程，远离了资本的本质和内在矛盾。

4.1.2 比例失调没有接近资本主义生产的本质

现实经济中，比例失调是经常存在的，特别是经济遭受外在冲击时，如恶劣的天气导致农业减产，进而引起各部门的比例失调。对于比例失调，资产阶级经济学认为，市场的价格机制能够回应商品供求的变化，通过竞争和资本流动，能够调节各个部门的生产，进而消除比例失调，普遍的生产过剩是不存在的，这也是萨伊定律的论调。

马克思批判萨伊定律否认生产过剩的存在的同时，也阐述了自己对比例失调的看法。

（1）马克思指出，萨伊定律所讲的供求失衡，不是商品生产过剩的表现，而应该理解为比例失调的表现，即供求比例的失调。在资本主义经济的正常情况下，供求比例的失调一般可以通过价格机制来恢复正确的比例。而在资本主义经济危机中，价格机制是失灵的，价格变化无法调节供求，商品出现普遍的过剩，所以比例失调并不必然导致生产过剩，生产过剩却一定是比例失调，特别是供求比例的失调。因此，比例失调与生产过剩存在一定联系但也存在较大差异。笔者更倾向于认为比例失调是生产过剩的表现形式之一，而将其作为生产过剩的原因则值得商榷。李嘉图等人希望通过供求关系来调节生产失衡的机制，虽然这在现实经济中存在，但是资本家进行生产的目的是价值增殖，如果看不到获利的机会，资本家宁愿停止生产而闲置资本，此时供求机制是无法起作用的。

（2）马克思认为，即使生产存在正确的比例，资本追求剩余价值的动机和资本之间的竞争也促使生产不断突破和超越这种正确的比例[①]，所以

---

① "所谓合乎比例的生产［……］如果只是指资本有按照正确比例来分配自己的趋势，那么，由于资本无限度地追求超额劳动、超额生产率、超额消费等，它同样有超越这种比例的必然趋势"，《马克思恩格斯全集》第46卷（上），人民出版社，1979，第397页。

正确的比例是不断被超越又不断重新确立的过程。在这种情况下，何为正确的比例，正确的比例似乎并不存在，资本在乎的只是利润，而不是正确的比例，生产之间的比例是资本在不断追求利润的过程中形成的一种结果①。

（3）马克思将比例失调的落脚点又放在资本内在的各种限制和界限上面，比例失调本来是与使用价值、与各个生产部门的具体比例密切相关的，但是马克思却更为本质地从价值关系（价值增殖）的角度来探讨生产过剩的危机趋势和比例失调，特别是必要劳动与剩余劳动之间的比例关系。马克思花了大量的笔墨来探讨必要劳动与剩余劳动之间的比例，因为这种比例关系决定了产品的实现问题。只有当剩余价值生产的增加与投资的增加相一致时，必要劳动与剩余劳动的比例才能维持不变，而推动投资增加的力量则是利润率，剩余价值率及利润率则是必要劳动与剩余劳动比例关系的另一种体现方式。利润率下降打乱了必要劳动与剩余劳动的比例关系，进而外在地表现为不同部门之间比例失衡，引发了全面的生产过剩和经济危机②。所以，与其把经济危机的具体原因归因于比例失调，不如从价值的角度出发，把这种比例失调视为必要劳动与剩余劳动比例关系的失调，而必要劳动与剩余劳动的比例失调则是资本最大限度追求利润的结果，这一结果表现为利润率的下降，比例失调只不过是资本积累矛盾的一种外在表现。

此外，比例失调虽然与生产过程联系在一起，但是比例失调仍然无法说明资本主义积累的一般规律和历史趋势。比例失调可以看作资本积累的一种宏观结果，是生产过剩的另一种表现形式，它并未触及资本主义生产方式更深层次的问题，而且比例失调也容易走向改良的道路，似乎只要通过改良而保持正确的比例关系，资本主义经济就可以避免危机，所以比例失调无法说明危机的必然趋势和资本主义灭亡的必然性。

---

① "资本既是合乎比例的生产的不断确立，又是这种生产的不断扬弃。现有比例必然会由于剩余价值的创造和生产力的提高而不断被扬弃"，《马克思恩格斯全集》第46卷（上），人民出版社，1979，第398页。

② "危机的另一个方面是实际上减少生产，减少活劳动，以便重新建立必要劳动和剩余劳动之间的正确比例——这个比例归根到底构成一切的基础"，《马克思恩格斯全集》第46卷（上），人民出版社，1979，第441页。

4.1.3　利润率下降动态地刻画了资本主义生产和历史趋势

马克思在讨论必要劳动与剩余劳动之间的比例关系时，进一步将问题引向了利润率，指出剩余价值和利润率与必要劳动和剩余劳动之间的关系，当剩余价值不变时，资本的增加必然导致利润率的下降①。在讨论利润率下降趋势时，马克思区分了不变资本和可变资本，并把资本积累与资本有机构成提高、相对过剩人口联系在一起，在这一基础之上又将利润率下降趋势与经济危机联系起来。

事实上马克思在《政治经济学批判（1857—1858年手稿）》及其他著作中，都显著地表明利润率下降与经济危机之间存在着紧密的关系。

（1）马克思反复强调利润率下降在资本主义生产方式中的重要性，马克思至少在四处使用了"最""极其重要"等词语来论述利润率下降趋势规律，而且是在不同时间不同著作中体现，比如在1857—1858年手稿中②、在1861—1863年手稿中③、在1864—1865年手稿（《资本论》第三卷）中④、在1868年马克思与恩格斯的通信中⑤。

（2）利润率下降趋势规律不仅能够说明资本主义经济危机的必然性⑥⑦，而且也能说明危机的周期性、破坏性和危机的后果⑧。

---

① "实际的剩余价值取决于剩余劳动同必要劳动之比［……］利润率取决于［……］剩余劳动同必要劳动之比例不变［……］资本作为资本同直接劳动相比在生产过程中所占的份额越是大［……］资本创造价值的能力越是增长，利润率也就按相同的比例越是下降"，《马克思恩格斯全集》第46卷（下），人民出版社，1979，第265页。

② "这从每一方面来说都是现代政治经济学的最重要的规律，是理解最困难的关系的最本质的规律。从历史的观点来看，这是最重要的规律"，《马克思恩格斯全集》第46卷（下），人民出版社，1979，第267页。

③ "这个规律也是政治经济学的最重要的规律，即利润率在资本主义生产进程中有下降的趋势"，《马克思恩格斯全集》第48卷，人民出版社，1985，第293页。

④ "由于这个规律对资本主义生产极其重要，因此可以说，它是一个秘密"，《马克思恩格斯全集》第25卷，人民出版社，1974，第238页。

⑤ "随着社会的进步，利润率趋向下降［……］这对克服过去一切经济学的障碍来说是一个最大的胜利"，《马克思恩格斯全集》第32卷，人民出版社，1974，第74页。

⑥ "资本本身在其历史发展中所造成的生产力的发展，在达到一定点以后，就会不是造成而是消除资本的自行增殖"，《马克思恩格斯全集》第46卷（下），人民出版社，1980，第268页。

⑦ "资本也就促使自身这一统治生产的形式发生解体"，《马克思恩格斯全集》第46卷（下），人民出版社，1980，第212页。

⑧ "这些矛盾会导致爆发危机，这时，一切劳动暂时中断，很大一部分资本被消灭，这样就以暴力方式使资本回复到它能够充分利用自己的生产力而不致自杀的水平"，《马克思恩格斯全集》第46卷（下），人民出版社，1980，第269页。

（3）利润率下降趋势也意味着资本主义必然灭亡的历史趋势[①]；同时，利润率下降趋势并不是一个机械的规律，利润率下降趋势并不是简单地导致资本主义的灭亡，资本家对利润的追求和资本家之间的竞争，必然导致劳动生产力的提高，但是劳动生产力不仅是由资本技术构成决定的，而且与资本家和工人之间围绕剩余价值生产而展开的阶级斗争密切相关。为了延缓利润率的下降，资本家会采用延长劳动时间、提高工人的劳动强度、降低工资等提高绝对剩余价值生产的办法，也会采用新技术和新的生产方法、加快资本的周转速度等相对剩余价值生产的方法，这必然会导致资本家与工人之间的阶级矛盾的加剧。从这个角度来看，利润率下降趋势不是机械的，也不是简单地表现为利润率数字递减，它是与资本家和工人之间围绕剩余价值生产展开的阶级斗争联系在一起，利润率下降趋势的长期性和周期性也意味着资本家与工人之间阶级斗争的长期性和艰巨性，工人运动也必然是高潮与低谷长期并存，这是符合马克思主义基本原理的。

（4）在消费不足、比例失调和利润率下降趋势三个理论当中，利润率下降趋势不仅在理论深度上比其他两个理论更深，而且也能够与资本主义生产方式中的其他关键因素紧密联系在一起。就理论深度而言，消费不足仅停留于消费阶段，比例失调虽然能够表现必要劳动与剩余劳动之间、各个生产部门使用价值层面上的比例失衡，但比例失调更多地是表现为生产发展的一种结果，而利润率下降或者资本家追求利润的生产目的导致了生产出现比例失调，所以利润率下降在解释经济危机上的理论深度，比消费不足和比例失调更深、更强，而且在分析过程中也包括前两者。但是，这三种理论相互并不矛盾，它们只是处于不同的理论层次而已，将利润率下降趋势与经济危机联系在一起，并不削弱消费不足和比例失调对经济危机其他方面的分析。此外，利润率下降趋势与资本主义基本矛盾、资本有机构成提高、相对过剩人口、资本积聚与集中、生产过剩、资本过剩、经济危机等内容紧密联系在一起，深深地根植于资本主义制度之中，而且预示着资本主义的历史暂时性和必然灭亡。

（5）利润率下降趋势符合资本主义的生产目的和动力机制。最大限度

[①] "社会的生产发展同它的现存的生产关系之间日益增长的不相适应，通过尖锐的矛盾、危机、痉挛表现出来。用暴力消灭资本［……］这是忠告资本退位并让位于更高级的社会生产状态的最令人信服的形式"，《马克思恩格斯全集》第46卷（下），人民出版社，1980，第268-269页。

地追求利润和剩余价值是资本主义进行生产的目的，而资本主义的动力机制则是大力发展生产力。资本主义生产目的和动力机制之间的关系是对立统一的，两者之间的统一表现在资本家为了追求利润，就必须不断地进行创新和发展生产力，以使个别价值低于社会价值从而获得超额剩余价值，所以采用更先进的技术、进行各种创新是资本家追求超额剩余价值的常用手段。而两者之间的对立则表现为，生产力的发展不是无限的，生产力的发展必须限制在一定的利润率的水平之内。因为资本家为了获得更多利润而努力发展的生产力，会不知不觉地提高资本有机构成，进而导致利润率的下降，这又与资本家最大限度追求利润的目标相矛盾。当生产力无限发展的趋势与生产力必须限制在一定利润率水平之内的矛盾激化时，生产过剩的危机便产生了。所以，利润率下降趋势较好地体现了资本主义生产目的和动力机制之间的统一和矛盾，进而触及资本主义的本质和运动机理，也与"资本主义积累的绝对的、一般的规律"相一致。

综合以上分析可知，和消费不足、比例失调相比，利润率下降趋势触及资本主义和资本主义经济危机的内在本质，与经济危机更为密切地联系在一起，而且利润率下降也能说明经济危机的具体发生机制。

4.2 利润率下降趋势与资本主义经济危机

这一小节探讨的是利润率下降趋势与资本主义经济危机的具体关系和相应的触发机制。利润率下降趋势深刻地说明了危机的可能性与现实性、生产过程与流通过程、竞争信用与固定资本、资本的各种具体形态、世界市场的危机。利润率的下降导致危机爆发的可能性不断增加，而危机的可能性转变为现实性，则需要从生产过程与流通过程之间、价值与使用价值之间寻找原因，它们之间转换困难的背后则是资本家所追求的利润率在起决定性作用。而且，利润率下降趋势导致实体经济的商品和资本的生产过剩，而虚拟经济领域却投机盛行，信用和债务链条的断裂必然造成经济危机；经济危机在使资本贬值和毁灭大量资本之后，利润率开始逐步回升。

4.2.1 马克思对斯密和李嘉图关于利润率下降趋势观点的批判

马克思之前的斯密和李嘉图，都探讨过资本主义经济中的利润率下降趋势，并对资本主义的命运表示深深的担忧。斯密认为，工资上升和资本之间的竞争导致利润率下降。具体而言，资本积累的不断增加将导致两方面后果：一是增加了对工人的需求，导致工资上升，进而侵蚀了利润；二是导致商品生产能力的大幅提升，商品卖出去的困难变大，进而引发了资本家之间的激烈竞争和价格下降，最后导致利润率的下降。李嘉图同意斯密关于工资上涨导致利润被侵蚀的观点，但其认为资本之间的竞争不会导致利润率下降，而只会导致利润在资本家之间重新分配，利润率下降还与地租的上升有关，人口增加导致的粮食压力使贫瘠的土地都加入了生产，原有土地受土地肥力下降的影响，必然会导致农产品价格上涨和土地所有者地租收入的上升。所以，最后工人的工资和土地所有者的地租都上涨了，资本家获得的利润必然下降。

马克思认为，斯密和李嘉图的眼里只有地租、利润和利息，即剩余价值的特殊形式，而看不到地租、利润和利息背后的共同点，即一般的剩余价值形式①。这导致斯密忽略了不变资本、李嘉图用固定资本和流动资本进行相应分析，进而混淆和不能区分利润与剩余价值，以及不能区分利润率与剩余价值率的联系和差异，所以斯密和李嘉图不能从根本上正确认识利润率下降趋势规律。李嘉图在这种情况下研究的利润率，自然存在极大的局限性②。对利润率下降趋势规律的分析，马克思首先区分了不变资本和可变资本，这一区分能够认清剩余价值的本质，进而能够理顺利润与剩余价值、利润率与剩余价值率的关系。马克思认为，在资本主义的发展过程中，资本积累和劳动生产力的提高意味着同一活劳动可以支配更多的不变资本，资本有机构成比剩余价值率更快提高的趋势，促使利润率不可避免地下降了③。

但是，马克思并没有像李嘉图那样机械地看待利润率下降趋势规律④。除了数量关系外，马克思还把利润率下降趋势放在资本积累长期的历史趋

---

① "不是就剩余价值的纯粹形式，不是就剩余价值本身，而是就利润和地租这些特殊形式来考察剩余价值"，《马克思恩格斯全集》第26卷（Ⅰ），人民出版社，1972，第7页。

② "李嘉图自以为考察了利润率，实际上只是考察了剩余价值率"，《马克思恩格斯全集》第25卷，人民出版社，1974，第269页。

③ "并不是说利润率不能由于别的原因而暂时下降，而是根据资本主义生产方式的本质证明了一种不言而喻的必然性"，《马克思恩格斯全集》第25卷，人民出版社，1974，第237页。

④ "使李嘉图感到不安的是：利润率，资本主义生产的刺激，积累的条件和动力，会受到生产本身发展的威胁。而且在这里，数量关系就是一切"，《马克思恩格斯全集》第25卷，人民出版社，1974，第289页。

势这一更广阔的视野中进行探讨,既没有把它视为决定资本主义命运的机械规律,也没有把它简单地视为导致经济危机的直接原因。马克思在《资本论》第三卷向我们展示了,利润率下降趋势规律只是资本主义生产方式中更为本质的规律的具体表现,但是这个规律却能把资本主义经济危机中的各种矛盾串联在一起,并解释经济危机[1]。

在生产资料资本主义私有制的背景下,追求更多的利润是资本主义生产的唯一目的,这一目的和资本主义的竞争环境,促使资本家不断发展生产力,随着机器大生产的广泛使用,资本有机构成呈现不断提高的趋势,活劳动支配的不变资本数量越来越大,于是利润率必然下降[2]。尽管剩余价值率(剥削率)也可能提高,但是资本有机构成提高的速度一般快于剩余价值率,而且剩余价值率的提高是有界限的[3],所以利润率下降趋势是无法避免的。但是,利润率的下降并没有那么大、那么快,资本主义经济中存在阻碍和抵消利润率下降的反作用因素,马克思指出存在六种最普遍的反作用因素。

4.2.2 利润率下降趋势规律内部矛盾的展开和经济危机的爆发

在《资本论》第三卷第三篇《利润率趋向下降的规律》的末尾,马克思首先指出,资本主义生产的三方面主要特征:一是资本主义的生产资料私有制[4];二是劳动具有社会性[5];三是资本主义极力开拓世界市场并在世界市场这个环境中运行。而后马克思指出,在资本主义制度下,生产力的无限发展与价值增殖产生激烈的矛盾时,危机就必然会爆发[6]。所以,资本主义基本矛盾必然会产生生产无限扩大与资本价值增殖之间的矛盾,而

---

[1] "利润率的下降会延缓新的独立资本的形成,从而表现为对资本主义生产过程发展的威胁;利润率的下降在促进人口过剩的同时,还促进生产过剩、投机、危机和资本过剩",《马克思恩格斯全集》第25卷,人民出版社,1974,第270页。
[2] "在剩余价值率不变或资本对劳动的剥削程度不变的情况下,一般利润率会逐渐下降",《马克思恩格斯全集》第25卷,人民出版社,1974,第236页。
[3] "靠提高劳动剥削程度来补偿工人人数的减少,有某些不可逾越的界限",《马克思恩格斯全集》第25卷,人民出版社,1974,第276页。
[4] "生产资料集中在少数人手中,因此不再表现为直接劳动者的财产",《马克思恩格斯全集》第25卷,人民出版社,1974,第296页。
[5] "劳动本身由于协作、分工以及劳动和自然科学的结合而组织成为社会的劳动",《马克思恩格斯全集》第25卷,人民出版社,1974,第296页。
[6] "惊人巨大的生产力[……]同这个日益膨胀的资本的价值增殖的条件相矛盾。危机就是这样发生的",《马克思恩格斯全集》第25卷,人民出版社,1974,第296页。

这一矛盾又会在利润率下降趋势规律中得到说明。

利润率下降趋势规律内部矛盾的展开，包含生产扩大与价值增殖之间的矛盾、人口过剩时的资本过剩。资本有机构成的提高和利润率的下降趋势，将会导致商品过剩、资本过剩和人口过剩等严重后果，这些后果的循环往复和不断积累，使资本主义经济不断向危机逼近。这些后果和导致经济危机的具体机制表现为大资本和小资本对利润率下降的不同反应、投机盛行、信用关系和债务链条的破裂。

（1）利润率下降是一个矛盾体，资本家为了获得更多的利润被迫加入竞争和提高资本有机构成，而这又相应地导致利润率的下降。利润率下降是任何资本家都必须面对的挑战，但是大资本和小资本对利润率下降却会做出不同的反应。较低的利润率更适合大规模资本的运作，大资本通常也以积极的方式来面对利润率的下降，因为大资本的生产规模较大，手中掌握更多的资源和银行信贷，为了维持相应的利润额和抵抗利润率的下降，大资本倾向于扩大资本积累，增加资本投入，从而使生产进一步扩大，生产过剩的趋势更为严重，并在这个过程中又进一步吞并小资本，使竞争进一步加剧[1]，资本积累在量上的增加，又促使利润率进一步下降。利润率在这一下降过程中会产生两方面重要的影响：一是对新形成的资本而言，新资本难以以原有的利润率获得补偿[2]；二是利润率的下降伴随着资本的贬值[3]，但是资本贬值在扩大资本积累的同时，也会破坏企业之间的生产联系[4]。而小资本由于缺乏规模上的生产优势，在低利润率的背景下，越来越不适应生产之间的竞争，资本积累困难重重，利润率下降的压力迫使它们要么进一步采用新技术新方法，要么提高对工人的剥削程度，要么把

---

[1] "利润率的下降又加速资本的积聚，并且通过对小资本家的剥夺［……］来加速资本的集中。所以，虽然积累率随着利润率的下降而下降，但是积累在量的方面还是会加速进行"，《马克思恩格斯全集》第25卷，人民出版社，1974，第269-270页。

[2] "利润率即资本的相对增长率，对一切新的独立形成的资本嫩芽来说，是特别重要的。只要资本的形成仅仅发生在某些可以用利润量来弥补利润率的极少数现成的大资本手中，使生产活跃的火焰就会熄灭"，《马克思恩格斯全集》第25卷，人民出版社，1974，第288页。

[3] "利润率下降，同时，资本量增加，与此并进的是现有资本的贬值，这种贬值阻碍利润率的下降，刺激资本价值的加速积累"，《马克思恩格斯全集》第25卷，人民出版社，1974，第277页。

[4] "现有资本的周期贬值，这个为资本主义生产方式所固有的、阻碍利润率下降并通过新资本的形成来加速资本价值的积累的手段，会扰乱资本流通过程和再生产过程借以进行的现有关系，从而引起生产过程的突然停滞和危机"，《马克思恩格斯全集》第25卷，人民出版社，1974，第278页。

货币从生产领域抽出而转向投机领域，这些方法都会使资本主义进一步向危机逼近。此外，面对利润率下降和来自其他资本家的竞争压力，在生产过程中，每个资本家都倾向于采取延长工人的工作时间、提高劳动强度、降低工资等方法来加强对工人的剥削，减缓利润率的下降。

所以，资本家面对利润率下降趋势时，其在生产领域所采取的措施，在努力避开经济危机的同时，又不断地走向了危机[①]。利润率下降加剧了资本之间的竞争和危机趋势，但是利润率的单纯下降只是生产过剩和经济危机爆发的充分条件，只要利润率为正，资本投资依然获得利润。利润率下降导致资本在生产领域无利可图，进而迫使资本流向虚拟经济和投机领域，而货币一旦从流通过程中被抽出则拉开了货币危机、信用危机或债务危机的序幕，经济危机就爆发了，所以经济危机发生在生产过程与流通过程之间。

（2）利润率下降迫使资本脱离生产领域而流向虚拟经济和投机领域。利润率作为资本积累的动力和生产的目的，只有符合和满足一定利润率水平的商品才会被生产出来[②]。利润率的下降，导致投资无利可图，这必然会引起资本积累动力的衰减、积累率的下降和资本形成的延缓[③]，而且经济危机状况下的资本过剩是针对一定利润率水平而言的过剩，旧资本无利可图，而新资本因低利润率也不想投入生产。在这种情况下，新资本的形成不仅缺乏动力，而且已经投入的新资本也面对获得相应补偿的问题，已有资本的过剩将导致一部分资本或闲置或转向虚拟的投机领域，一部分资本在实物和价值形态上走向毁灭，剩下的资本被迫在低利润率水平上循环和增殖。当生产过剩较为严重时，资本的投机活动也比较疯狂。这是因为生产过剩导致的利润率下降，迫使大量资本脱离实体经济[④]，资本家希望

[①] "单单资本的（直接）生产过程本身在这里不能添加什么新的东西 [……] 这里潜在地包含着危机的要素 [……] 但是在生产过程本身，这一点是表现不出来的，因为这里不仅谈不到再生产出来的价值的实现，也谈不到剩余价值的实现"，《马克思恩格斯全集》第26卷（Ⅱ），人民出版社，1973，第585页。

[②] "资本主义生产不是在需要的满足要求停顿时停顿，而是在利润的生产和实现要求停顿时停顿"，《马克思恩格斯全集》第25卷，人民出版社，1974，第288页。

[③] "利润率的下降会延缓新的独立资本的形成，从而表现为对资本主义生产过程发展的威胁；利润率的下降在促进人口过剩的同时，还促进生产过剩、投机、危机和资本过剩"，《马克思恩格斯全集》第25卷，人民出版社，1974，第269-270页。

[④] "大量分散的小资本被迫走上冒险的道路：投机、信用欺诈、股票投机、危机"，《马克思恩格斯全集》第25卷，人民出版社，1974，第279页。

通过在虚拟资本上的投机来获得利润补偿①。虚拟资本是一种有价证券，是定期能够获得一定利息收入的远离生产过程的资本，如股票、债券、汇票等金融产品，虚拟资本的价格颠倒地表现为定期收入与利息率之比，虚拟资本价格的这种决定形式意味着投机的空间非常大，价格波动将会非常激烈。因为生产过剩导致的无利可图，曾经许多从事商品生产的资本家也逐渐转变为食利者。利润率是利息率的基础，当这个社会的一般利润率处于较低水平时，大量过剩的资本也压低了利息率，在资金普遍充裕的情况下，各种虚拟资本的价格（资产价格）都很高，投机在一定程度上只是暂时性地维持了繁荣，暂时地缓解了生产过剩的压力。但是，实体经济是虚拟经济的基础，低利润率的实体经济无法长期维持较高的资产价格，一有风吹草动，某个偶然的事件便会引发资产价格的快速下跌，进而引发投机领域的价格崩溃和经济危机，因此投机对经济危机的到来起着加速作用，而且也放大了经济危机的破坏力。

（3）信用关系和债务链条的破裂，加剧了经济危机的爆发，而且也使经济危机普遍化。资本主义经济离不开信用，信用作为货币支付手段的发展促使买卖较长时间的分离②。利润率下降现在已经在实体经济和虚拟经济领域做好了引爆经济危机的准备，利润率的下降加剧了资本过剩和资本价格的下降，为了弥补利润率下降而带来的利润损失，经济实力强大的大资本将增加投资和扩大生产，从而又加剧了生产过剩和利润率的下降，利润率下降驱使一部分小资本脱离生产领域而转向虚拟领域，而资本过剩导致的较低利息率，导致投机盛行，而在投机领域，大资本以更快的速度和规模吞并中小资本③。在实体经济④中，生产过剩导致的价格下降使企业的

---

① "每个人当初也许都认为，他可以出售铁路股票获得利润，由此弥补营业上需用的货币。也许他已经发觉这是不可能的"，《马克思恩格斯全集》第25卷，人民出版社，1974，第465页。

② "在再生产过程的全部联系都是以信用为基础的生产制度中，只要信用突然停止，只有现金支付才有效，危机显然就会发生"，《马克思恩格斯全集》第25卷，人民出版社，1974，第554-555页。

③ "信用使这少数人越来越具有纯粹冒险家的性质［……］以股票的形式［……］交易所赌博［……］小鱼为鲨鱼所吞掉，羊为交易所的狼所吞掉"，《马克思恩格斯全集》第25卷，人民出版社，1974，第497页。

④ 实体经济是相对于虚拟经济而言的，虚拟经济与实体经济的划分并没有严谨的经济学理论基础和经济核算的支持，对实体经济也缺乏统一而普遍接受的定义，如张晓朴和朱太辉（2014）将实体经济定义为：物质资料生产、销售以及相关服务所形成的经济活动及其关系的总和，而信用过分膨胀的金融业和房地产业则不属于实体经济。

利润下降或为负，这将破坏企业之前形成的债权债务和信用关系，最后导致资本主义生产领域的混乱和再生产过剩的萎缩[①]。同时，利润率下降破坏了剩余价值的实现条件，使资本循环中货币资本、生产资本和商品资本之间不能顺利转换[②]。低利润率下的停滞在整个资本主义经济中蔓延，商品卖不出去，资本家对生产缺乏信心，由于无法获得满意的利润率，商品销售后的货币将会被流通中抽出，而不是继续被投入生产和流通过程中。这将导致其他商品卖不出去，被抽出的这部分货币的这部分需求无法实现，生产和流通过程受到了阻塞，企业之间的信用关系遭到破坏[③]。当利润率下降导致商品无法出售、债务无法偿还时，支付链条和信用制度就会崩溃，危机就会爆发。而且，利润率的下降，不仅使资本家的生产消费和个人消费出现下降[④]，也导致工人失业、相对过剩人口的增加、社会消费能力的下降[⑤]。生产和资本积累停止，生产扩大与价值增殖的矛盾随着利润率的下降而逐渐被激化。

而缺乏实体经济利润支撑的投机活动，会因为信用的突然停止和投机资金的抽离而崩溃。此时的利息率非常高，经常会出现流动性短缺的状况，货币危机和信用危机就容易爆发，而货币危机和信用危机一旦爆发，就容易将危机传导至整个经济危机。现实经济中的资本过剩和市场流通中的货币匮乏是同时存在的[⑥]，因此，当货币匮乏、货币市场紧张时，利息率必然会猛涨，有价证券的价格必然会暴跌，资产不可避免地走向贬值[⑦]。

[①] "价格的普遍下降 [……] 削弱 [……] 以这些预定的价格关系为基础的支付手段职能，会在许多地方破坏一定期限内的支付债务的锁链 [……] 由此引起强烈的严重危机 [……] 从而引起再生产的实际的缩小"，《马克思恩格斯全集》第25卷，人民出版社，1974，第283页。

[②] "由于再生产过程的停滞，已经投入的资本实际上大量地闲置不用。工厂停工，原料堆积，制成的产品充斥商品市场"，《马克思恩格斯全集》第25卷，人民出版社，1974，第547页。

[③] "在支付锁链被激烈破坏时 [……] 这种破坏部分地是信用动摇以及随之而来的各种情况，如市场商品过剩、商品贬值、生产中断等等的结果，部分地又是它们的原因"，《马克思恩格斯全集》第25卷，人民出版社，1974，第521页。

[④] "积累率随着利润率的下降而下降"，《马克思恩格斯全集》第25卷，人民出版社，1974，第269-270页。

[⑤] "社会消费力 [……] 取决于以对抗性的分配关系为基础的消费力；这种分配关系，使社会上大多数人的消费缩小到只能在相当狭小的界限以内变动的最低限度"，《马克思恩格斯全集》第25卷，人民出版社，1974，第272-273页。

[⑥] "有些商行有巨额的资金，但这些资金不能流动 [……] 他们只有靠他们的信用，而且必须是足够的信用"，《马克思恩格斯全集》第25卷，人民出版社，1974，第469页。

[⑦] "在货币市场紧迫的时候，这种有价证券的价格会双重跌落 [……] 除了上述贬值以外，还会进一步贬值"，《马克思恩格斯全集》第25卷，人民出版社，1974，第530-531页。

资产贬值和价格下跌使之前的债权债务关系无法维持,信用关系的破裂也导致企业无法获得融资,当资不抵债和资金链断裂时,企业的破产不可避免。由于企业之间的生产经营关系和债权债务关系作为一个网络是紧密联系在一起的,一个企业的破产必然会传导到其他企业,甚至银行金融系统,进而产生系统性风险和全面的经济危机。

(4) 利润率下降趋势在世界市场上的体现。一是资本主义的发展离不开世界市场[1],原材料、商品、资本的国际流动都是以利润最大化为目的而展开的,生产无限扩大所遇到的障碍需要依靠世界市场来解决。但是,世界市场也是有限的,发达资本主义国家争夺世界市场的竞争也是激烈的[2],当生产的扩大超过了世界市场的容量时,全球性生产过剩便产生了。二是马克思指出,对外贸易可以阻碍利润率的下降,对外贸易可以得到较为便宜的不变资本和必要的生活资料要素,但是这种阻碍作用是有限的。由于不发达国家或者殖民地半殖民地国家的资本有机构成低于、劳动剥削程度高于主要资本主义国家,导致不同国家的利润率出现差异,这对于商品和资本的国际流动具有重要的意义[3],当本国的利润率出现下降时,资本往往流向利润率高的国家,商业欺诈和投机也无处不在[4]。所以,由利润率下降驱动的首先在主要资本主义国家爆发的经济危机,由于世界市场的形成而向其他国家蔓延,同时由于不平等的国际经济关系,落后国家和地区往往成为危机和矛盾的转嫁对象。

4.2.3 资本闲置、贬值和破坏促使利润率恢复和走出经济危机

生产扩大和价值增殖之间的矛盾导致利润率下降,而利润率下降所引发的资本主义经济危机作为资本积累过程中的一个周期性现象,并不意味着资本主义的终结,经济危机的本质是生产过剩,因此,经济危机一方面是资本积累的必然结果,另一方面是资本主义经济复苏的条件,因为经济危机改变了不变资本与可变资本的关系、改变了资本积累的条件,经济危

---

[1] "必须以信用制度和世界市场上的竞争为前提,因为一般说来,世界市场是资本主义生产方式的基础和生活条件",《马克思恩格斯全集》第25卷,人民出版社,1974,第126-127页。

[2] "美国和德国的工业的迅速发展,世界市场上的竞争大大加剧了",《马克思恩格斯全集》第25卷,人民出版社,1974,第137页。

[3] "如果资本输往国外[……]是因为它在国外能够按更高的利润率来使用",《马克思恩格斯全集》第25卷,人民出版社,1974,第285页。

[4] "在印度和中国的营业欺诈、投机、砂糖输入过多等而引起的再生产过程的混乱,导致了货币资本荒的爆发",《马克思恩格斯全集》第25卷,人民出版社,1974,第475页。

机过程中的资本闲置、贬值和破坏，以及失业和人口过剩导致的工资下降，为利润率进而资本积累的恢复创造了条件①。

随着利润率的下降，部分资本将选择闲置，而经济危机的爆发使资本贬值和资本破坏成为普遍现象，马克思进而区分了实际资本的破坏和资本价值的贬值对利润率恢复的影响和作用。

（1）虽然利润率下降是无法改变的，但是资本家并不会消极地面对利润率的下降，而是在面对利润率下降的过程中，为了防止现有资本贬值，要么会让部分追加的资本闲置不用，要么通过暂时的损失、毁灭和激烈竞争将竞争对手的资本排挤出去②。

（2）在经济危机过程中，资本闲置下来，退化为货币，最后退出流通领域，价格出现下跌③。不仅商品价格出现大幅度下降，而且资本会出现贬值。资本贬值一方面给资本家带来巨大的损失，另一方面为生产的复苏和利润率的提高准备了条件，资本贬值并没有使生产资料的使用价值遭到破坏④。只有资本价值的下降、价格的下跌，才可能为后来者创造一个高利润率，新资本才可能重新进入⑤，投资才能上升，经济才能复苏。在资本家破产和资本贬值的过程中，落后资本家的资本被吞并、落后的生产能力被淘汰，资本积聚和资本集中得到了加强，资本主义生产将在更高的积累水平上前进。

（3）资本的破坏意味着资本作为使用价值和价值都被消灭了，资本的使用价值或物理形态的消灭减少了资本存量，生产过剩的基础也就被破坏了，过剩生产能力的消除为利润率的恢复和价格的复苏铺垫了道路⑥。资

---

① "危机—见富拉顿—被看作是对付资本过剩，恢复正常利润率的必要的强制手段"，《马克思恩格斯全集》第48卷，人民出版社，1985，第294页。

② "一部分旧资本必然会闲置下来［……］究竟是哪部分会这样闲置下来，这取决于竞争斗争［……］平衡都是由于一个或大或小的资本被闲置下来，甚至被毁灭而得到恢复"，《马克思恩格斯全集》第25卷，人民出版社，1974，第282页。

③ "现有的一部分金银闲置下来，不再执行资本的职能［……］固定资本的要素也会或多或少地贬值"，《马克思恩格斯全集》第25卷，人民出版社，1974，第283页。

④ "使用价值没有被破坏［……］由于不殃及使用价值，这种消灭正好可以大大促进新的再生产［……］总的来说对再生产起着有利的影响"，《马克思恩格斯全集》第26卷（Ⅱ），人民出版社，1973，第566页。

⑤ "不变资本要素的贬值，本身就是一个会使利润率提高的要素"，《马克思恩格斯全集》第25卷，人民出版社，1974，第284页。

⑥ "已经发生的生产停滞，为生产在资本主义界限内以后的扩大准备好了条件。这样，周期会重新通过"，《马克思恩格斯全集》第25卷，人民出版社，1974，第284页。

本的贬值和较低的商品价格水平也为固定资本的新投资创造了有利条件。

总之,从资本的生产过程来看,生产无限扩大与资本价值增殖之间的矛盾,导致利润率的下降,而利润率的下降促使经济危机的爆发。在经济危机过程中,价格体系的崩溃导致资本被闲置、贬值和破坏,生产力遭到破坏,这反过来又促使利润率的复苏和走出经济危机。但是,资本的闲置、贬值和破坏只是暂时地排除和扩大了资本积累的限制,当资本积累导致利润率重新下降时,经济危机又将爆发。

4.2.4 利润率下降趋势展现了经济危机循环爆发的图式

综上所述,资本主义基本矛盾可以通过利润率下降规律内部矛盾的展开来说明经济危机。资本从事生产经营的目的就是追求更高的利润率和更多的利润,每个资本家追求利润的生产目的会在整个资本主义社会形成一个矛盾,恰恰是资本家对利润的追求最终导致了利润率的下降,而资本家对利润的追求则源于资本主义私有制。而且,生产与消费、扩大生产与价值增殖、人口过剩与资本过剩的矛盾,都能在利润率下降规律中得到说明和诠释,利润率下降还加剧了生产比例的破坏和消费能力的萎缩,造成资本价值实现的困难,实物补偿和价值补偿无法继续,企业之间的债权债务关系必将破裂[①]。

利润率下降趋势也使资本主义在生产过程中的矛盾,扩大到了流通领域。生产过剩也是相对于一定利润率水平的过剩,当利润率下降到较低水平时,资本对劳动的剥削也将加重,资本生产剩余价值的动力也容易熄灭,由于资本生产缺乏相应的利润,一部分资本便从生产领域中抽出而转向投机领域,资本主义中的债权债务关系和信用关系在低利润率和投机的情况下容易破裂,进而引发连锁反应,当资本又从流通领域中抽出时,资本退化为货币,货币又退化为一般物品(纯粹的、不流通的金银或纸币),暂时丧失了作为货币的基本职能,流通手段缺乏,买卖出现大范围大规模的脱节,经济危机的爆发便不可避免了。而最后经济危机的爆发导致各种价格体系和资本价值的崩溃,使失衡的经济关系又重新恢复平衡和统一,这又为利润率的上升、资本兼并和积累率的增加创造了基础和条件。利润

---

① "在资本主义生产中,我们已经看到了使危机可能性可能发展成为现实性的相互债权和债务之间、买和卖之间的联系",《马克思恩格斯全集》第 26 卷(Ⅱ),人民出版社,1973,第 584 页。

率的复苏推动着资本积累的增加，为新一轮经济繁荣铺平了道路，永久性的危机是不存在的，资本主义经济危机是周期性爆发。所以，利润率下降趋势引发经济危机的内在机理和具体过程可以通过既抽象又具体的分析得出。

以利润率下降规律为中心的矛盾的展开，可以将落脚点落在扩大生产与价值增殖的矛盾上①，扩大生产导致的利润率下降与资本主义追求价值增殖的目的相矛盾②，当矛盾激化时，经济危机便爆发了。同时，生产资料的资本主义私人占有意味着资本的价值增殖是内生决定的，资本必须不断地追求利润来体现它的存在，资本的这种本性促进了生产力的发展，而资本有机构成的提高也意味着生产的不断扩大以及生产社会化的程度不断提高。所以，从资本的生产过程来看，资本主义基本矛盾也可以体现为扩大生产与价值增殖的矛盾。

综上所述，资本主义基本矛盾作为资本主义经济危机的根源，利润率下降趋势规律则是扩大生产与价值增殖矛盾的动态表现。只要存在商品生产和商品交换、价值生产和价值实现，商品内部矛盾必然会转化为资本主义基本矛盾，并通过利润率下降趋势规律周期性地引发经济危机。

4.2.5 现有文献对利润率下降与经济危机的进一步研究：实证的角度

本书把利润率作为经济危机预警的核心指标，所以本书从实证的角度，对利润率下降与经济危机的关系做进一步的文献梳理。具体梳理如下：韦斯科普夫（Weisskopf，1979）开创性地把马克思所定义的利润率公式转化为现代形式，并运用于对美国非金融部门1949—1975年的利润率状况进行实证研究，发现由于利润受到工人工资上升的挤压，利润率和利润量都出现下降趋势，韦斯科普夫的贡献主要体现在对利润率下降的研究方法上。米希尔（Michl，1988）在韦斯科普夫（1979）的基础上，研究了美国1948—1985年的利润率情况，发现1948—1972年的利润率下降主要是由于利润份额下降引起的，而1972—1985年的利润率下降主要是由于资

---

① "生产过剩的发生是同价值增殖联系在一起的，如此而已"，《马克思恩格斯全集》第46卷（上），人民出版社，1979，第412页。

② "手段—社会生产力的无条件的发展—不断地和现有资本的增殖这个有限的目的发生冲突"，《马克思恩格斯全集》第25卷，人民出版社，1974，第279页。

本生产率的下降引起的，这一时期较为紧张的劳资关系和偏向资本的收入分配政策仍然无法阻止利润率的下降。格罗斯曼（Grossman，1992）认为，利润率下降趋势在马克思危机理论中处于核心地位，利润率下降必将导致利润总量的增长速度下降，因为没有利润，新投资就不会增加，危机最终会爆发，但危机所产生的廉价的资本兼并、实际工资下降、剩余价值率提高，从而利润率开始恢复，危机又成为经济复苏的开始。陈恕祥（1996）认为，经济危机的核心问题是利润率问题，利润率下降加剧了资本过剩、人口过剩和生产过剩，各种矛盾激化的最后引发了经济危机。

早在危机爆发前的 2006 年，布伦纳就论述了 1973 以来美国经济的利润率波动和下降状况、美国经济重心由实体经济向虚拟经济的转变、全球产业分工和全球的生产能力过剩，并对美国经济的前景感到悲观。危机爆发后，布伦纳（2009）认为生产能力过剩是 2008 年全球金融危机的根本原因，20 世纪 70 年代初以来的过剩生产能力一直没有被摧毁。为了遏制利润率的下降，发达国家过剩的生产能力不断地向其他国家转移，全球化作为对利润率下降的回应，导致全球性产能过剩，产品供过于求，价格下跌，资本投资回报率和利润率进一步下降。布伦纳进一步指出，利润率的长期下降并且至今难以恢复，不仅是资本积累速度减缓的根本原因，也是此次危机的根源，而危机爆发是恢复利润率和资本积累的必要条件。所以此次危机是一场马克思式的经济危机，只有危机才能解决危机。布伦纳（2010）进一步探讨了实体经济利润率的低迷与泡沫经济的膨胀之间的关系，发现经济的金融化和资产泡沫膨胀不仅不能缓解利润率的低迷状况，反而刺激了泡沫的破裂，这又使实体经济的利润状况更加恶化。

乔治·艾克诺马卡斯等（2010）探讨了美国 1929—2008 年的利润率波动情况，发现在 1929—2008 年的近 80 年时间里，美国非金融部门的利润率（净固定资本回报率）处于一个长期缓慢下降和短期波动幅度较大的状况[①]，而且 20 世纪 60 年代以后的美国经济一直遭受低利润率的困境，虽然利润率在 1962—1982 年危机之后有所恢复，但远未达到历史预期水平，过剩资本为了追求高额利润大量融入金融部门，制造了金融泡沫从而引发了危机。他们坦言，如果不消灭过剩资本、不毁灭自己，任何改良主义政策都无法使资本主义重新回到经济稳定增长的道路。马尼亚蒂斯

[①] 利润率在 1932 年达到历史低点（0.007）后，相继出现了 1944 年（0.221）、1966 年（0.190）、1997 年（0.182）和 2006 年（0.178）四个小高峰。

（Maniatis，2010）认为，利润率下降导致了 20 世纪 70 年代的滞涨，资本有机构成的提高导致实体经济的利润率下降，实体经济变得无利可图了，20 世纪 80 年代开始的金融化自由化只是对利润率下降的一个反应，滞涨时期的政府宏观政策并没有使无效资本、过剩产能得到充分的摧毁或贬值，使得利润率一直没有恢复，较低的利润率导致低积累率和低经济增长率。

孙立冰（2009）认为，利润率下降必然导致竞争更加激烈，资本家通过采用新技术和增加投资等方式，以扩大资本投资增加利润量的方式来弥补利润率下降导致的损失，资本有机构成的增加使利润率更快地下降，使得生产过剩的现象愈演愈烈，最终危机爆发。于泽（2009）利用马克思危机理论研究了美国的次贷危机，发现美国次贷危机是对 20 世纪 90 年代的 IT 技术革命的回应。IT 革命在促进投资率上升和经济增长的同时，也导致了资本深化和利润率的最终下降。美国依靠大规模负债和金融化来维持经济增长和延缓利润率下降，这一不可行的方法最终导致危机的爆发。谢富胜等（2010）把当前世界的货币信用关系融入马克思的经济危机理论中，从利润率公式中分离出劳资关系、资本有机构成和价值实现等因素，形成了危机理论的一个新综合，揭示了利润率下降与经济波动的基本作用机制，发现美国实体经济的利润率在 1975—2008 年并未有效恢复，美国服务业特别是金融业的大发展以及非生产性劳动的增加使利润份额和利润率都下降，利润率的长期停滞使美联储不得不小心处理金融化积累、以低利率维持流动性增长和维护美元国际储备货币地位之间的矛盾，当矛盾被激化时，经济危机就不可避免地爆发了。杨继国（2010）从经济增长和利润率的视角对经济危机的发生机理进行了有益的探讨，杨继国首先以不变资本（c）、可变资本（v）和剩余价值（m）作为最基本的变量构建了投资率（储蓄率）、资本有机构成和剩余价值率三个变量。然后以这三个变量构建了经济增长率指标。在资本家追求剩余价值最大化的过程中，采用新技术导致资本有机构成提高，而剩余价值率的变化幅度是有限的，两者共同作用会使利润率下降，利润率下降会导致投资率（储蓄率）下降，进而使经济增长率下降，经济增长率下降到一定程度便引发了经济危机。克莱曼（2013）认为，2008 年全球金融危机不是金融自由化的结果，而是资本主义固有矛盾的爆发，其根本原因在于利润率下降。但利润率下降又是危机的间接原因，利润率下降必须通过企业的低盈利能力和信用体系的扩张才能诱发危机,危机必须达到资本消灭的目的才能在未来使利润率上升,从而促使投资率上升,经济进入繁荣,进而形成周期性危机。克莱曼认为,以现期成本计算的利润率是错误的,而应该使用历史成本来衡量利润率。他使用该方法计算了1929—2009年美国公司财产的收入利润率和税前利润率发现,不仅利润率走势与马克思的预言一致,而且从1947年开始美国利润率就持续下降。虽然宏观经济政策使20世纪70年代的滞涨免于遭受大规模的资本消灭,但是这也使利润率长期得不到有效恢复,这为2008年全球金融危机埋下了伏笔,所以利润率的周期性波动和长期下降趋势决定了危机的周期性爆发。

以上文献主要考察了美国的利润率下降状况与经济危机爆发之间的关系。从这些文献的研究结果来看,利润率下降是经济危机爆发的原因,而且利润率下降在时间上先于危机的爆发,这为本书利用利润率指标来预测和预警经济危机提供了理论和实证上的可能性。

利用中国数据来研究中国利润率变化状况的文献并不多。Zhang和Zhao(2007)研究了中国制造业1978—2004年的利润率和剩余价值率状况,发现以1998年为界,中国制造业利润率和剩余价值率都呈现"U"形,先下降后上升,而资本有机构成变化不大,稳定在3%左右。李亚平(2008)利用计量模型中的最小二乘法研究了1980—2006年中国制造业的利润率与剩余价值率和资本有机构成的关系,发现利润率以每年分别大约0.2%的速度下降,资本有机构成和剩余价值率每年大约以10.71%和7.44%的速度提高,并且在时间分布上呈现不规则的有快有慢的变化。高伟(2009)使用三种不同的利润率计算方法测算了中国整体经济1987—2002年的利润率状况,发现三种不同的方法所得到的利润率都呈现下降趋势,同时发现剩余价值率在样本期内是稳定的,资本有机构成呈上升趋势,利润率与投资增长率呈现正相关关系。鲁保林(2012)测算了中国1981—2009年实体经济的利润率,发现资本有机构成的上升使利润率在长期下降的过程中呈现短期的下降—回升—下降的一个波动趋势,随着实体经济利润率的下降,实体经济变得无利可图,过剩资本大量涌向虚拟经济领域,这也意味着利润率下降与中国经济动力机制转变、消费不足等问题存在紧密的联系。鲁保林(2014)进一步指出,实际产出资本比的变化是导致中国工业部门平均利润率和净利润率下降的主要因素,而资本技术构成和劳动生产率又是决定实际产出资本比变化的两个主要因素。李铁立和刘程(2016)

估算了中国省级工业资本存量和利润率，发现利润份额的下降使得大多数省区市的工业利润率呈现 N 型形态，2008 年全球金融危机之后中国省区市工业利润率出现分化，如上海和重庆的利润率出现上升，而黑龙江和山西的利润率则下降，这与各省区市的利润份额、产能利用状况和资本产出比密切相关。此外，鲁保林和陈鸿池（2022）认为利润率的决定存在两种方向相反的影响力量，因此利润率下降规律是一种趋势，具有非直接现实性，不能将之与现实直接等同。

利润率下降趋势规律与第 3 章的马克思经济危机理论，具有内在的一致性，这种抽象与具体的一致性在本章中也得到了详细的说明，利润率下降趋势规律能够说明经济危机的可能性与现实性、生产过程与流通过程、竞争信用与投机、资本的各种具体形态、世界市场的危机，而且现实中的具体危机仍然能够看到危机可能性的基本要素，即流通手段和支付手段的中断，买卖脱节和信用破裂。此外，利润率不仅能够在性质上体现资本主义经济危机，而且在数量上，利润率也能反映生产过剩的状况和程度。所以，本书把"利润率"作为经济危机预警的恰当指标，而且也是核心指标。但是，这并不意味着消费不足和比例失调不重要，也并不意味着只要利润率一个指标就能对经济危机进行预警，除了利润率指标外，还需要根据所研究的具体危机的差异，选择其他恰当指标进行预警。

4.3　当代资本主义经济和经济危机的新特征

马克思在论述资本原始积累时，指出资本来到世间，从头到脚，每个毛孔都滴着血和肮脏的东西。事实上，自资本主义诞生以来，就伴随着奴役和压迫，这种奴役和压迫不仅针对国内人民，而且建立在对落后国家和人民的剥削基础之上，资本的一切剥削和压迫都是为利润服务的、都是为了追求更高的利润。此外，资本主义的发展也离不开世界市场的支持，世界市场是资本主义发展的重要基础和条件。资本主义不仅需要借助殖民、暴力、剥削和掠夺等手段，通过世界市场来完成资本的原始积累，而且把世界市场特别是落后地区和国家，作为原料产地、商品销售市场、资本输出地和危机矛盾转嫁的场所。在这个过程中，把落后地区和国家纳入资本主义世界体系当中，分工和生产也超过一国国界的范围，而成为国际分工和世界性生产①。这种自资本主义诞生以来就形成的不平等的国际经济关系，演变为一种较为稳固的中心外围关系②。虽然这种关系的表现形式由原来赤裸裸的剥削转变为隐蔽的剥削，但是其本质并未变化，都是发达国家主导世界经济格局，并利用世界市场为发达国家获得更高的利润服务。

二战后，资本主义进入了国家垄断资本主义阶段，随着政府通过财政政策和货币政策加强了对经济的干预，以及各种防范危机的保险措施和制度的实施。如1973年的石油危机导致各国后来相继建立国家石油储备体系，为了防范银行挤兑诱发系统风险而建立的存款保险制度等，都提高了抵御危机的能力和起到了减弱危机的危害强度和降低其破坏力的作用。这些政策制度模糊了经济周期中各阶段的鲜明特色，萧条与复苏变得难以区分，繁荣时的增长也变得乏力。而在资本主义国家的外部，世界经济的变化和发达国家的产业转型升级都是在中心外围框架下进行的，而且形成了以美国为首的发达资本主义国家对世界体系的主导，世界经济联系的加强也为经济危机的同期性爆发提供了条件。程恩富等（2019）指出，目前西方垄断资本主义已步入新帝国主义的发展阶段，具有五大特征，表现为生产和流通的新垄断、金融资本的新垄断、美元和知识产权的垄断、国际寡头同盟的新垄断、经济本质和大趋势。据此，将当代资本主义经济和经济危机的特征概括如下：

4.3.1 新的产业分工与全球经济失衡

在第三次科技革命、战后重建和凯恩斯需求管理政策等因素的推动下，20世纪五六十年代是资本主义发展的黄金时期，但是到了20世纪70年代就出现了石油危机引发的普遍滞涨。20世纪80年代为了解决滞涨问题，以英美为首的资本主义国家采用新自由主义的政策，推行私有化、市场化、金融自由化，同时放松各项监管，并把新自由主义推向全球。特别是20世纪90年代前后的东欧剧变和苏联解体，市场经济制度已经扩张至全球大部分国家和地区，经济全球化的广度和深度也在拓展。在经济全球化、金融自由化和科技革命的共同推动下，大量产业从发达国家转移到发展中国家，进而形成了全球新的产业分工和中心外围格局，即发达国家通

---

① "分工的规模已使大工业脱离了本国基地，完全依赖于世界市场、国际交换和国际分工"，《马克思恩格斯全集》第4卷，人民出版社，1958，第470页。

② 殷剑峰. 储蓄不足、全球失衡与"中心-外围"模式 [J]. 经济研究, 2013 (6): 42-43.

过资本输出把大量传统产业和过剩产能转移到发展中国家，发达国家利用"去工业化"而专注于高端制造业、高科技行业、金融业和其他服务行业，而发展中国家则成为发达国家低端制造业和过剩产能的承接地，进而形成了全球新的产业分工，如中国成为"世界工厂"。但是，这种产业分工并不是在各自内部循环的，而是两者紧密地联系在一起的。理查德·库珀指出，为了达到规模经济和赚取更多的利润，发达国家一方面自己利用金融创新制造了许多金融泡沫和房地产泡沫，并在全球进行金融投机活动；另一方面把高科技产品、金融产品和金融服务出售给发展中国家，而发展中国家则把衣服、鞋子等普通商品出售给发达国家，但两者之间的贸易额并不是等量的，美国则出现常年的贸易赤字，美国的经常账户逆差由 1995 年的占 GDP 的 1.5%上升至 2007 年的 6.5%，而中国等国家则产生大量贸易盈余，以美国国债市场为核心的金融市场又把这些盈余吸收到美国，所以产生了全球经济失衡，而且这种失衡也表现在美国等国家的过度消费和东亚等国家的过度储蓄上面（理查德·库珀，2007），生产与消费的对抗性矛盾非常尖锐。

所以，从产业分工格局与全球经济失衡的角度来看，当代经济危机明显不同于二战前的古典经济危机（赵磊，2008）。二战前依附于主要资本主义国家的殖民地半殖民地国家，只是作为原料产地和产品销售市场，而全球大部分工业依旧集中于主要资本主义国家，所以二战前的经济危机主要发生在资本主义国家工业部门的产能过剩，危机主要也是在资本主义国家之间传播，殖民地半殖民地的外围国家受危机的影响较小。而当代经济危机则呈现两种不同的景象：由于发达国家处于后工业化阶段，发达国家的经济危机已经异化为虚拟经济的过度繁荣和资产泡沫的破裂，而发展中国家由于集中了全球大部分轻工业和重工业，其经济危机则表现出古典危机的特征，出现严重的产能过剩问题，发展中国家产能过剩导致的低利润率也使得实体经济大量的资本流向虚拟经济，造成大量的资产泡沫（理查德·库珀，2007）。尽管危机的表现形式存在差异，但古典经济危机与当代经济危机并无本质区别，都是生产过剩危机（赵磊，2008），而且 2008 年全球经济危机进一步表现为全球性产能过剩。此外，当代经济危机的传染也是不对等的，如果危机源头是发达国家，则危机极易传给发展中国家，因为发达国家是发展中国家的产品销售市场和资本来源地，一旦发达国家遭受危机，发展中国家一样难以幸免，如 2007 年美国次贷危机。而如果危机源头是发展中国家,则危机不易传染给发达国家,如 1994 年墨西哥危机、1997 年亚洲金融危机。

4.3.2 有效需求不足转变为需求过度、消费透支和高福利

二战前的古典经济危机基本按照马克思的经济危机逻辑在周期性地爆发,即生产社会化与生产资料资本主义私有制的矛盾激化,必然导致资本与劳动在收入分配上的两极分化,广大劳动者的低收入必然导致对商品的购买力不足,进而导致有效需求不足,商品卖不出去①,商品与资本的正常循环被打破,爆发生产过剩的经济危机,经济危机一般在实体经济中首先爆发。

而当代经济危机大都首先在虚拟经济领域爆发,特别是 2007 年美国次贷危机,虽然本质依旧是生产过剩,但却以需求过度和消费透支的形式爆发出来,这主要是因为在金融创新和虚拟经济的支持下,以透支消费、提前消费、借贷消费、负债消费的方式可以暂时地缓解和延迟生产过剩(赵磊和李节,2009)。但是这种缓解和延迟是不可持续的,因为资本主义私有制所导致的两极分化问题依旧存在,当广大劳动者的收入无法支付庞大的透支消费时,资本主义离泡沫破裂和危机爆发也就不远了。而发达国家的高福利也导致了高消费,而这种高福利也是与国家债务密切相关的,如果债务不是用于生产和资本积累,而是用来提高工资、增加福利和扩大消费,那么当国家的高赤字与高债务存量遭遇经济低迷时,主权债务危机就容易爆发,2009 年的希腊债务危机就是如此(杨惠昶和孙涵,2015)。

4.3.3 商品生产过剩转变为金融资本过剩和投机盛行

二战前的古典危机主要表现为"庞大的商品堆积"和商品销售不出去,主要是物质生产部门(农业和工业领域)的生产过剩;而二战后,特别是 20 世纪 80 年代以来,依靠信息化、经济全球化、自由化,发达国家进行了"去工业化",以金融业为核心的现代服务业在国民经济中占据重要的地位,产业结构空心化和金融化的趋势非常明显,而且各大金融机构汇聚了大量的金融资本,这些过剩的金融资本找不到恰当的投资出路,以

---

① "一切真正的危机的最根本的原因,总不外乎群众的贫困和他们的有限的消费,资本主义生产却不顾这种情况而力图发展生产力,好像只有社会的绝对的消费能力才是生产力发展的界限",《马克思恩格斯全集》第 25 卷,人民出版社,1974,第 548 页。

美国华尔街为代表的各种投资银行、证券公司、保险公司、基金公司在全球范围追逐利润,加大杠杆率,进行各种金融创新和金融投机,1992年英镑危机、1997年亚洲金融危机和2008年全球金融危机都与金融投机密切相关(王生升,2012)。金融资本过剩和金融投机是当代经济危机的主要特征之一,而当代经济危机的各种子危机,如货币危机、国际收支危机、银行危机、次贷危机、主权债务危机等,都越来越具有金融和投机的特征。

金融业的过度发展吹大了金融泡沫,金融业由原来的服务实体经济转变为纯粹的投机,加剧了生产与消费矛盾的激化。所以,当代资本主义经济出现的新变化,导致资本主义经济危机也出现了相应的新变化。但是资本主义基本矛盾在当代不仅没有被克服,而且以新的形式更尖锐地凸显出来。

4.3.4　收入分配不公加剧:分配偏向资本、利润流向发达国家

二战后,在经济获得增长、蛋糕越来越大的同时,收入分配的不公平却在加剧。皮凯蒂在分析收入分配的相关数据后,发现在资本主义社会存在一个普遍现象,即资本和劳动在收入分配中的地位存在很大差异,收入分配严重地偏向了资本,由资本导致的不平等往往比劳动更为严重,劳动收入最高的10%的人可以占到总劳动收入的25%~30%,但是资本收入最高的10%却占总财富的50%以上,甚至90%,而且资本分配的集中性远高于劳动收入(皮凯蒂,2014)。发达国家的资本收入占其国民收入的比重由1970年的15%~25%的水平,上升至2000—2010年的25%~30%(皮凯蒂,2014)。1950—1980年,美国前10%的人的收入占整个国民收入的比重比较稳定,其比重在30%~35%,但是1980年之后,该比重开始快速上升,由1980年的35%上升至2000年的47%左右,2000—2010年则维持在45%~50%(皮凯蒂,2014)。美国制造业每小时工资的年增长率由1960—1973年的2%,下降到1973—1979年的1%,而在1979—1995年则只有0.65%,与此同时,美国的基尼系数由20世纪70年代的不足0.4,攀升至2005年的0.46(杨慧玲,2009)。除了马克思的资本无限积累原则(皮凯蒂,2014)之外,皮凯蒂还认为,二战后的资本收益率大于同期的经济增长率,那么继承财产与拥有资本所积累的财富将大于依靠劳动工资所积累的财富,这将拉大收入差距,并使资本维持一个很高的集中度(皮凯蒂,2014)。

在利润方面，一方面是二战后，在第三次科技革命和经济全球化的背景下，资本在全球范围配置，资本积累在全球范围以越来越大的规模推进，技术变迁日新月异、生产自动化和机器人的应用，使全球的资本有机构成也在迅速提高，在全球利润量上升的同时，全球的利润率在整体上将不可避免地出现下降趋势（杨慧玲，2009）。而利润也越来越偏向以金融业为代表的虚拟经济，如美国金融业的利润占全国总利润的平均比重，由1960—1985年的15.7%，上涨到1986—2007年的25.4%，相应的非金融业利润比重由74%下降为58%（王生升，2012）。另一方面则是利润在发达国家与发展中国家之间的分配是不公平的，发达国家对外输出资本和技术，而大部分利润则由发展中国家流向发达国家。这与当前的国际经济秩序密切相关，李民骐等（2016）指出，资本主义世界体系在19世纪便完成了对全球的覆盖，整个世界形成了一个中心外围体系，这个体系由核心地区、半外围地区和外围地区三个层级组成。核心地区作为全球资本积累的中心，拥有资本和技术上的优势，剥削和输入半外围和外围国家创造的剩余价值，用于维持本地区的资本积累和高福利社会的运转，美国、日本等国家就是如此。半外围地区作为全球资本积累的副中心，承接着来自核心地区的产业转移，使得该地区的城市化和工业化得以快速推进，但是由于缺乏核心技术以及发展过程中的积累成本快速上升，使得该地区的矛盾重重，进而有掉入"中等收入陷阱"的危险，中国当前的情况便是如此。李民骐（2016）进一步指出了"中等收入陷阱"的本质，即半外围国家不仅缺乏核心技术，而且不能从其他国家获取和输入超额剩余价值来缓解阶级矛盾。外围地区则是核心地区和半外围地区的原料产地和商品销售市场，并主要向核心地区输出剩余价值，如非洲国家。

当前中国处于全球产业链的中低端。以苹果手机为例，苹果手机的研发在美国，生产和组装在中国，在这个过程中，苹果公司获得了大部分利润，而中国只拿到了极少的利润。类似苹果手机这样的例子，在中国不胜枚举，即中国在全球产业链体系中付出了巨大的生产代价和环境代价，发达国家拿走了大部分利润，却把受污染的环境留在了中国。

4.4 构建当代经济危机预警的指标体系

当代资本主义经济与二战前的资本主义经济，在本质上是没有区别的，资本主义基本矛盾没有改变。为此，本书将从马克思主义政治经济学的视角，构建当代经济危机预警的指标体系。在下面的章节中，本书将对1997年亚洲金融危机、2007年美国次贷危机和当前中国经济新常态下发生经济危机的可能性进行预警分析。亚洲金融危机和美国次贷危机是已经发生了的经济事件，所以本书构建的预警系统是对这两个事件的再检验，即如果在经济危机爆发前，预警系统能够发出警报，则意味着本书构建的预警系统对这两个经济危机事件是有效的。进一步，则是利用本书构建的预警系统对中国经济新常态下发生危机的可能性进行预警。本书构建的预警系统由两部分组成：一是计算经济危机指数，二是构建二项选择模型（Probit和Logit模型）。采用的指标主要有以下四个，分别为利润率、利率、汇率和外汇储备。其中，利润率是本书经济危机预警的核心指标，其他三个是辅助指标。利润率指标的核心地位，不仅体现在定性上，利润率能够说明资本主义经济危机的一般规律和经济危机爆发的具体机制，而且在定量上利润率指标也不是可有可无的，本书第6、7、8章的实证分析显示利润率极大地提高了经济危机预警的能力。本书采用的模型虽然简单，使用的指标也不多，但是该模型对1997年亚洲金融危机和2007年美国次贷危机的预警再检验却是有效和成功的。中国虽然没有发生危机，但是中国的经济危机指数和预警模型却能较为现实地刻画了中国经济运行的某些特征和实际情况。

4.4.1 利润率指标的理论依据

利润率是本书预警模型的核心指标。资本主义进行生产经营的目的是获得更高的利润率和更多的利润，而且利润率也是资本积累的动力，高利润率也意味着较高的投资率，所以利润率是观察经济繁荣、危机、萧条和复苏的良好指标，利润率的高低也可以用来衡量生产过剩的严重程度，商品的大量过剩必然导致价格下降，债务和信用链条脆弱，投机盛行，利润率出现崩溃，危机爆发，大量商品和生产力被销毁，利润率此时成为生产发展的限制，而利润率的复苏也意味着投资增加，经济由复苏向繁荣转变。由于资本有机构成的提高，利润率在长期有一个下降的趋势，而利润率的短期波动则伴随着经济的波动和生产过剩状况的变化。

前文已详细论述了利润率在马克思经济危机理论和资本主义经济中的重要地位，因此本书把利润率作为核心的经济危机预警指标是有理有据的。

在经验上，布伦纳（2003、2009）、克莱曼（2013）、李民骐（2016）等人均论证了利润率下降与经济危机的关系，而且他们的实证研究也显示，利润率的下降会引发经济危机，利润率下降先于经济危机的爆发而发生。所以，本书把利润率指标作为经济危机预警的核心指标是合理、可行的。

4.4.2 利率指标的理论依据

第二个指标是利率[①]。在《资本论》第三卷第五篇马克思重点研究了利率。利率的快速上升是预示经济危机即将爆发的一个信号[②]。在经济危机爆发前，由于资本过剩，大量资本在流通领域逐利，投机盛行，此时的利率一般较低；但是，在经济危机快要爆发时，往往会出现资本短期和银根紧俏，利率瞬间大幅上升，因为此时大量的货币退出了流通领域[③]。而且，利率也与资产价格、资产泡沫联系在一起，当利率快速上升时，也是资产泡沫破裂之时，当资产泡沫破裂时，原来经济体系中的债权债务关系、信用关系也被破坏了，生产之间的相互联系被割断，经济危机就不可避免地爆发了。

（1）马克思从现代工业的周转周期来考察利率的变化与经济危机的关系，指出低利率往往与繁荣相适应，而利率的提高则意味着经济开始由繁荣步入周期的下一个阶段，当利率上升至高利贷水平时，此时的利率则意味着危机的爆发[④]。马克思还列举了1843—1847年经济由繁荣走向危机的过程。在这个过程中，利率先是由4.5%下降至2%，甚至1.5%，而后在

[①] 马克思使用的"利息率"一词，而现实中常用"利率"一词，利息率和利率是同义词，是通用的，如"这和高利贷者计算平均利息率的情况完全一样。高利贷者按不同的利息率，如4%、5%、6%、7%等等"，《马克思恩格斯全集》第25卷，人民出版社，1974，第182页。

[②] "这种高利息率部分地说正是一个征兆，表明那种不是用利润而是用别人的资本来支付利息的信用骑士出现了"，《马克思恩格斯全集》第25卷，人民出版社，1974，第476页。

[③] "在高利润率早已消失之后，这种高利息率（这是危机中实际发生的情况）是不是还继续下去，或者说，是不是才达到了它的顶点"，《马克思恩格斯全集》第25卷，人民出版社，1974，第477页。

[④] "低利息率多数与繁荣时期或有额外利润的时期相适应，利息的提高与繁荣到周期的下一阶段的过渡相适应，而达到高利贷极限程度的最高利息则与危机相适应"，《马克思恩格斯全集》第25卷，人民出版社，1974，第404页。

危机到来前和危机爆发过程中，利率提升至8%甚至更高的水平①。

（2）马克思认为，利率与利润率密切相关。总体来看，利息是由利润分割出来的一部分②，而且利率的大小和变化也是由平均利润率决定的③，利率的变化反映了平均利润率的变化。

（3）马克思指出，利率又不是平均利润率变化的可靠表现④，利率反映的是使用资本的成本和价格，利润率反映的预付资本增殖的状况，而且利率和平均利润率的决定因素也不一样⑤，除了由平均利润率决定外，利率还受货币资本供求关系的影响，所以利率的变化更为活跃和敏感⑥。

（4）利率的变化与资产价格的变化方向相反，马克思指出，利率的提高与资产价格的下跌相适应，当利率重新下降时，有价证券的价格又恢复到原来的水平⑦。低利率还意味着投机盛行和商业欺诈⑧，而投机和欺诈引发的破产，更是破坏了正常的债权债务关系，极易引发危机。在现代经济中，提高基准利率往往是遏制投机和防范经济过热的有效手段。

所以，利率的高低不仅可以间接衡量利润率的变化，而且是衡量宏观经济走势、判断资产价格高低和虚拟经济发展状况的可靠指标。特别是自20世纪80年代后，全世界虚拟经济的快速发展，利率的变化可以用于对

---

① "从1843年夏季起，出现了明显的繁荣；在1842年春季仍然是4.5%的利息率，到1843年春季和夏季，已经降低到2%，9月甚至降低到1.5%；后来在1847年的危机期间，它提高到8%和8%以上"，《马克思恩格斯全集》第25卷，人民出版社，1974，第404页。

② "利息不过是平均利润的一部分"，《马克思恩格斯全集》第25卷，人民出版社，1974，第408页。

③ "因为总的来说利息率由平均利润率决定"，《马克思恩格斯全集》第25卷，人民出版社，1974，第406页。

④ "就利息率由利润率决定来说，利息率总是由一般利润率决定［……］一般利润率事实上会作为经验的、既定的事实，再表现在平均利息率上，虽然后者并不是前者的纯粹的或可靠的表现"，《马克思恩格斯全集》第25卷，人民出版社，1974，第409页。

⑤ "一般利润率的决定和市场利息率的决定不同，市场利息率是由供求关系直接地、不通过任何媒介决定的，一般利润率事实上是由完全不同的更复杂得多的原因决定的［……］平均利润不表现为直接既定的事实"，《马克思恩格斯全集》第25卷，人民出版社，1974，第412页。

⑥ "一般利润率同确定的利息率相比，表现为模糊不清的［……］利息面前总是表现为固定的、既定的量"，《马克思恩格斯全集》第25卷，人民出版社，1974，第413页。

⑦ "利息率在危机期间达到最高水平［……］由于有价证券价格的降低和利息的提高相适应［……］在正常的情况下，只要利息率重新下降，就必然会至少回升到它们的平均价格"，《马克思恩格斯全集》第25卷，人民出版社，1974，第404-405页。

⑧ "异乎寻常的欺诈行为往往和低利息率结合在一起。例如1844年夏季的铁路欺诈就是这样"，《马克思恩格斯全集》第25卷，人民出版社，1974，第406页，注（66）。

虚拟经济、资产泡沫的预警分析。

在经验研究上，弗兰克和罗斯（Frankel & Rose，1996）、卡明斯基等（Kaminsky et al.，1998）、伯格和帕蒂略（Berg & Pattillo，1999）、爱迪生（Edison，2003）、苏冬蔚和肖志兴（2011）在研究危机预警时，也把（实际）利率作为相应的预警指标。

因此，本书把（实际）利率作为预警指标，不仅能在《资本论》中找到理论依据，而且有经验文献作为支撑。

4.4.3 汇率指标的理论依据

第三个指标是汇率。在《资本论》第三卷第三十五章，马克思研究了贵金属和汇兑率[①]，从词义上来讲，汇率和汇兑率是同义词，即一种货币与另一种货币的兑换比率。当今世界，各国之间的经济联系很密切，汇率能够反映一国的经济实力和经济运行状况的变化。当一国汇率出现大幅度贬值时，意味着该国经济可能正在遭受困难和变化，这种变化往往会跟经济危机联系在一起。

马克思所处的时代采用的汇率制度是金本位制，汇兑率由货币中所含的黄金量决定，但同时也受供求关系的影响。特别是黄金的流入和流出，黄金的流出，汇兑率的下降，则是经济开始崩溃和危机即将发生的重要信号[②]。

马克思还分析了1825—1857年贵金属的输出输入、汇兑率的变化和经济危机爆发在时间先后上的关系，指出经济危机总是发生在汇兑率变化之

[①] "汇兑率是货币金属的国际运动的晴雨计"，《马克思恩格斯全集》第25卷，人民出版社，1974，第650页。

[②] "在过去半世纪，每一次伴随有金的流出的汇兑率的显著下降，总是和流通手段相对低的水平结合在一起的［……］这种金的流出现象，多半是在活跃和投机的时期过去以后发生的，是崩溃已经开始的信号"，《马克思恩格斯全集》第25卷，人民出版社，1974，第513页。

后，汇兑率的恶化是危机的前兆①，而且黄金的流出是对外贸易变化和危机到来的预兆②。马克思进一步指出了利息率、汇兑率和金属储备之间的关系，认为这三者的关系是相互适应的③。

在经验研究上，弗兰克和罗斯（Frankel & Rose，1996）、卡明斯基等（Kaminsky et al.，1998）、伯格和帕蒂略（Berg & Pattillo，1999）、爱迪生（Edison，2003）、贝熙叶和弗雷兹策尔（Bussiere & Fratzscher，2006）、苏冬蔚和肖志兴（2011）在研究危机预警时，也把汇率作为相应的预警指标。而且在开放经济条件下，汇率的变化对于经济危机预警，也是必不可少的。

因此，本书把汇率作为预警指标，不仅能在《资本论》中找到理论依据，而且有经验文献作为支撑。

4.4.4 外汇储备指标的理论依据

第四个指标是外汇储备。当今世界，各国之间的经济联系很密切，外汇储备能够反映一国的经济实力和经济运行状况。当一国的外汇储备大幅度减少时，意味着该国经济可能正在遭受困难和变化，这种变化往往会跟经济危机联系在一起。

在马克思的时代，金储备就是外汇储备。马克思考察了当时资本主义国家的金储备、金流入和金流出，金储备对贴现率的影响，以及金储备的变化与经济危机的关系。

（1）对于金储备的变化与经济危机的关系，马克思认为雄厚的金储备是稳定社会情绪、赋予民众信心的有利保证④，而且金的流入和流出不但

---

① "现实的危机总是在汇兑率发生转变以后，就是说，在贵金属的输入又超过它的输出时爆发。1825年，现实的崩溃就是在金的流出已经停止以后发生的。1839年金流出的现象发生了，但没有引起崩溃。1847年金的流出是在4月停止的，崩溃却在10月才发生。1857年金向国外的流出从11月初就停止了，但崩溃到11月较晚的时候才发生"，《马克思恩格斯全集》第25卷，人民出版社，1974，第643-644页。

② "货币恐慌的金属流出［……］不过是危机的前奏［……］金属的流出，在大多数情况下是对外贸易状况变化的象征，而这种变化又是情况再次接近危机的预兆"，《马克思恩格斯全集》第25卷，人民出版社，1974，第645页。

③ "利息率的运动同金属贮藏和汇兑率的运动却正好是互相适应的"，《马克思恩格斯全集》第25卷，人民出版社，1974，第665页。

④ "在英国，只要英格兰银行的金贮藏好象快要完全枯竭，便会发生激烈的不安和惊慌"，《马克思恩格斯全集》第25卷，人民出版社，1974，第513-514页。

能够显示生产过剩①，还能够传递危机②。金的流出，外汇储备的减少，能够显示潜在的危机要素在相应国家的爆发③。

（2）马克思探讨了金储备与贴现率的关系④。金储备的变化会影响国内货币的流通额，进而会影响贴现率和利率，最后影响整个经济的运行状况。

（3）在经济危机预警的经验研究分析上，弗兰克尔和罗斯（Frankel & Rose，1996）、卡明斯基等（Kaminsky et al.，1998）、伯格和帕蒂略（Berg & Pattillo，1999）、爱迪生（Edison，2003）、苏冬蔚和肖志兴（2011），把外汇储备增长率作为相应的预警指标；伯格和帕蒂略（Berg & Pattillo，1999）、爱迪生（Edison，2003）、贝熙叶和弗雷兹策尔（Bussiere & Fratzscher，2006）把外汇储备与进口额的比例作为预警指标。这都说明外汇储备经常用于经济危机预警，而且在开放经济条件下，外汇储备显得更为重要。

4.5 小结

利润率、利率、汇率和外汇储备是本书进行经济危机预警的四个预警指标，这四个指标不仅能在《资本论》中找到理论依据，而且利率、汇率和外汇储备也有经验文献作为支撑。但是利润率指标，很少出现在经济危机预警模型当中。在苏冬蔚和肖志兴（2011）统计的8个主流预警模型当中，利润率指标未曾出现，其他危机预警的文献也很少出现利润率这一指

---

① "一切国家都发生了进口过剩和出口过剩［……］也就是说，都发生了生产过剩，而由于信用和随信用发生的物价的普遍上涨，这种过剩更加严重了"，《马克思恩格斯全集》第25卷，人民出版社，1974，第557页。

② "1857年，美国爆发了危机。于是金从英国流到美国。但是美国物价的涨风一停止，危机接着就在英国发生了。金又由美国流到英国［……］接着就在一切国家发生同样的总崩溃。于是金流出的现象会在一切国家依次发生"，《马克思恩格斯全集》第25卷，人民出版社，1974，第557页。

③ "金的流出只是危机的现象［……］什么时候轮到这些国家发生危机，并且什么时候危机的潜在要素轮到在这些国家内爆发"，《马克思恩格斯全集》第25卷，人民出版社，1974，第557页。

④ "贴现率的波动无疑同英格兰银行的金储备状况有密切的关系"，《马克思恩格斯全集》第25卷，人民出版社，1974，第489页。

标。前文已论证利润率不仅和第 3 章马克思经济危机理论具有内在的一致性，而且利润率下降也能够说明资本主义经济危机爆发的具体机制，因此本书把利润率作为经济危机预警模型的核心指标来处理。

此外，本书在 1.3.2 节已指出，现有的西方经济学经济危机预警模型，选取了大量的预警指标，但最后显著的指标只有少数几个，对危机预警的效果也不理想。本书认为，经济危机预警指标的选取，不在于指标数量，而在于选择能够抓住问题本质的指标，并且各个指标的选取能够获得理论依据的支撑。本书正是按照这一原则进行指标的选取，所以本书选取利润率、利率、汇率和外汇储备作为经济危机预警的指标，不仅在理论上能获得支撑，而且在已有文献中也能找到它们的使用依据。因此，这四个指标是可靠而合理的。

利率、汇率和外汇储备的数据可以直接从统计数据中获取，而利润率则需要进行相应的估算。为此，本书第 5 章将估算亚洲六国、美国和中国的利润率，然后利用所估算的利润率与其他指标一同构建相应的预警模型，对 1997 年亚洲金融危机、2007 年美国次贷危机和对新常态背景下中国经济运行的启示，进行经济危机预警分析。

5 利润率的计算：不同的定义、口径和计算方法

利润、地租、利息的本质都是剩余价值，都是对工人创造的剩余价值的无偿占有。利润、地租、利息作为剩余价值的外在表现形式，在总量上对剩余价值进行分割。利润与剩余价值①是存在差异的，剩余价值是针对可变资本而言的，反映了资本家对工人的剥削关系和剥削程度；而利润是相对于全部预付资本而言的。这样一来，剩余价值的来源就看不到了，资本家与工人之间的剥削与被剥削的关系也被掩盖了。

利润率是本书经济危机预警的核心指标和变量，我们需要对利润率进行专门的计算和界定，这就是本章的任务。只要存在经济活动，存在投入产出，就存在投入产出回报的计算问题，即利润率问题。"利润率"作为一个中性词，不仅在马克思主义政治经济学中占有重要的地位，而且在现实经济生活中，利润率也是影响宏观经济运行和微观主体决策的重要指标和参考。利润率的大小决定了资本增殖能力的大小以及资本积累速度的快慢，进而影响剩余价值的生产和实现。

利润率贯穿马克思的劳动价值论和剩余价值理论，马克思不仅给出了利润率的一般定义和公式，而且指出了利润率的下降趋势和利润量上升的双重性。二战以后，随着统计学的发展和国民经济核算体系的建立，在宏观上对利润率进行计算成为可能。利润率自身的内涵和外延不一样，导致了不同的利润率定义和相应的计算公式的差异，由于研究目的和研究主题

---

① "剩余价值，作为全部预付资本的这样一种观念上的产物，取得了利润这个转化形式。[……]剩余价值表现为利润这个转化形式"，《马克思恩格斯全集》第25卷，人民出版社，1974，第44页。

不同，采用经验数据对利润率进行不同计算的文献非常多，但是争议也非常大，这种争议主要源于对利润率的定义、利润率的口径、计算方法以及包括哪些生产部门等的差异。

下文将首先从马克思和现有文献的角度来探讨关于利润率计算的一般问题，然后探讨本书所采用的利润率计算口径和方法。谢富胜和郑琛（2016）认为，利润率的定义、口径、计算方法以及分子和分母的确定需要根据研究目的而定，唯一正确的利润率是不存在的。

5.1 利润率估算的三个基本问题

5.1.1 价值量与价格量

在马克思的《资本论》当中，利润率是指剩余价值与全部预付资本的比值，用公式表示则为：利润率=$m/(c+v)$，其中 c、v、m 分别表示不变资本、可变资本和剩余价值。所以，马克思考察的利润率是价值意义上的利润率，是根据商品价值的三个组成部分[①]而得到的利润率。价值是用社会必要劳动时间来衡量的，是抽象劳动的凝结。马克思在《资本论》中研究利润率时所举的例子[②]也是采用的价值变量，但是这个价值变量是抽象意义上的变量，在马克思所处的时代，他是无法获取以价值量进行统计的相关经验数据的。即使在统计技术和统计工具很发达的今天，我们所使用的统计数据和统计资料都是价格变量，对应的利润率则是采用价格变量得到的利润率。在现实经济中想要获得以劳动时间为衡量标准的精确的价值量数据，是很困难的。一方面，这是由于各种不同技术水平的简单劳动和复杂劳动之间存在转化为抽象劳动的困难；另一方面，这是由于现实中的经济主体关心的是价格而不是价值，企业在进行生产决策时更多的是考虑价格意义上的利润率的大小。但是，在计算利润率时，只要能够证明价格量与价值量之间是等价的，就可以利用价格量来替代价值量，进而得到相同的利润率。

[①] 商品的价值由三部分组成，即不变资本、可变资本、剩余价值。
[②] "假定有一个100的资本，使用20个工人，在他们每天劳动10小时，每周总工资为20的条件下，生产一个20的剩余价值。这样，我们就得到：$80c+20v+20m$；$m'=100\%$，$p'=20\%$。"《马克思恩格斯全集》第25卷，人民出版社，1974，第60页。

价格量与价值量的关系,涉及学术界争论长达 100 多年的"价值转型问题",即价值如何向生产价格转变的问题(沈民鸣,2009)。价值转型问题主要围绕两个等式是否成立而展开,即价值总量与生产价格总量、剩余价值总量与平均利润总量是否相等(严金强 等,2016),这就是"两个总量问题"。在《资本论》第三卷生产价格理论中,马克思论述了价值向生产价格的转型,最后成功地得出了价值总量等于生产价格总量、剩余价值总量等于平均利润总量的结论。但是,许多经济学家对马克思的论证产生了质疑,这种质疑最早始于 1907 年的鲍特凯维茨(沈民鸣,2009),在随后的 100 多年时间里,许多经济学家加入价值转型问题的研究与争论中,如庞巴维克、斯威齐、琼·罗宾逊、斯拉法、萨缪尔森、森岛通夫等(熊晓琳和周江霞,2016),国内的学者有丁堡骏、白暴力、朱奎、冯金华等。当前学术界对价值转型问题的争论和分歧,可以分为以下三类观点:

第一种观点认为,价值转型问题是一个伪问题,价值转型是伪转型。如冯金华(2008、2009、2010、2013)就持有这种观点,他认为在相对宽松的假设下,价值总量与生产价格总量、剩余价值总量与平均利润率总量总是相等的。丁堡骏(2009)认为冯金华的逻辑和证明思路是不正确的,进而认为冯金华尚处于价值转型研究的科学领域之外。林金忠(2011)也认为不存在价值转型问题。

第二种观点认为,价值转型问题是一个真问题(丁堡骏,2009),两个总量是相等的。《资本论》第三卷就阐述了这种观点,马克思利用社会再生产的两部类理论和生产价格理论证明了两个总量是相等的(沈民鸣,2009)。丁堡骏(1999)利用图表、线性方程和迭代方程的方法,证明了两个总量关系能够同时成立,并强调对价值转型问题的研究不能完全依赖单纯的数学关系而割裂价格与价值之间的内在关系(丁堡骏,1999)。朱奎(2004)利用静态和动态模型对价值转型问题进行了马克思主义解读,发现静态模型可以得到两个总量是相等的结论,而在动态模型中生产价格总量却不等于总的商品价值。白暴力和詹纯新(2005)指出,对价值转型问题的研究需要立足于三个基本学术基础。沈民鸣(2009)分析了两个总量关系成立的条件。

第三种观点认为,价值转型问题是一个真问题,两个总量并不相等。如庞巴维克认为,马克思的生产价格理论有问题,价值和生产价格存在矛盾，价值转型在逻辑上缺乏一致性；博尔特凯维奇、米克和斯威齐、斯蒂德曼、萨缪尔森通过数学模型的计算发现，价值总量与生产价格总量不相等，两者存在差异，平均利润总额也不等于剩余价值总额（熊晓琳和周江霞，2016；丁堡骏，2012）。塞顿证明两个总量关系只是在特殊模型和特殊条件下才是相等的（白暴力，2005）。藤森将现有的解决价值转型的方法区分为 A 体系和 B 体系。荣兆梓和陈旸（2014）在此基础上指出了 A 体系的根本错误，构建了 B 体系的理论模型并运用于对中国 2007 年投入产出表的分析，发现虽然可以解决两个总量问题，但是市场价格对生产价格和商品价值的偏离却是不一样的。

以上三种观点之间的争论还在持续，价值转型问题还没有得到最后的解决，两个总量之间的关系还没有形成定论。本书采用第二种观点，即存在价值转型问题，两个总量之间是相等的。采用这种观点的原因如下：一方面是因为虽然学术界对价值转型问题还存在争论，但马克思本人利用生产价格理论证明了商品价值与生产价格总量、剩余价值总量与平均利润总量是相等的。既然学术界尚未找到强有力的证据来推翻马克思的论断，那么就应该坚持马克思对价值转型问题的论证、坚持两个总量是相等的观点。另一方面，现有文献在计算利润率时，采用多种方法来处理价格量与价值量的关系，大部分文献采用近似的方法，即用价格量来替代价值量。如马赫（Mage，1963）构建了一个单位货币与劳动时间之间的转化系数，这个系数是由当期生产工人的劳动小时数与他们所生产的净产品的价值的比值得到的，然后利用这个系数将一单位的美元货币转换为社会必要劳动时间条件下的劳动小时数。沃尔夫（Wolff，1986）借助投入产出表，通过直接劳动系数来推测完全劳动系数，将一单位货币的产量转换为相应的直接劳动与间接劳动的和。但是沃尔夫的这种处理方法忽视了复杂劳动应该怎样转化为统一的简单劳动的问题，现实经济存在各种各样的实际劳动，它们在数量上并不是同一的抽象劳动。莫斯利（Moseley，1991）认为使用价值意义上的利润率并不恰当。因为在现实经济中进行增殖的资本首先表现为不断循环周转的一定的货币量，不变资本、可变资本和剩余价值在理论上是价值变量，但是资本家与工人、资本家之间的交换和结算是采用货币形式，所以最后应该使用货币来计算利润率，即价格意义上的利润率。

许多文献也承认利润率在价值和价格层面上的不一致和偏离，但随后把问题转向了研究价值意义上的利润率和价格意义上的利润率之间偏离的大小和差距。谢赫（Shaikh，1984）认为两者虽然存在偏差，但是它们的内在决定因素是一样的，并用美国的投入产出数据验证发现它们之间的偏差在8%~10%。而Ochoa（1984）同样是使用美国的投入产出数据，却发现两者的偏差小于1%。沃尔夫（Wolff，1986）发现价值意义上的利润率与价格意义上的利润率在数值上基本一致。莫恩（Mohun，2012）在讨论价值（劳动时间）向价格转型和利润率平均化的过程中指出，用劳动时间衡量的剩余价值与用货币价格来衡量的剩余价值在总量上是一致的，可变资本（工资）不参与利润率平均化过程使得工资在价格和价值层面是等价的，虽然单个商品的价格与价值是不一致的，但生产商品的总劳动时间和货币增加量在总体上具有一致性。

因此，本书在计算利润率时，坚持马克思对价值转型问题的看法，即两个总量之间是相等的，而且结合大部分计算利润率的文献的做法，用价格量来替代价值量。

5.1.2 生产性部门与非生产性部门

马克思对生产劳动与非生产劳动的论述，集中体现在《资本论》第四卷当中[①]。马克思主要是从三个不同的角度来论述和界定生产劳动与非生产劳动，卫兴华（1983）对马克思的生产劳动理论做了详细的概述。一是马克思是从单纯的劳动过程来界定生产劳动的[②]，从事物质产品生产的个体劳动、共同劳动或整体劳动[③]，都属于生产劳动的范畴。二是马克思指出，从单纯的劳动过程来界定生产劳动是不够的[④]，还必须把生产劳动放在资本主义生产过程的框架下来界定[⑤]，即资本主义的生产劳动是劳动过

[①] 《剩余价值理论》的第4章"关于生产劳动和非生产劳动的理论"，专门论述了这一问题。
[②] "如果整个过程从其结果的角度，从产品的角度加以考察，那末劳动资料和劳动对象表现为生产资料，劳动本身则表现为生产劳动"，《马克思恩格斯全集》第23卷，人民出版社，1972，第205页。
[③] "从物质生产性质本身中得出的关于生产劳动的最初的定义，对于作为整体来看的总体工人始终是正确的"，《马克思恩格斯全集》第23卷，人民出版社，1972，第556页。
[④] "这个从简单劳动过程的观点得出的生产劳动的定义，对于资本主义生产过程是绝对不够的"，《马克思恩格斯全集》第23卷，人民出版社，1972，第205页注（7）。
[⑤] "从资本主义生产过程的观点出发，则要加上更贴近的规定：生产劳动是直接增殖资本的劳动或直接生产剩余价值的劳动"，《马克思恩格斯全集》第49卷，人民出版社，1982，第99页。

程（生产使用价值）与价值增殖过程（生产剩余价值）的统一①。马克思同时还指出，流通领域的劳动不创造价值和剩余价值②，但是流通领域中的运输、包装等劳动是生产领域的继续③，这些劳动是创造价值和剩余价值的，所以这些劳动属于资本主义的生产劳动④。三是马克思认为，单纯地从创造剩余价值的角度来看，能够为资本带来剩余价值的劳动都可以认为是生产劳动，同一个劳动从不同的角度来看，既可以是生产劳动，也可以是非生产性劳动⑤，关键是同一种劳动是针对资本而言（与资本相交换），还是针对收入而言（与收入相交换），比如演员对于观众来说，是一个艺术家，而对于剧院老板来说，则是能够带来利润的生产工人⑥，从这个角度来看，"生产劳动的概念缩小了"⑦。

所以，从这三个角度来看，劳动是否为资本带来剩余价值是资本主义生产劳动的核心⑧，而劳动是用来生产物质产品还是非物质产品，则居于次要地位。为此，卫兴华（1983）从科学规定和转化形式来界定生产劳动。

---

① "因为资本主义生产的直接目的和真正产物是剩余价值，所以只有直接生产剩余价值的劳动是生产劳动，只有直接生产剩余价值的劳动能力的行使者是生产工人，就是说，只有直接在生产过程中为了资本的价值增殖而消费的劳动才是生产劳动"，《马克思恩格斯全集》第49卷，人民出版社，1982，第99页。

② "流通过程是总再生产过程的一个阶段。但是在流通过程中，不生产任何价值，因而也不生产任何剩余价值。在这个过程中，只是同一价值量发生了形式变化。事实上不过是发生了商品的形态变化，这种形态变化本身同价值创造或价值变化毫无关系"，《马克思恩格斯全集》第25卷，人民出版社，1974，第311页。

③ "纯粹的商业流通费用（因而送、运输、保管等费用除外）[……] 在这里，我们把那些会在流通行为中继续进行的并且可以和商人业务完全分开的生产过程撇开不说"，《马克思恩格斯全集》第25卷，人民出版社，1974，第321-322页。

④ "如保管、运送、运输、分类、散装等 [……] 因为产业资本的流通阶段，和生产一样，形成再生产过程的一个阶段，所以在流通过程中独立地执行职能的资本，也必须和在不同生产部门中执行职能的资本一样，提供年平均利润"，《马克思恩格斯全集》第25卷，人民出版社，1974，第314页。

⑤ "同一种劳动可以是生产劳动，也可以是非生产劳动 [……] 一个自行卖唱的歌女是非生产劳动者。但是，同一个歌女，被剧院老板雇用，老板为了赚钱而让她去唱歌，她就是生产劳动者，因为她生产资本"，《马克思恩格斯全集》第26卷（Ⅰ），人民出版社，1972，第432页。

⑥ "演员对观众说来，是艺术家，但对自己的企业主说来，是生产工人"，《马克思恩格斯全集》第26卷（Ⅰ），人民出版社，1972，第443页。

⑦ 《马克思恩格斯全集》第23卷，人民出版社，1972，第556页。

⑧ "工人单是进行生产已经不够了。他必须生产剩余价值。只有为资本家生产剩余价值或者为资本的自行增殖服务的工人，才是生产工人。[……] 生产工人的概念 [……] 还包含一种特殊社会的、历史地产生的生产关系。这种生产关系把工人变成资本增殖的直接手段"，《马克思恩格斯全集》第23卷，人民出版社，1972，第556页。

但现实中的统计数据和经济核算是依据西方经济学的要素价值论构建起来的，这意味着所有参与市场交易的部门，生产性或非生产性部门、商品或服务都具有价值，都创造价值。所以，计算政治经济学语境下的利润率需要区分生产性部门与非生产性部门。但是这一区分在现实中是很困难的。在经济核算中，金融、服务、政府和纯粹的流通部门等行业所生产的产值与工农业等物质生产部门生产的产值是一起核算的。为了得到生产性部门的数据，我们必须在统计数据中将非生产性部门的数据剔除。但是，如何界定生产性部门，是依据物质生产部门的标准，还是依据是否参与了剩余价值的生产并与资本相交换？所界定的生产性部门的利润率，是否包括了所有的生产性部门，是否能够代表整个实体经济的利润率状况？有些学者把生产性部门界定为制造业，或所有企业部门，这种界定要么不能代表整个物质生产部门。要么没有剔除其中包含的非生产性部门。

谢赫和托尼卡（Shaikh & Tonak，1994）依据投入产出表将整个经济划分为初级、次级、国际贸易和非资本主义部门。其中，初级部门又包括生产部门和贸易部门，初级部门主要是负责价值的生产和实现，而次级部门则包括政府部门、地租部门、金融部门和保险部门。这些部门的收入源于其他部门使用或租借这些部门的要素所支付的相关费用。由于初级部门创造的价值在整个经济中循环周转，所以生产性部门的利润率核算仅限定于初级部门。迪米尼和利维（Dumenil & Levy，2002）考虑了两种区分生产性与非生产性部门的分类方法，并考虑了固定资本投入巨大的高资本密集型行业（如采矿）不应该纳入利润率平均化的情况，如果把高资本密集型行业考虑其中，则会影响二战后美国的利润率走势。第一种分类方法是首先将住宅及不动产部门剔除，并在非住宅部门当中依次剔除政府部门、金融部门、个体经营部门和高资本密集型部门，剩下的非金融核心部门才能真正代表实体经济的运行状况；第二种分类方法是首先剔除非企业部门（主要指政府部门），并又将企业部门区分为金融企业、高资本密集型企业、除了前两种企业之外的其他企业。而将住宅及不动产部门包括在生产性部门当中，则会高估1982年以来美国实体经济的利润率水平（Robert，2015）。

其他文献对生产性部门的区分或者选择估算利润率的范围都存在较大差异，比如古尔曼（Gillman，1957）估算的是制造业，马赫（Mage，1963）估算的是非农业私营部门，韦斯科普夫（Weisskopf，1979）估算的是非金融企业部门,沃尔夫(Wolff,1986)估算的是82个具体经济部门,李民骐和朱安东(2005)估算的是私营部门和商业部门,克莱曼(Kliman,2009)估算的是所有的企业部门,莫恩(Mohun,2012)估算的是所有经济部门剔除非市场交易部门,巴苏(Basu,2013)估算的是私营经济部门,罗伯特(Robert,2015)估算的是所有经济部门。由此可见,这些文献在计算利润率时,并没有严格区分甚至不区分生产性与非生产性部门,这主要是由于他们研究的目的不同。

因此,从生产性部门的角度来看,下文将估算亚洲六国和中国的工业利润率和制造业利润率,而对美国利润率的估算则更全面,包括工业利润率、生产性部门利润率、非金融公司的利润率、汽车行业和食品行业的利润率。

5.1.3 可变资本:生产性工人与非生产性工人的工资

生产性工人、生产性工人的工资的概念与对生产劳动的界定具有内在的一致性,从马克思生产劳动的第三个层次来看,只要能够带来剩余价值的劳动都属于生产劳动的范畴[①]。随着生产力的发展和社会分工的扩大,企业当中原有的某些部门逐级脱离出去,比如研发、设计、销售等部门,原来单纯的生产性工人已经分化出各种管理人员、销售人员、技术研发团队、工程师、规划师等,而且生产性服务业对生产的作用越来越大,生产性服务人员的数量也越来越多。与生产性工人直接作用于生产过程不同,非生产性工人更多的是间接作用于生产过程,那么这种非生产性工人的工资是否应该纳入可变资本当中,这将最终关系到利润和利润率的计算。此外,这里所指的工资是指广义的工资,包括具体的工资、各种福利、津贴和保险收入。

吉尔曼(Gillman,1957)区分了生产性工人与非生产性工人的工资,并认为商品的销售和剩余价值的实现离不开非生产性工人的劳动,这些劳动所形成的非生产性支出包括监督费用、销售费用、广告费、各种管理费用和其他辅助性费用,都需要剩余价值进行补偿,因此吉尔曼(Gillman,1957)区分了剩余价值和净剩余价值两个概念,两者的差异在于是否减去了非生产性工人的工资或相关费用。莫斯利(Moseley,1991)认为只有估

---

① "只有直接在生产过程中为了资本的价值增殖而消费的劳动才是生产劳动",《马克思恩格斯全集》第49卷,人民出版社,1982,第99页。

算生产性资本（包括不变资本和可变资本）的利润率才有意义。莫斯利采用剔除法逐步获得生产性资本中的有效的可变资本，首先选取了美国国民收入账户（NIPA）中八个行业（制造业、建筑业、采矿业等）的工人工资薪酬并计算求和，而后在工资总额中减去管理者的工资薪酬，得到总的可变资本，再将总的可变资本乘以各行业生产性工人的比例就能得到总的有效的可变资本，即生产性资本中的生产性工人的可变资本总和。莫斯利的这种剔除方法，实际上割裂了直接作用于生产过程的工人与间接作用于生产过程的工人之间的联系，因为现代商品生产是"总体工人"合作的结果。常用的国民经济核算账户一般不把工人区分为生产性和非生产性。谢赫和托尼卡（Shaikh & Tonak，1994）结合美国劳工统计局和 NIPA 的数据来估算可变资本，首先利用劳工统计局的数据得到监督工人和非监督工人之间的比例关系，并利用这一比例计算 NIPA 中的总生产性工人的总数，再计算生产性工人的平均工资，就能够得到总的可变资本。莫恩（Mohun，2012）则从阶级关系的角度出发，把企业中的人区分为资本家、管理人员、流通工人和生产工人，并认为生产工人和流通工人的工资才是工人阶级的可变资本，利用这个可变资本得到的利润和利润率才是有意义的。

5.2 利润率公式的分子：利润的确定

马克思在生产价格理论中指出，剩余价值就全部预付资本而言，就取得了利润的形式[①]，即利润是剩余价值（m）相对于全部预付资本（$c+v$）的转化形式。但是现行的国民经济核算把生产性和非生产性部门、工人、劳动都包括在一起，只要参与市场交换就能创造价值。因此，为了使国民经济核算中利润接近马克思语境中的剩余价值，对于利润的计算则需要重新界定并使用不同的利润口径。根据利润口径的大小，可以区分为利润的大口径、中口径、小口径。这一区分方法参考了谢富胜和郑琛（2016）所做的研究综述，不同的口径意味着对初始利润进行各种剔除后，行业或企业实际最终到手的利润，也是剩余价值进行各项扣除后，越来越接近现实中的资本回报。

---

① "剩余价值，作为全部预付资本的这样一种观念上的产物，取得了利润这个转化形式"，《马克思恩格斯全集》第 25 卷，人民出版社，1974，第 44 页。

大口径宏观利润=新价值或增加值（v+m）-可变资本（v）=增加值-劳动者报酬。这一定义比较宽松，适合在宏观上对利润和利润率进行考察，而且也接近马克思的定义，根据研究的需要，既可以区分也可以不区分生产性与非生产性劳动。此外，劳动者报酬应该是工人的最后所得，即应该首先减去各种税收如个人所得税，再加上各种补贴和转移支付。

中口径中观利润=大口径宏观利润-非直接税净额-净利息和杂项费用-当期转移支付。这一口径所得的利润率近似地等于资本回报率。

小口径微观利润=中口径中观利润-企业所得税-股息。这一定义所得到的利润是行业或企业的未分配利润，也称为留存收益，这一口径所得到的利润率适合于微观企业进行投资决策的分析。

这三种口径得到的利润，虽然在绝对数值上存在差异，但是它们各自对应的利润率在变化趋势上具有稳定的一致性。为了便于比较，许多文献设计并估算了多种利润率，比如古尔曼（Gillman，1957）设置了三个利润指标，分别为产品价值减去折旧减去原材料减去生产性工人的工资、增加值减去折旧减去生产性工人的工资、增加值减去折旧减去生产性工人的工资减去相关的非生产性支出；谢赫和托尼卡（Shaikh & Tonak，1994）设置了三个利润指标，分别为马克思意义上的净增加值减去可变资本、国民生产净值减去工人报酬减去非直接税、企业利润；迪梅尼尔和莱维（Dumenil & Levy，2002）设置了两个利润指标，分别为净产出减去劳动报酬、净产出减去劳动报酬减去间接税减去净利息；克莱曼（Kliman，2009）设置了三个利润指标，分别为净增加值减去工人报酬、财产性收入减去扣除补助后的生产税和进口税减去净利息和杂项支出减去当期转移支付、税前利润减去企业所得税。其他文献根据自身研究的特点，只设置了一个利润指标，例如，马赫（Mage，1963）把利润设定为税后净财产收入，韦斯科普夫（Weisskopf，1979）把利润设定为企业利润、存货估值调整、资本消耗调整和净利息的总和，沃尔夫（Wolff，1986）把剩余价值定义为利润，李民骐和朱安东（2005）把利润设定为净产出与工资与税收的差额，巴苏（Basu，2013）把利润设定为国内生产净值与工资总额的差，罗伯特（Robert，2015）把利润设定为净产值与雇员报酬的差。由此可见，利润的计算公式不是唯一的，口径的大小也是根据研究目的的需要和数据的可得性来设定的。

5.3 利润率公式的分母：资本的确定

5.3.1 资本数量的确定

马克思将参与价值增殖的资本区分为不变资本和可变资本，所以马克思利润率中的资本包括不变资本和可变资本两部分，但是在计算利润率时有些文献并未把可变资本纳入其中，如迪梅尼尔和莱维（Dumenil & Levy, 2002）在计算利润率时，利润率的分母就没有考虑可变资本。此外，统计学经常将统计变量区分为流量与存量，这也意味着资本也存在流量资本和存量资本的区别。对于资本，也存在各种不同的统计口径，区分方式主要是根据流量、流量加存量、存量三种不同口径来区分的。

第一种口径定义的资本是流量不变资本与流量可变资本的和，这种流量资本对应的利润也是流量利润，所得到的利润率则是流量利润率，流量资本的缺陷在于难以刻画规模不断膨胀的固定资本和不断提高的资本有机构成，可能无法得到利润率的下降趋势。

第二种口径定义的资本是流量资本与存量资本的和，具体为预付不变资本和预付可变资本之和，也等于固定资本存量、存货与预付劳动报酬三者之和。资本的周转速度和周转周期难以确定和估算，导致预付资本的大小难以估算，这是这种定义方法的不足。

第三种口径定义只考虑存量资本，存量资本又可以具体化为固定资本存量或固定资本存量与存货的和。忽视的流量资本主要是指可变资本，这主要是因为可变资本难以估计，而且可变资本相对于存量不变资本而言，其数量也很小。如果存货数据也较难获取的情况下，一般也会直接忽略存货而直接把固定资本存量等同于资本。这种口径在文献中应用最广。

古尔曼（Gillman, 1957）同时使用了流量和存量口径，将资本定义为原材料加上折旧加上生产性工人的工资、固定资本存量与存货之和。迪梅尼尔和莱维（Dumenil & Levy, 2002）、克莱曼（Kliman, 2009）使用了两种资本定义，分别为固定资本存量、固定资本存量与存货之和。韦斯科普夫（Weisskopf, 1979）仅使用了固定资本存量加上存货一种定义。马赫（Mage, 1963）在固定资本存量和存货的基础上，再加上了原材料净存量；谢赫和托尼卡（Shaikh & Tonak, 1994）将资本定义为非住宅私营固定资本存量、企业固定资本存量两种形式；莫恩（Mohun，2012）将资本定义为非住宅固定资本存量与存货之和；巴苏（Basu，2013）将资本定义为净固定资本存量；罗伯特（Robert，2015）将资本定义为资本存量与雇员报酬之和。从这些文献可以看出，资本数量和口径的确定也不是唯一的，这主要是根据数据的可得性来确定。

5.3.2 资本价格的确定

资本的价格一般包括两种：一种是历史成本，即购买资本时的价格；另一种是重置成本，即重新购买相同资本时的价格。历史成本采用的是往期价格，而重置成本采用的是当期价格，由于通货膨胀的存在，历史成本不等于重置资本，所以采用不同的价格将导致不同的资本价值。大部分文献的固定资本存量都是采用重置成本来估算的，比如 Gilman（1957）认为既然利润率的分子采用当期价格，那么分母也应该相应地采用当期价格。

但是克莱曼（Kliman，2009）认为应该使用历史成本来估算固定资本存量和利润率，因为使用重置成本计算得到的利润率不是投资者当时购买资本时的利润率，投资者在当时购买资本时的选择是一个利润最大化的选择，使用重置资本无法决定投资者当时的最优行为，这也意味着使用重置成本得到的利润率不能衡量投资者的实际回报和预期回报。克莱曼（Kliman，1957）使用历史成本和重置成本进一步估算了大萧条以来美国的利润率状况，发现所得到的这两种利润率存在较大波动和不稳定关系，特别是采用重置成本时，通货膨胀的存在会导致利润率分母的值变大，进而低估利润率。迪梅尼尔和莱维（Dumenil & Levy，2011）随后指出，在存在通货膨胀的情况下，历史成本将会贬低资本价值，而当期新投资并不是依据历史成本决定的，如果按照历史成本利润率来决定投资，那么企业投资必将无法持续甚至可能出现企业破产。胡森（Husson，2010）也认为克莱曼（Kliman，1957）使用历史成本来计算利润率存在问题，而且利用同一个 GDP 平减指数来剔除通货膨胀问题，会造成平减的起点时期和终点时期的价格不对应问题。巴苏（Basu，2013）指出，胡森（Husson，2010）和克莱曼（Kliman，1957）争论的核心问题在于 20 世纪 80 年代以后美国的利润率是复苏还是下降的问题，采用历史成本和重置成本将导致不同的结论，巴苏（Basu，2013）使用两种成本通过分时间段和整体检验 1946—2010 年美国两种利润率的变化趋势，发现使用这两种不同的成本所估算得到的固定资本价值进而利润率的差异程度取决于研究起点与研究终点的固定资本价值的比值是否稳定，如果稳定则使用两种成本所得到的利润率差别不大，反之则差异较大；巴苏（Basu，2013）最后使用加权平均法来调整价格对固定资本的影响，最后发现两种利润率的变化趋势基本一致。所以，我们在对固定资本存量进行价格调整时需要慎重。

5.3.3 对利润率计算的小结

事实上，马克思对利润率的数量研究也不是局限于一种利润率，而是根据研究需要的变化而变化，比如最基本和常见的定义是：利润率$[m/(c+v)]$是剩余价值与全部预付资本的比值。与此同时，马克思还使用了流量利润率的概念[①]，同时也强调需要把高资本密集型行业排除在外，比如投在铁路上的资本一般就不纳入一般利润率的计算[②]。克莱曼（Kliman，2013）也指出，不存在一种万能的、适用于任何问题的利润率，利润率定义的选择取决于研究特定问题的需要。

同时，对利润率进行计算的最大限制，不是源于理论，而是源于现实数据的可得性。根据数据的可得性，本书设计不同的利润率口径对亚洲六国（1997年亚洲金融危机的样本）、美国（2007年次贷危机）和中国的利润率状况进行计算，以期尽可能接近马克思意义上的利润率[③]。由于亚洲六国比较全面的宏观数据和产业数据较难获得，本书利用世界银行数据库对亚洲六国的制造业和工业利润率进行计算。关于中国部分的研究，本书在利用世界银行数据库对中国制造业和工业利润率进行计算之外，还将利用《中国统计年鉴》中的相关数据进行利润率计算。而由于美国的数据最为详细和全面，本书将从产业细分的角度计算不同利润率水平。所以，由于数据的原因，亚洲六国和中国利润率的计算较为简略，而美国利润率的计算则较为详细，下文将详细介绍各国利润率的计算。

---

① "谈到为生产价值而预付的不变资本时，总只是指在生产中消耗的生产资料的价值"，《马克思恩格斯全集》第23卷，人民出版社，1972，第239页。

② "投在铁路上的资本就是这样。因此，这些资本不会参加一般利润率的平均化过程，因为它们提供的利润率低于平均利润率。如果它们参加进来，平均利润率就会下降得更厉害"，《马克思恩格斯全集》第25卷，人民出版社，1974，第268页。

③ 马克思意义上的利润率主要是指使用生产性部门（包括生产过程在流通领域的继续的部门）创造的剩余价值，来计算利润率。这意味着使用制造业、工业或非金融公司的利润来计算利润率，可以得到接近马克思意义上的利润率。

5.4 亚洲六国的利润率

对亚洲六国（泰国、马来西亚、印度尼西亚、新加坡、菲律宾、韩国）利润率的计算，主要是为了分析 1997 年的亚洲金融危机，所使用的数据源于世界银行数据库[①]，利润率的公式为制造业或工业的增加值减去相应的劳动者报酬，再除以固定资本存量。由于库存所占的比例对于固定资本存量而言非常小，所以利润率的分母只有固定资本存量。由于制造业和工业的增加值在数据库中直接给出了，所以本研究计算的关键在于知道相应的劳动者报酬和固定资本存量的值。劳动者报酬等于 GDP 的一个百分比，比如 45%，亚洲六国相应的劳动者报酬数据源于联合国数据库（UN data）[②]。每年的固定资本形成总额和资本折旧（调整后的储蓄：固定资本消耗）在世界银行数据库中均能找到，但这两个变量是流量，要确定固定资本存量必须首先确定和知道某一年的固定资本存量，然后利用永续盘存法估算各年的固定资本存量，由于这个数据难以找到，所以本书采用资本产出比来大致估算资本存量。具体而言，资本与产出存在一个较为稳定的关系，中国改革开放后与亚洲六国二战后的经济发展状况存在某些相似之处，比如高投资—高增长。参考张军（2002）对中国 1978—1998 年资本产出比的估算，本书把亚洲六国 1970 年（新加坡为 1975 年）的资本产出比设定为 3，即 3 单位的资本将得到 1 单位的产出（GDP），即可以计算出亚洲六国在样本起点的固定资本存量，然后就可以计算此后亚洲六国各年的固定资本存量。由于资本折旧数据（调整后的储蓄：固定资本消耗）在世界银行数据库中只以"现价美元"表示，为了数据的统一性，其他指标（制造业增加值、工业增加值、GDP 和固定资本形成总额）均采用"现价美元"表示的数据。

另外一点需要说明的是，由于本书使用的亚洲六国的固定资本存量是针对整个经济体而言的固定资本存量，而不是与制造业或工业相对应的固定资本存量，所计算出来的利润率会低于制造业和工业的实际利润率。但是，这样计算得到的利润率也存在一定的合理性，即本书所计算的制造业

[①] 世界银行数据库，http://data.worldbank.org.cn/country。
[②] 联合国数据库，http://data.un.org/。

和工业的利润率是作为物质生产部门的制造业和工业所创造的剩余价值,在整个社会资本中的增殖比例以及体现在资本家之间的分配关系,迪梅尼尔和莱维(Dumenil & Levy,1994)、高伟(2009)在具体部门的固定资本存量数据难以获取的情况下都是这样处理的。

经过计算,亚洲六国的利润率,除新加坡的样本期是从1975—2014年外,其余五国的样本期均是从1970—2014年。计算所得的亚洲六国的利润率数据,详见附录A。

亚洲六国工业和制造业的利润率变化存在以下四点共同特征:一是工业和制造业的利润率变化趋势非常相似,基本上是同升同降;二是工业和制造业利润率的变化存在多个断点,而且利润率的下降总是伴随着经济危机,如1980年开始的利润率下降与1980—1982年世界性经济危机、1997年前后的利润率出现断崖式下跌、2008年全球金融危机之后利润率也出现了下降;三是工业和制造业利润率出现波动的同时,还存在一定的下降趋势;四是利润率的变化波动能够在一定程度上反映宏观经济的运行状况。

如图5.1所示,1970—2014年泰国工业和制造业的利润率出现了四次上升(1970—1980年、1985—1990年、2001—2008年、2009—2010年)和四次下降(1981—1985年、1991—2000年、2008—2009年、2010—2014年),其中1990年开始的利润率下降最为厉害、下降幅度最大,直接导致此后资本投机的盛行以及金融危机爆发。

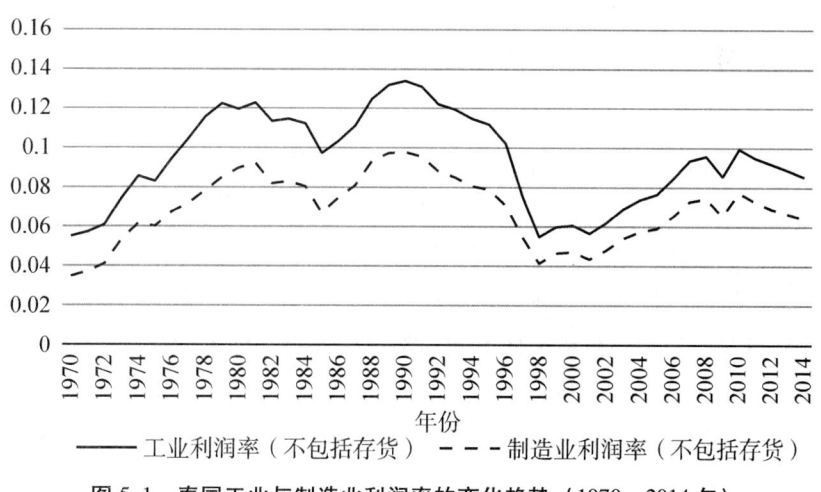

图 5.1 泰国工业与制造业利润率的变化趋势(1970—2014年)

如图 5.2 所示，1970—2014 年马来西亚工业和制造业的利润率出现了四次上升（1970—1980 年、1986—1990 年、1998—2008 年、2009—2011 年）和四次下降（1981—1986 年、1990—1998 年、2008—2009 年、2011—2014 年），其中 1980—1986 年的利润率下降最厉害，1990—1996 年的利润率较为平缓，1996—1998 年利润率大幅下降。由于马来西亚与泰国之间的经济贸易联系紧密，所以当泰国爆发危机之后，迅速传递到马来西亚。

图 5.2 马来西亚工业与制造业利润率的变化趋势（1970—2014 年）

如图 5.3 所示，1970—1985 年印度尼西亚工业和制造业的利润率差异较大，相关性低于 1986—2014 年。此外，印度尼西亚工业和制造业的利润率出现了三次上升（1970—1980 年、1987—1996 年、1998—2008 年）和三次下降（1981—1987 年、1996—1998 年、2008—2014 年），在利润率变化趋势上，印度尼西亚与马来西亚相似，即 1980—1987 年工业利润率下降最厉害，1987—1996 年的利润率较为平缓，1996—1998 年利润率大幅下降。制造业的利润率在整个样本期内都比较平缓、波动较小，但是在 1997 年前后也出现断崖式下跌。

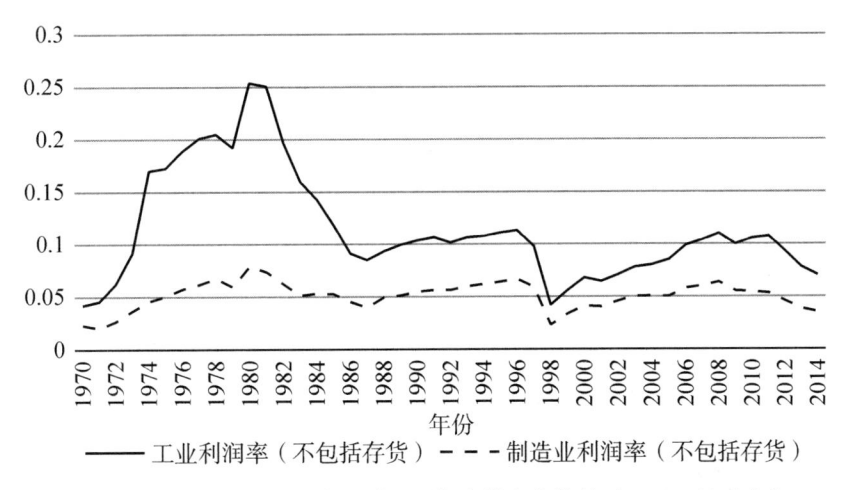

图 5.3　印度尼西亚工业与制造业利润率的变化趋势（1970—2014 年）

如图 5.4 所示，1975—2013 年新加坡工业与制造业的利润率波动几乎是一致的，在这个时间段，新加坡的利润率出现了两次明显的上升（1975—1981 年、1986—1995 年）、两次明显的下降（1981—1986 年、1995—1999 年）和一次较为平稳的阶段（2000—2013 年）。

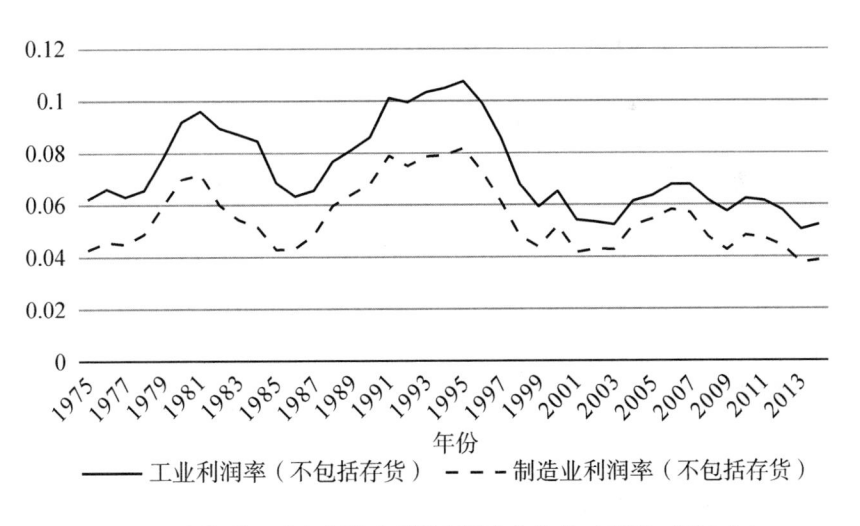

图 5.4　新加坡工业与制造业利润率的变化趋势（1970—2013 年）

如图5.5所示，与新加坡类似，1970—2014年菲律宾工业与制造业的利润率波动几乎也是一致的。1970—1986年，菲律宾的利润率波动较大，出现一次大的上升（1970—1980年）和一次大的下降（1980—1986年），1986年之后的利润率波动较为平缓，分别出现两次小幅上升（1986—1989年、2001—2008年）、两次平稳期（1989—1996年、2010—2014年）、两次下降（1996—2001年、2008—2009年）。

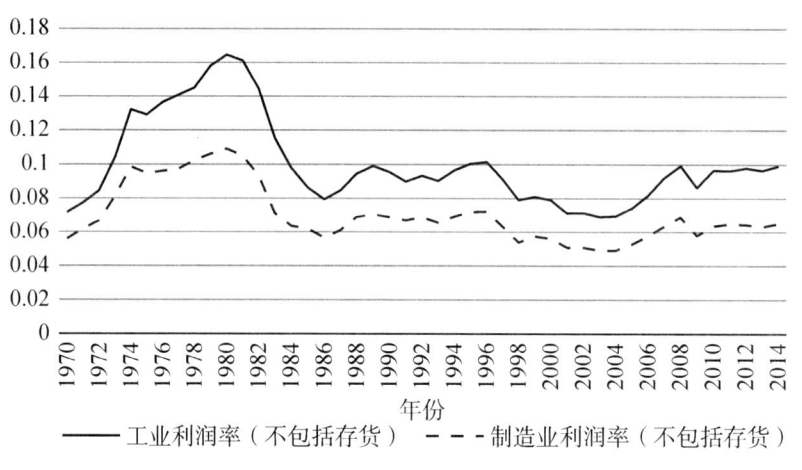

图5.5 菲律宾工业与制造业利润率的变化趋势（1975—2014年）

如图5.6所示，1970—2014年，韩国工业与制造业的利润率变化趋势非常一致，但是1998年之前的利润率波动较大，出现了两次上升（1970—1979年、1985—1989年）和两次下降（1979—1985年、1989—1998年），其中1989—1998年的利润率下降幅度非常大。与1970—1998年相比，1999—2014年利润率的波动幅度较小、变化平稳，但其中也经历了2007—2009年的下滑。

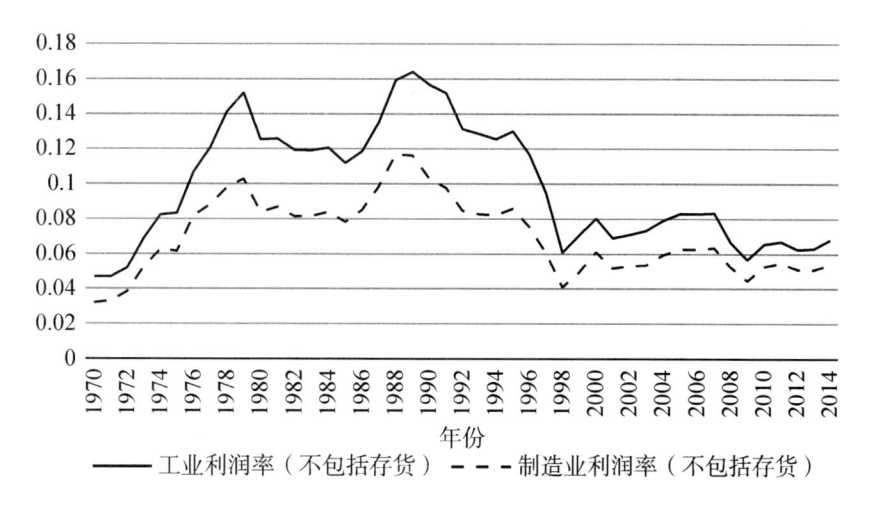

图 5.6　韩国工业与制造业利润率的变化趋势（1975—2014 年）

5.5　美国的利润率

现有文献对美国利润率的研究是最为详细的，如莫斯利（Moseley，1988）和马尼亚蒂斯（Maniatis，2005）等借助投入产出表和 SNA 的其他账户，对美国不同时期的税前利润率、一般利润率、净利润率、利润份额和资本有机构成等变量进行测算，马尼亚蒂斯（Maniatis）同时区分了一般利润率 R[①] 和净利润率 r[②]。迪梅尼尔和莱维（Dumenil & Levy，1994）涉及了三种利润率指标计算了美国 1948—1985 年和 1869—1989 年的利润率变化趋势。谢富胜等（2010）专门研究了美国非金融公司部门的利润率变化趋势，而对利润率的测算方法则直接采用韦斯科普夫（Weisskopf，1979）、迪梅尼尔和莱维（Dumenil & Levy，1994）的方法；鲁保林和赵磊（2013）采用莫恩（Mohun）的平均利润率和净利润率的分解和计算方法

---

① $R=$（增加值-可变资本）/资本存量，其中增加值=生产和贸易部门增加值+贸易部门的中间投入+生产和贸易部门支付给私人版税部门的使用费；可变资本=生产工人的工资和薪水；剩余价值=增加值-可变资本。

② $r=$净利润/资本存量=剩余价值-非生产成本/资本存量，其中非生产成本=贸易金融保险房地产部门工资+贸易金融保险房地产部门的中间投入+公司利润税和净间接税。

（平均利润率等于扩展利润份额与产出资本比的乘积，净利润率等于利润份额与产出资本比的乘积），对美国 1966—2009 年非金融公司部门的利润率情况进行了测算。关于美国利润率更为详细的综述，可以参见谢富胜和郑琢（2016）的研究。下面本书将从不同的角度、不同的口径和不同的部门来计算美国实体经济的利润率，所用数据均来自美国经济分析局（Bureau of Economic Analysis，BEA）[①]。

5.5.1 美国制造业和生产性部门 1997—2015 年的利润率：增加值的视角

由于美国制造业以增加值（value added by industry，以当年价格计价）进行统计的数据始于 1997 年，所以本书首先从增加值的角度来计算利润率。利润率的分子为制造业的增加值减去制造业部门的雇员报酬（compensation of employees by industry，以当年价格计价），利润率的分母为制造业的历史成本固定资本净存量（historical-cost net stock of private fixed assets by industry）和重置成本固定资本净存量（current-cost net stock of private fixed assets by industry）。因此就可以得到制造业的两个利润率：

$$制造业\ r_1 = \frac{增加值 - 雇员报酬}{历史成本固定资本净存量}$$

$$制造业\ r_2 = \frac{增加值 - 雇员报酬}{重置成本固定资本净存量}$$

由于通货膨胀的存在，以重置成本表示的固定资本净存量的值（利润率的分母）大于相应的历史成本的值，所以 $r_1 > r_2$，而且利润率在 2001—2002 年和 2008—2009 年表现出两个低谷，这与美国 2001 年网络泡沫破裂和 2007 年次贷危机在时间上较为契合。但是，从这两个利润率整体变化的趋势来看，利润率在 1997—2015 年是处于上升趋势的（见图 5.7），这不符合马克思的利润率下降趋势规律。

[①] 美国经济分析局数据库，http://bea.gov/itable/index.cfm

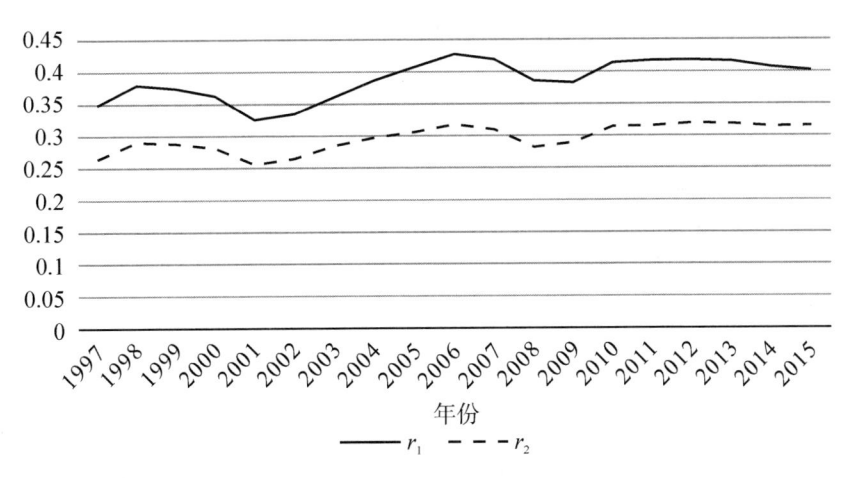

图 5.7 美国制造业 1997—2015 的利润率（历史成本与重置成本）

为此，本书将利润率的估算范围扩大到整个生产性部门，而对生产性部门的界定，本书参考了马尼亚蒂斯（Maniatis，2005）和莫恩（Mohun，2006）对生产性部门的区分方法并结合美国对产业部门的划分，把生产性部门界定为九个部门：农林渔牧业（agriculture, forestry, fishing, and hunting），采掘业（mining），公共事业（utilities），建筑业（construction），制造业（manufacturing），运输仓储业（transportation and warehousing），信息业（information），专业和商业服务（professional and business services），教育服务、健康护理和社会救助（educational services, health care, & social assistance），其中后三个部门属于生产性服务业，更为详细的分类可以参见 BEA 网站。利润率的分子是以上九个生产性部门的增加值与雇员报酬的差，分母也是以上九个生产性部门的历史成本固定资本净存量和重置成本固定资本净存量。它们的利润率具体公式为

$$生产性部门\ r_3 = \frac{增加值 - 雇员报酬}{历史成本固定资本净存量}$$

$$生产性部门\ r_4 = \frac{增加值 - 雇员报酬}{重置成本固定资本净存量}$$

由图 5.8 可知，即使采用生产性部门的相关数据，美国的利润率也表现得很平稳，特别是采用重置成本的利润率 r_4 几乎是一条直线。图 5.7 和图 5.8 的利润率变化并不剧烈，而且所得到的利润率的值较高（在 20%~50%），这表明采用增加值、雇员报酬和两种固定资本净存量得到的利润率并不十

分理想。为此，下文将采用其他的利润率计算方法，并且将估算的时间范围扩大。

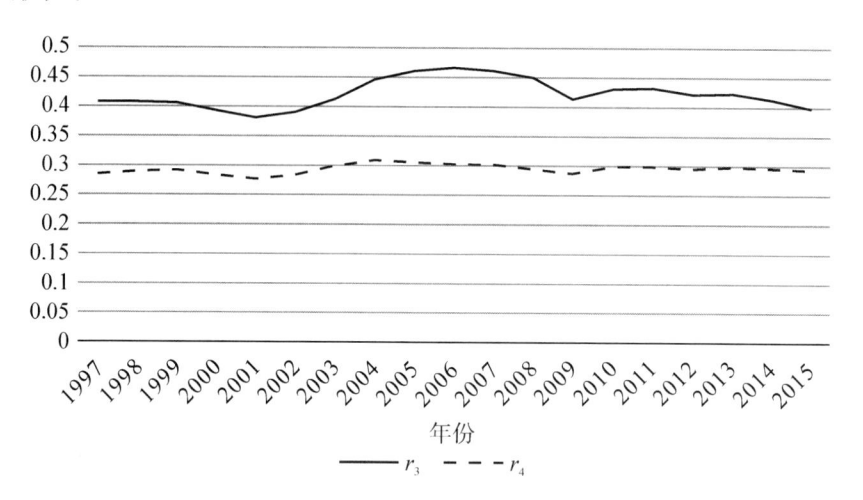

图 5.8 美国生产性部门 1997—2015 年的利润率（历史成本与重置成本）

5.5.2 美国生产性部门 1948—2014 年的利润率：国民收入的视角

上一小节，我们使用增加值来衡量 $v+m$（新创造的价值，可变资本与剩余价值），本小节将使用进行调整后的生产性部门[①]的国民净收入（national income without capital consumption adjustment by industry）来衡量 $v+m$，调整后的生产性部门的雇员报酬来衡量 v。对于利润率的分母：固定资本净存量，本书将使用四个统计口径的数据，分别为：生产性部门[②]重置成本固定资本净存量、生产性部门历史成本固定资本净存量、所有私人部门重置成本固定资本净存量、所有私人部门历史成本固定资本净存量。本书把所有私人部门固定资本净存量纳入进来，是为了考察生产性部门创造的剩余价值在整个私人部门中的增殖情况和分配情况。四个利润率的定义为

---

① 美国经济分析局（BEA）在 1998 年对服务业进行了重新划分，并给出了 1998—2000 年新旧口径的两组数据，就国民收入和雇佣报酬而已，旧口径对应的生产性部门包括六个部门（农林渔牧业、采掘业、建筑业、制造业、运输业、服务业），5.5.1 所列的九个生产性部门为新口径。本书通过对 1998—2000 年新旧口径计算生产性部门的国民净收入和雇员报酬，发现新口径国民净收入是旧口径国民净收入的 0.955 倍，新口径雇员报酬是旧口径雇员报酬的 0.83 倍，所以本书以新口径为标准，对 1948—1997 年国民收入和雇员报酬进行 0.955 和 0.83 倍的调整。

② 固定资本净存量中涉及的生产性部门的划分与 5.5.1 区分的九个生产性部门的口径一致。

$$生产性部门\ r_5 = \frac{国民净收入 - 雇员报酬}{历史成本固定资本净存量}$$

$$生产性部门\ r_6 = \frac{国民净收入 - 雇员报酬}{重置成本固定资本净存量}$$

$$所有私人部门\ r_7 = \frac{国民净收入 - 雇员报酬}{历史成本固定资本净存量}$$

$$所有私人部门\ r_8 = \frac{国民净收入 - 雇员报酬}{重置成本固定资本净存量}$$

此处定义的四个利润率为一般利润率。由图5.9可知，二战后美国经济的一般利润率存在较为明显的下降趋势，这是符合马克思的利润率下降趋势规律的，特别是 r_5、r_6 和 r_7 存在较大的下降，而 r_8 表现得较为平缓地下降，这也意味着固定资本净存量不论是采用历史成本还是重置成本，马克思利润率下降趋势规律都能得到验证。和图5.7图5.8相比，这一规律得到验证的一个前提是样本时期必须足够长，图5.9中1997—2014年的利润率也是无法体现下降趋势的。从利润率曲线的走势来看，曲线中的局部低谷（极小值、向下凸的拐点）与经济危机的爆发点存在很高的相关性，如美国二战后发生的几次较大的经济危机或经济衰退（1957—1958年、1973—1975年、1980—1982年、1990—1991年、2000—2001年、2007—2009年），都伴随着利润率的下降，这在 r_5 和 r_6 中体现得最为明显。从图5.9我们还可以得到另外一个信息，即美国经济20世纪80年代之后的利润率变化以波动为主，较大的下降趋势不明显。

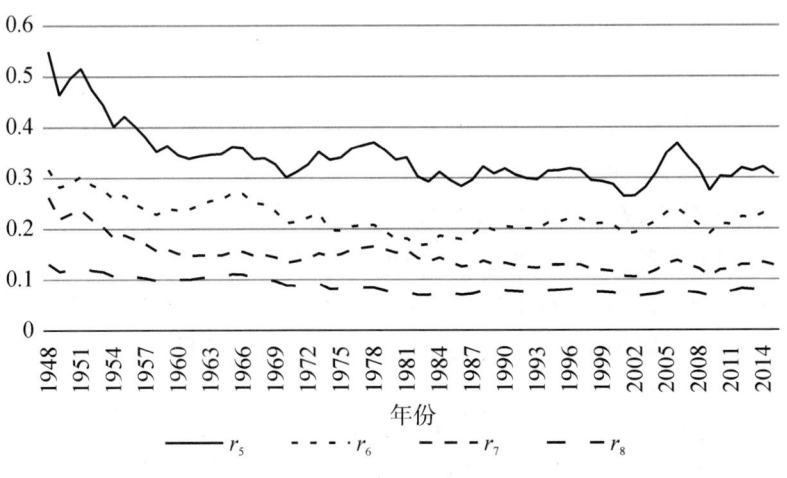

图5.9 美国经济1948—2014年不同口径的利润率（历史成本与重置成本）

5.5.3 美国非金融公司1945—2014年的净利润率

以上两小节采用增加值和国民收入与雇员报酬的差来计算利润，所得到的利润率（r_1-r_8）属于一般利润率的范畴，涉及整个实体经济和生产性部门，属于范围较大的粗略估算，为了更细致地估算。本小节将估算范围更小的利润率，即美国非金融公司1945—2014年的净利润率。对美国非金融公司净利润的估算，本书采用克莱曼（Kliman，2009、2013）的方法，即净利润（net profits）等于公司税前利润（corporate profits before tax by industry）减去公司所得税（taxes on corporate income by industry），这里的净利润相对于公司的税后利润，而利润率的分母等于固定资本净存量加上存货。由于美国经济分析局（BEA）对公司部分的统计与上一小节对国民收入的统计存在差异，所以本小节估算的生产性部门的范围比上一小节有所缩小，只估算五个部门的利润率，这五个部门分别为农林渔业（agriculture, forestry, and fisheries）、采掘业（mining）、合同建筑业（contract construction）、制造业（manufacturing）、运输和公共事业（transportation and public utilities）。但是这五个生产性部门在1997年之后又做了新的划分，本书在比较了新旧口径之间的差异之后，对新旧口径做了与上一小节类似的调整[①]。历史成本和重置成本的固定资本净存量的统计口径并未发生变化，本书选取公司部分中的非金融固定资本作为利润率分母的一部分。利润率分母的另一部分是存货，存货数据的统计口径虽然也在1997年的基础上做了调整，但是本书比较了新旧口径1997—2000年的数据，发生这三年的数据变化不大，所以本书对存货数据不做特别的处理。

由图5.10可知，美国非金融公司在20世纪40年代末达到样本期内的顶峰，从20世纪50年代开始，利润率在波动中逐步下降，无论是采用历史成本还是重置成本估算的利润率都表现出下降趋势，这是符合马克思利润率下降趋势规律的。与图5.9所展示的利润率波动类似，图5.10中利润率曲线中的局部低谷（极小值、向下凸的拐点），比如图中1970年、2001年、2009年所对应的利润率低点都与相应的经济危机紧密联系在一起。而

---

① 这个调整主要是针对公司税前利润和公司所得税这两项，1998—2000年税前利润和公司所得税的旧口径与它们1998—2000年相应新口径的比值都稳定在1.2左右，为了统一口径，本书选择旧口径作为标准，把2001—2015年每年的税前利润和公司所得税均乘以1.2。

且 1986 年之后，美国非金融公司的利润率都维持在一个较低的水平。

- - - 重置成本利润率 r_9　　——— 历史成本利润率 r_{10}

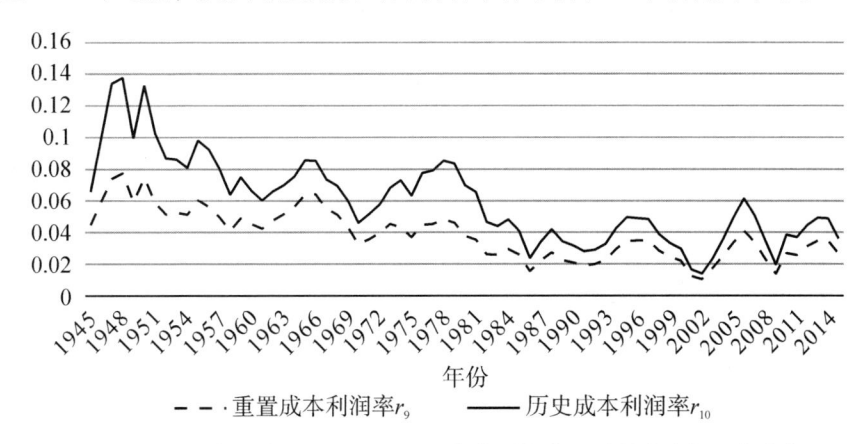

图 5.10　美国非金融公司 1945—2014 年净利润率（重置成本与历史成本）

5.5.4　美国两个具体生产性部门 1948—2011 年的净利润率

由于美国统计数据较为全面，这为本书估算更为具体的生产性部门的净利润率提供了便利。为此，本书选择了美国制造业当中耐用品行业和非耐用品行业当中的各一个行业，分别为汽车行业（机动车辆、设备、拖车和零件）和食品饮料烟草业（食品、饮料和烟草生产），这两个具体的生产性部门在美国经济中占有重要地位，特别是汽车行业。本小节对这两个具体行业利润率估算的方法，与美国非金融公司利润率估算的方法一致，利润率的分子为公司税前利润减去公司所得税，由于无法找到这两个具体行业的存货，所以利润率分母中只有固定资本净存量，不包括存货。与上文类似，本小节比较了 1998—2000 年公司税前利润和公司所得税新旧统计口径的差异，并做了类似的调整和处理。由于两个行业的固定资本净存量采用历史成本和重置成本所得到的利润率变化趋势基本一致，无大的差异，所以图 5.11 仅展示采用历史成本固定资本净存量计算所得到的利润率。

由图 5.11 可知，高资本密集型汽车行业的利润率在 1948—2011 年，在波动中快速下降，并在 1980 年、1990—1991 年、2000—2002 年和 2004—2011 年出现利润率为负，这些负利润率区间与其他时刻的利润率低点，如 1958 年、1970 年，均与当时的经济危机或经济衰退相一致。汽车行业利润率的快速下降趋势与利润率下降趋势规律一致，但是食品饮料烟草业的利润率在 1948—2011 年表现得较为平稳，利润率的平均值为

13.61%，没有大起大落，既没有反应出经济周期的显著特征，也没有体现出利润率长期下降的趋势。

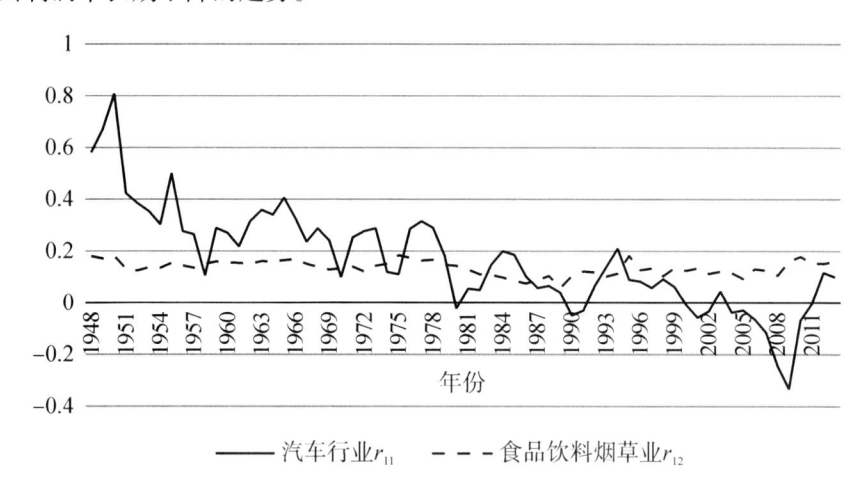

图5.11 美国汽车和食品饮料烟草行业的历史成本利润率（1948—2011年）

5.5.5 对美国利润率计算的小结

美国统计数据非常全面，这为本书能够从不同角度、采用不同利润率口径和定义来估算美国经济不同层次的利润率提供了便利。为此，本书围绕两条主线来考察美国经济的利润率：一条主线是分别从制造业、生产性部门、非金融公司部门、具体的生产性部门（汽车行业、食品饮料烟草行业）的角度，由大到小、由宏观到微观地考察实体经济的利润率；另一条主线是分别从利润率的分子来考察，即从"增加值—雇员报酬""国民净收入—雇员报酬"以及"公司税前利润率—公司所得税"的角度来考察，并把利润率的分母区分为历史成本和重置成本的固定资本净存量，在非金融公司部分又把存货考虑进去。通过对美国利润率的计算，本书发现：

（1）必须从一个较长的时间范围来考察美国经济的利润率下降趋势，因为20世纪80年代之后美国经济利润率以短期波动为主、下降趋势不明显。而从20世纪40年代末开始的美国利润率则存在一个较为明显的长期下降趋势，不论是采用历史成本来衡量固定资本净存量，还是采用重置成本，都能得到这样一个下降趋势，这符合马克思的利润率下降趋势规律。

（2）美国利润率的局部低点（极小值）和下降，常与现实中的经济危机和经济衰退相吻合，美国的利润率下降与经济危机在数据统计上存在较强的相关性。

（3）在这些利润率指标当中，利用国民净收入计算得到的利润率和美国非金融公司利润率，这两类利润率能够更准确地刻画美国实体经济利润率的变化趋势。

（4）美国制造业和生产性部门内部不同行业的利润率是存在差异的，有的行业快速下降，有的行业比较平稳。本书计算了1948—2013年美国汽车行业和食品饮料烟草行业的利润率，发现美国汽车行业的利润率存在快速下降趋势，而食品饮料烟草业的利润率表现得较为平稳，既没有反应出经济周期的显著特征，也没有体现出利润率长期下降的趋势。

5.6 中国的利润率

5.6.1 中国1970—2020年工业与制造业利润率：世界银行数据

本书对中国利润率的估算，主要采用两类数据：一类是世界银行数据库的数据，这类估算方法与前文中对亚洲六国利润率的估算类似；另一类则采用《中国统计年鉴》的数据。

利润率的分子为制造业或工业的增加值减去相应的劳动者报酬，分母为固定资本存量，由于存货所占的比例非常小，所以利润率分母只有固定资本存量。制造业和工业的增加值数据能够直接找到，众多文献指出改革开放以来中国的劳动收入份额与GDP的比例存在较大的下降（李稻葵 等，2009；钱震杰、朱晓东，2013）。刘亚琳等（2022）发现，中国的劳动收入份额自2008年全球金融危机以来，出现了止降回升的新趋势，从较长历史时间上来看，呈现"U"形变化。本书首先参考白重恩和钱震杰（2009）对1992—2005年中国劳动者报酬的估算，然后以1992—2005年的数据为基础对剩余年份的劳动者报酬进行大致估算，进而得到1970—2020年中国劳动者报酬的数据，而后通过制造业与GDP的百分比、工业与GDP的百分比进行换算，得到相应的制造业和工业的劳动者报酬。

对于中国的固定资本存量，本书首先利用张军（2002）估算的1978—1998年中国的资本产出比，同时利用世界银行数据库给出的中国GDP的数据，可以计算出1978—1998年中国的资本存量，然后利用世界银行数据中给出的剩余年份（1970—1977年、1999—2020年）的固定资本形成总额和资本折旧（调整后的储蓄：固定资本消耗）数据，计算剩余年份的新增固定资本净额，最后利用永续盘存法就能够估算剩余年份的固定资本存量，这样就能得到1970—2020年中国固定资本存量的数据。和亚洲六国采用的数据一样，为了数据的统一性，相应的指标（制造业增加值、工业增加值、GDP和固定资本形成总额）均采用"现价美元"。

由图5.12可知，中国的工业利润率大于制造业利润率，而且两个利润率的波动和变化趋势基本一致。但是，1970—2020年，中国工业和制造业的利润率都没有表现出明显的长期下降趋势，两个利润率的周期性波动特征更为明显。改革开放以后，中国工业与制造业利润率表现出三段较为明显的下降（1985—1987年、1996—2002年、2008—2020年），两段较为显著的上升（1987—1996年、2002—2008年），利润率的这种上升与下降周期和中国宏观经济运行的周期性特征，非常吻合。比如，1997年亚洲金融危机之后的几年，中国经济增速放缓并遭受通货紧缩的压力，2008年全球金融危机之后，中国经济增长速度呈现下降趋势，同时出现"脱实向虚"的趋势，实体经济的投资率和资本回报率下降，影子银行问题较为严重，大量资金涌入房地产行业和金融行业，企业的金融化趋势明显（张成思和张步昙，2016；张成思和郑宁，2020）。而1987—1988年、1992—1996年、2002—2008年，中国经济增长很快，出现经济过热现象，中国宏观经济的这些现象与利润率的波动相一致。

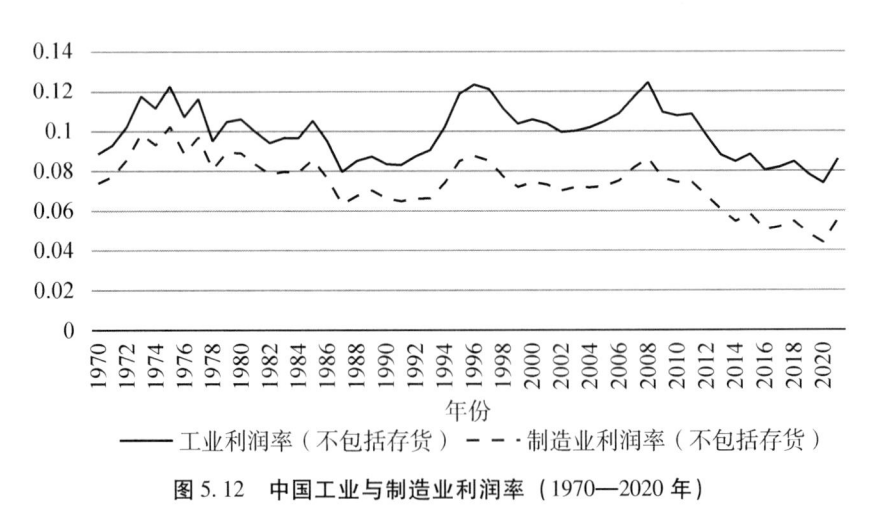

图5.12 中国工业与制造业利润率（1970—2020年）

5.6.2 中国1998—2021年的利润率：《中国统计年鉴》数据

本小节利用《中国统计年鉴》的数据来计算1998—2021年中国的利润率，而利润率的计算方法则采用常用的国民净收入、劳动者报酬、间接税、固定资本净存量、流动资产等（Dumenil & Levy, 1994）。由于中国缺乏详细的存货数据，所以本书参照高伟（2009）年的处理方法，使用流动资产来替代存货，使用劳动者报酬来替代劳动收入，并且用国内生产净值（NDP）来替代国民净收入。所以，本小节使用三种利润率的计算公式：

$$R_1 = \frac{NDP - 劳动者报酬}{固定资本净存量}$$

$$R_2 = \frac{NDP - 劳动者报酬}{固定资本净存量 + 流动资产}$$

$$R_3 = \frac{NDP - 劳动者报酬 - 间接税}{固定资本净存量 + 流动资产}$$

受统计口径的变化和数据的限制，本小节将利润率的考察区间设定为1998—2021年，这也有利于计算中国经济新常态下的利润率变化趋势。本小节所有的数据源于中国统计年鉴（1999—2022），其中历年GDP和全社会固定资产投资数据可以直接得到，利用"地区生产总值收入法构成项目"中各省的数据加总可以得到全国的劳动者报酬和固定资产折旧数据（其中缺少2004年、2008年和2013年数据，这三年的数据分别通过相邻两年的算术平均得到），NDP = GDP − 固定资产折旧。而固定资产净存量（资本存量）数据直接使用张军等（2004）计算得到的2000年的数据——2000年以当年价格计算的各省合计的资本存量为189 318亿元，然后利用永续盘存法计算每年的新增投资数量（$\Delta K = I - \delta K$ = 全社会固定资产投资 − 固定资产折旧），最后利用2000年的资本存量数据进行迭代就可以得到每年的固定资本净存量数据。

因此，用固定资本净存量数据替代不变资本（C），用劳动者报酬数据替代可变资本（V），GDP为增加值，所以剩余价值（M）等于GDP减去劳动者报酬。而流动资产的数据则采用《中国统计年鉴2022》中13-3"规模以上工业企业主要指标"中的"流动资产合计"进行近似替代。由于间接税存在转嫁，企业只负担部分间接税，所以企业负担的间接税本书采用CCER"中国经济观察"研究组（2007）的计算方法，即企业负担的间接税 =（主营业务税金及附加 + 本年应交增值税）× 30.15%，主营业务税金及附加和本年应交增值税的数据同样源于《中国统计年鉴 2022》中的 13-3 部分。同时利用 GDP 平均指数，对所有变量进行价格调整，剔除价格因素，进而利用公式 R_1、R_2、R_3 就可以得到如图 5.13 所示的结果。

图 5.13　中国的利润率（1998—2021 年）

由图 5.13 可知，三个利润率指标（R_1、R_2、R_3）的变化趋势是一致的，1998—2021 年中国的利润率呈现长期下降趋势。1998—2007 年的利润率处于小幅波动之中，变化平稳而且呈现上升趋势，在 2007 年达到峰值后开始大幅度地下降，2015—2018 年呈现小幅回升，2018 年以后又开始下降。从数值上来看，2014 年的利润率大致为 2007 年的一半。而中国的经济增长速度也是在 2007 年达到 14.2% 的峰值后开始逐步下降，在 2010 年前后中国经济也开始进入新常态，同时期中国政府也提出了供给侧结构性改革。这说明利润率的变化与中国经济的增长速度及宏观经济的形势变化具有高度一致性。

5.7　小结

利润率是本书进行经济危机预警的核心指标。关于利润率的计算，首先我们需要理清利润率的不同定义、口径以及计算方法。事实上，马克思对利润率在定量上的研究也是根据研究目的的变化而变化的，而不是局限于一种定义和口径。许多文献的研究也表明，适用于任何问题的利润率是不存在的，利润率的定义、口径和计算方法的选择需要根据特定问题和数据的可得性而定。

本章在探讨利润率估算的三个基本问题、利润率公式的分子和分母之后，根据数据的可得性设计了不同的利润率口径对亚洲六国、美国和中国的利润率进行了相应的估算。通过对利润率的估算，本章有两个重要的发现：一是发现马克思利润率下降趋势规律在亚洲六国、美国和中国较长的利润率考察范围，存在较为明显的下降趋势；二是发现利润率的短期波动与宏观经济的周期性波动是紧密联系在一起的，利润率处于下降和低谷的时期也是经济衰退和经济危机发生的时刻，利润率的大幅下降总是伴随着经济危机的爆发，利润率与经济衰退、经济危机的这种关系在亚洲六国、美国和中国的经验数据上表现得都很明显。所以，利润率与经济危机之间存在的这种内在关系，为本书利用利润率来预测、预警经济危机提供了数据上的便利和统计上的可能。

6 以利润率为核心指标的经济危机预警模型：对1997年亚洲金融危机的预警再检验

关于数学①与政治经济学的关系，以及数学在政治经济学研究中的运用，丁堡骏（1999）引用May和Meek的话指出：一方面，马克思本人在《资本论》中成功地将经济关系的质和量（定性与定量分析）结合在一起来分析资本主义制度，而如果放弃其中的数学分析，那么马克思的理论也很难成为一门精确、严密的科学理论；另一方面，政治经济学运用了数学方法，但不能乱用，更不应该本末倒置，数学的运用需要有理论支撑和理论基础，即定性分析是定量分析的基础。所以，本书在研究经济危机预警时，把马克思经济危机理论的定性分析与统计方法计量方法的定量分析结合在一起，不是为了追求利润率下降与经济危机爆发之间纯粹的数学关系，而是利用数据和数学工具去说明和论证利润率下降与经济危机之间的内在经济关系，定性分析与定量分析相结合在本书中并不矛盾，反而能使经济危机预警在理论上更有说服力，在数量分析上能够取得更加可靠的结果。

经过前文的分析、论述和铺垫，本章将构建以利润率为核心指标的经济危机预警模型，对1997年亚洲金融危机进行预警再检验。第7章是对2007年美国次贷危机进行预警再检验，第8章则是对中国经济新常态下可能发生的危机进行预警。在进行这些实证研究之前，我们首先需要在方法上对经济危机预警模型的原理和优缺点进行分析。因此，本章选择了三种被广泛使用、便于操作和可信度高的危机预警模型进行分析，分别是FR

---

① 数学的范围和分支很大，在经济学中主要指统计方法、计量方法和数理模型。

概率模型、STV 截面模型、KLR 信号分析法模型。本书构建的经济危机预警模型在不同程度上借鉴和参考了这三种模型。

6.1 三种经典经济危机预警模型的原理与优缺点

6.1.1 FR 概率模型

FR 概率模型是一种离散的 Probit 模型或 Logit 模型，由弗兰克尔（Frankel）和罗斯（Rose）于 1996 年创立和发展，他们首先使用 Probit 模型构建了一个包含 105 个国家从 1971—1992 年的金融危机预警模型。该模型把危机事件视为数量有限且呈现离散状态的，而且把经济危机看作由外生冲击引发，并是由多种因素导致的综合性结果。在数量分析上，经济危机变量 Y 有两种状态——危机发生时（$Y=1$）和无危机时（$Y=0$），如果用向量 X 来表示触发危机的各种因素，则可使用 X 的联合概率来计算经济危机发生的概率，使用简单的线性概率形式则可以表示这种函数关系：$Y_i = \beta_1 X_{1i} + \beta_2 X_{2i} + \cdots + \beta_t X_{ti} + u_i = X'_i \beta + u_i$ [①]。该函数关系可以通过最小二乘法（OLS）求解得到相应的 β 系数，但是由于采用 OLS 的要求过于苛刻，直接采用 OLS 则容易导致各种重大误差的出现。更为重要的是，由于 Y 是一个只有两种状态（1 和 0）的二项分布，所以模型求解可以转换为另一种形式。假设存在某一常数 $\bar{Y}$，$\bar{Y} = X'_i \beta + \bar{u}_i$ 满足条件 $Y_i = \begin{cases} 1, & \bar{Y} > 0 \\ 0, & \bar{Y} \leq 0 \end{cases}$，在这种情况下，总是存在：

$$P(Y_i=1 \mid X_i, \beta) = P(\bar{Y}_i > 0) = P(\bar{u}_i > -X'_i \beta) = 1 - F(-X'_i \beta) = F(X_i, \beta_i)$$

$$P(Y_i=0 \mid X_i, \beta) = P(\bar{Y}_i \leq 0) = P(\bar{u}_i \leq -X'_i \beta) = F(-X'_i \beta) = 1 - F(X_i, \beta_i)$$

进而得到 $\begin{cases} P(Y=1) = F(X_i, \beta_i) \\ P(Y=0) = 1 - F(X_i, \beta_i) \end{cases}$，其中 P 表示危机发生的概率。F 是联合分布概率，我们如果知道 F 的概率分布，就可以计算出经济危

[①] 其中，Y_i 是因变量，X_{ti} 是自变量，β_t 是需要估计的参数，u_i 是误差项。当系数 β_t 为正时，表示自变量越大，因变量取 1 的概率也越大，危机越有可能爆发；当系数 β_t 为负时，表示自变量越大，因变量取 0 的概率越大，危机爆发的可能性就越小。

爆发的概率。当 F 符合标准正态分布时，以上模型就变成了 Probit 模型，当 F 符合逻辑分布时，模型便变成了 Logit 模型。

从以上对 FR 概率模型的原理介绍可知，FR 概率模型的结构简单，而且易于直接计算危机发生的概率，虽然不能测算出各变量对危机爆发的影响程度，但可以计算各变量的显著性水平。此外，FR 概率模型能够检测出各指标超过门槛值后的影响程度，而且在危机爆发前后能够得到连续变化的情况，这就排除了后文所要讲的 KLR 信号分析法将会出现不连续和出现错误信号的可能，并排除了信号分析法由于系统不稳定而出现不可靠结果的可能。但是 FR 概率模型也是存在缺点的。首先，这种缺点来自模型的理论基础，由于所研究的样本往往不满足大数定律，模型中自变量的选取往往缺乏理论基础而带有较大的随意性，而且模型容易导致常见的不稳健问题，如异方差、自相关、多重共线性以及内生性问题，这也严重影响了模型预测预警的准确性。其次，FR 概率模型往往是采用多个国家之间的面板数据一起进行回归和预警，但是这样一来就没有考虑各个国家之间的异质性，每个国家的经济结构、经济发展水平和国情都是存在差异的，经济危机发生的机制和路径也存在差异，而大部分 FR 概率模型剔除了这种异质性和差异。最后，FR 概率模型存在计量经济学的固有缺陷，即卢卡斯批判的问题，不同时期发生的经济危机是不一样的，因为经济结构和经济发展水平在变化，模型各项指标背后所对应的经济体系也发生了变化，而把这些经济危机、这些指标体系放在一起做回归，是不严谨的，甚至会出现错误的结论。

尽管 FR 概率模型存在一些缺陷，但该模型在经济危机预警研究中，还是得到了广泛的运用，许多学者在弗兰克尔和罗斯（Frankel & Rose, 1996）研究的基础上，对 FR 概率模型进行了进一步的改进。如伯格和帕蒂略（Berg & Pattillo, 1999）利用 KLR 信号分析法把与经济危机密切相关的变量首先筛选出来，然后利用 FR 概率模型进行经济危机的预警分析。陈守东等（2006）利用因子分析法构建相应的公共因子，而后利用 Logit 模型对宏观经济和金融危机进行预警研究。马德功等（2007）为了解决 Logit 模型可能存在的多重共线性问题，在进行预警分析之前，利用因子分析法对可能影响危机的各个指标进行缩减并构建综合性预警指标。

6.1.2　STV 截面模型

除了利用时间序列数据进行危机预警之外，萨克斯等（Sachs et al.,

1996）利用 20 个新兴国家的截面数据，构建了线性回归的预警模型，比较了 1994—1995 年的墨西哥金融危机（龙舌兰危机）与其他新兴国家金融危机的差异。STV 截面模型主要是为了研究，"在同一时间点，为什么有些国家发生了危机，有些国家没有发生危机，导致这种差异的原因和因素是什么"的问题。比如，在 1997 年亚洲金融危机的过程中，除了金融投机因素以外，泰国、马来西亚、印度尼西亚等国的经济基本面和利润率水平是经济危机爆发的重要内因，而中国香港遭遇危机则主要是由危机传染和外部金融攻击导致的。萨克斯等（Sachs et al., 1996）构建了这样一个线性回归方程：

$$\text{IND} = \beta_1 + \beta_2 \times \text{RER} + \beta_3 \times \text{LB} + \beta_4 \times (D^{\text{LR}} \times \text{RER}) + \\ \beta_5 \times (D^{\text{LR}} \times \text{LB}) + \beta_6 \times (D^{\text{LR}} \times D^{\text{WF}} \times \text{RER}) + \\ \beta_7 \times (D^{\text{LR}} \times D^{\text{WF}} \times \text{LB}) + \varepsilon$$

其中，IND 是用于衡量外汇市场压力的危机指数，是由美元的贬值率和外汇储备变化百分比的加权平均计算得到；RER 是真实汇率；LB = $[(B/\text{GDP})_{1994} / (B/\text{GDP})_{1990}] - 1$，$B$ 是银行对私人部门的贷款，LB 是贷款规模变化率；同时，他们构建了两个虚拟变量 D^{WF} 和 D^{LR}，D^{WF} 是弱的经济基本面（weak fundamentals），当经济基本面是脆弱时 $D^{\text{WF}}=1$，当经济基本面是强劲时 $D^{\text{WF}}=0$，而 D^{LR} 表示较低的外汇储备，当外汇储备水平较低时 $D^{\text{LR}}=1$，当外汇储备较高时 $D^{\text{LR}}=0$。

虚拟变量 D^{WF} 和 D^{LR} 的取值有三种组合形式（D^{WF} 和 D^{LR} 可以分别取 0、0 和 1、0 和 1、1）。当 $D^{\text{WF}}=0$、$D^{\text{LR}}=0$ 时，意味着该国具有强劲的经济基本面和充裕的外汇储备，因此爆发经济危机的可能性几乎为 0，因此线性回归方程 $\text{IND} = \beta_1 + \beta_2 \times \text{RER} + \beta_3 \times \text{LB} + \varepsilon$ 中的 β_2 和 β_3 应该等于 0。当 $D^{\text{WF}}=0$、$D^{\text{LR}}=1$ 时，意味着该国拥有较好的经济基本面，经济运行状况良好，但是所拥有的外汇储备并不充裕，$\text{IND} = \beta_1 + \beta_2 \times \text{RER} + \beta_3 \times \text{LB} + \beta_4 \times \text{RER} + \beta_5 \times \text{LB} + \varepsilon$，根据萨克斯等（Sachs et al., 1996）的理论分析，即使外汇储备不足，爆发经济危机的可能性也比较大，因此可以得到 $\beta_2 + \beta_4 = 0$ 和 $\beta_3 + \beta_5 = 0$。当 $D^{\text{WF}}=1$、$D^{\text{LR}}=1$ 时，意味着该国不仅经济基本面很脆弱，而且外汇储备也不充裕，此时爆发经济危机的可能性极大，此时现象方程可以表示为：$\text{IND} = \beta_1 + (\beta_2 + \beta_4 + \beta_6) \times \text{RER} + (\beta_3 + \beta_5 + \beta_7) \times \text{LB} + \varepsilon$，根据墨西哥 1995 年的实际情况，应有 $\beta_2 + \beta_4 + \beta_6 < 0$ 和 $\beta_3 + \beta_5 + \beta_7 > 0$，即真实汇率贬值会降低 IND 的值，而银行放贷的扩大则会提高 IND 的

值。萨克斯等（Sachs et al., 1996）把20个新兴国家的截面数据代入以上模型中，进行回归分析，发现当一国的实际汇率出现高估，外汇储备较低，银行过高的放贷量会导致银行系统的不稳定。此时的经济基本面已经变得很脆弱了，当遭受不利的外生冲击时，经济危机就不可避免地爆发了，该模型对1997年亚洲金融危机中的泰国和马来西亚的危机预测与两国危机爆发的实际情况相符，而对韩国和印度尼西亚的预测效果则不佳。

STV截面模型的优点在于该模型考虑了异质性，区分了国别差异，研究了哪些国家更容易遭受危机，以及危机的爆发是由经济基本面导致的还是由外部传染导致的。但是该模型考虑的危机因素太少，各危机因素之间的主次关系没有得到明确，主要原因与次要原因、根本原因与具体原因没有得到区别。而且，经济危机的爆发用简单的线性模型无法得到完整的刻画，对于危机爆发的时间，该模型也无法进行预测。

许多文献在STV截面模型的基础上，对经济危机预警模型进行了更深入的研究。如托梅尔（Tomell, 1999）利用STV截面模型研究危机的传染性，发现1994年墨西哥危机和1997年亚洲金融危机的传染和传播并不是随机的。张元萍和孙刚（2003）把STV模型和KLR模型运用于中国的金融危机预警，发现外部因素对中国的金融稳定产生较大的影响。

6.1.3 KLR信号分析法模型

信号法常被用于判断和预测经济周期的转折点，卡明斯基等（Kaminsky et al., 1998）把信号法用于分析和预测货币危机，因此这种方法又被称为KLR信号分析法。信号法是指设计的模型系统在危机爆发之前能够发出预警信号。所以，KLR信号分析法的关键在于首先选定与危机密切相关的恰当的指标以及合适的阈值（或门槛值）。如果阈值太大，除了特别重大的危机之外，其他危机则难以预测到；如果阈值太小，模型则会频频发出信号，把不是危机的情形视为危机，进而形成错误的预警。阈值是利用预警模型所发出的正确信号与错误信号的比值进行衡量的。如表6.1所示，A是指现实经济发生危机，而模型又恰好发出预警信号；C是指现实经济发生危机，而模型却不能发出预警信号；B是指现实经济没有发生危机，而模型却发出了预警信号；D是指现实经济没有发生危机，模型也没有发出预警信号。由此可见，A和D才是正确的信号，B和C是错误的信号。但是，现实构造的模型总是存在缺陷和错误，即应该发出信号时却没有发出,而不应该发出信号时却发出了信号。

表 6.1 经济危机与信号

情景	发生危机（24 个月内）	没有发生危机（24 个月内）
发出预警信号	A	B
没有发出预警信号	C	D

依据概率论的基本知识可知,$\frac{A}{A+C}$是正确信号的概率,$\frac{B}{B+D}$是噪音信号的概率,而噪音比可以表示为$\frac{B/(B+D)}{A/(A+C)}$,噪音比越小代表模型越好,该比值的最小值就是模型的最优阈值。一个好的预警指标,必须同时满足$\frac{B/(B+D)}{A/(A+C)}<1$,$\frac{A}{A+B}>\frac{A+C}{A+B+C+D}$,否则就会导致较高的噪音比,发出较多的错误信号。利用合适指标和最优阈值构建起来的危机预警模型,理论上是能够在经济危机爆发前发出预警信号的。

KLR 信号分析法模型的优势在于可以选择多种多样、各个层面的指标,并从中筛选出合适的指标,进而可以更具体地找到诱发危机的因素,这为经济决策和应对危机提供了便利。KLR 信号分析法模型尽管优势明显,但是该模型的缺陷在于筛选预警指标时是单独进行和分别研究的。从这个角度来看,该模型割裂了经济系统内部的联系进而没有对模型进行结构化处理,这样就不能分析经济危机的发生机制以及各个指标之间如何相互作用、相互影响进而促使危机的爆发。此外,KLR 信号分析法模型还是一个静态模型,忽视了危机发展过程中的动态信息,而该模型对危机爆发后的危机延续期的处理,也容易导致对新危机的忽视。伯格和帕蒂略（Berg & Pattillo,1999）发现,KLR 信号分析法模型对 1997 年亚洲金融危机的预测效果不是很理想,许多指标没有及时发出信号,而很多指标发出的信号是错误信号。

卡明斯基（Kaminsky,1999）在原模型的基础上对 KLR 信号分析法模型进行了改进和完善,改进的办法除了对预警指标数量和范围进行拓展之外,还把影响银行危机的因素纳入进来,而且由于原有的 KLR 模型的指标太多,卡明斯基（Kaminsky）依据不同指标的特点进行相应的分类和合成,进而构造了 4 个不同的合成预警指标,通过指标合成,合成的指标比单一指标具有更显著的预警能力。其他学者对KLR信号分析法模型的改进，如西波里尼和卡佩塔尼奥斯（Cipollini & Kapetanios，2003）在利用KLR模型进行预警前，通过主成分分析法对各金融危机指标进行综合。冯芸和吴冲锋（2002）根据不同的预警需求，以及针对不同的经济周期，把经济危机的预警流程划分为短期、中期和长期三个阶段，对不同的阶段在模型设计上做出相应的调整。

以上三种经济危机预警模型是20世纪90年代发展起来的经典模型，除了这三种经典预警模型之外，还有其他预警模型如人工神经网络（ANN）模型、Markov区制转换模型、自回归条件异方差（ARCH）模型、各种滤波方法，等等。而本书的实证研究也主要是参照上文介绍的这三种经典的预警模型，伯格和帕蒂略（Berg & Pattillo，1999）利用拉美国家的金融危机和债务危机以及亚洲金融危机的经验数据对FR模型、STV模型和KLR模型的预警能力进行分析和比较，通过样本内和样本外的检验，发现预警能力最强的是KLR模型，其次是STV模型，最后是FR模型。现实中不存在完美的和预警能力能达到百分百的模型。通过对以上三种经典模型的原理和优缺点的分析，本书发现预警的技术和定量分析虽然很重要，但是抓住经济危机的本质才是成功预警的关键，西方经济学许多对危机进行预警文献选取的指标，随意性较大，缺乏理论依据，进而我们只看见大篇幅的定量分析，而不见有效可靠的定性分析，最后导致的预警效果往往很差。笔者在下文对亚洲金融危机和美国次贷危机的预警再检验也发现，去掉能反映经济危机本质的利润率指标后，模型的预警效果大大降低，而把能体现危机本质的利润率指标融入预警模型，成功预警的概率将会大大提高。这一方面说明了进行理论定性分析的重要性，以及马克思对经济危机的定性分析是深刻和正确的；另一方面说明了利润率指标在经济危机预警中的重要地位。由此可见，西方经济学的许多文献对经济危机的分析依旧停留在现象层面，在尚未抓住经济危机本质的情况下，又走向了对危机预警技术的过分追求上，这是一种本末倒置的研究方法。

在下文的实证分析中，本书首先把利润率放在预警模型的核心地位，而后根据不同的研究对象把其他指标加入进去。在预警的技术方法上，本书不是照搬照抄以上三种经典预警模型，而是根据数据的可得性、经济危机的具体情况来开展预警工作。从这一点来讲，本书是把西方经济学本末倒置的方法，又重新倒置过来，"本"是马克思对经济危机的本质的定性分析，利润率指标是对"本"的最好体现，而"末"是依据"本"的需要而展开的技术分析。

6.2 亚洲金融危机：马克思主义的解读

泰国不良的金融形势①是亚洲金融危机的导火索②，亚洲金融危机使所谓的"东亚奇迹"③，在一夜之间跌入低谷。与对2007年美国次贷危机展开激烈的、针锋相对的讨论④不同，学术界对亚洲金融危机的原因或根源的讨论则出现一边倒的趋势，大多数文献从西方经济学的角度来分析亚洲金融危机的原因，很少有文献从马克思主义的角度对亚洲金融危机展开解读。甚至有些长期从事马克思主义研究的学者，也加入西方经济学的行列，从表层去解读亚洲金融危机。

---

① 根据卫兴华和桑百川（1999）的研究可知，泰国的储蓄率大约为30%，投资率却超过了40%，以至于泰国需要通过外资来填补投资缺口，泰国1992年的外债余额已经达到200亿美元，但到了1997年却超过了900亿美元，约为GDP的一半，而其中的短期外债超过了400亿美元。同时，泰国1991—1995年的年均出口增长率为18.7%，但进口却以19%以上的年均速度增长，这使泰国的经常项目严重赤字，但这个时期泰国的GDP高速增长，由1986年的431亿美元上涨为1996年的1 819亿美元。

② 从1995年开始，泰国的国内经济形势出现了恶化，泰国的资产泡沫破裂、银行呆账坏账增加，而对外贸易又没有好转，出口增长率大幅下滑，这些因素为索罗斯的量子基金通过攻击泰国的固定汇率制度而获利提供了绝好的机会。索罗斯对泰国外汇市场的攻击，导致泰国的外汇储备不断流失，泰国政府干预外汇市场稳定汇率的能力不断减弱，这使泰国政府被迫不断扩大泰铢汇率的波动幅度，当泰国的外汇储备消耗殆尽之时，泰国的固定汇率制度彻底被动摇。1997年7月2日，泰国宣布放弃固定汇率制度，实行浮动汇率制度，泰铢由此大幅贬值，这导致泰国国内经济动荡，金融危机爆发了。

③ 二战以后，亚洲各国和地区相继出现了经济增长的奇迹，被称为东亚奇迹。与东亚奇迹相对应的则是东亚模式，东亚模式实质上是西方自由市场经济模式与东方传统的儒家思想相结合的产物。东亚奇迹和东亚模式首先出现在二战后的日本，接下来的是亚洲四小龙（韩国、中国台湾、中国香港和新加坡）、亚洲四小虎（泰国、印度尼西亚、马来西亚和菲律宾）和中国大陆。这些国家和地区的经济高速增长一般能够持续20~30年，如日本1957—1990年的GDP平均增长速度为6.7%，中国香港1966—1990年的增速为7.8%，新加坡1964—1990年的增速为8.9%，韩国1960—1990年的增速为8.6%，中国台湾1953—1990年的增速为8.7%。刘永进和瞿商（1998）在此基础上总结了东亚奇迹和东亚模式的四个特点：政府与市场的有效结合，政府主导的市场经济体制；对外开放与出口导向型经济；高储蓄率形成的较高的内部积累；产业及时升级换代，注重教育和人力资本投资。

④ 马克思主义政治经济学和西方经济学对次贷危机的根源，展开了激烈的争论，详见本书7.1节的介绍。

首先是西方经济学对亚洲金融危机的主流解读，即把亚洲金融危机的原因归结为裙带资本主义（克鲁格曼，1998）；产业政策失误、不当的政企关系以及金融部门畸形发展（李培育，1998）；对外开放与国内制度之间的不平衡和不协调（樊纲，1999）；东南亚国家实行资本自由流动、固定汇率制度和国际收支逆差的政策制度组合（余永定，2000）；结构失衡、汇率制度问题和国际游资冲击（孙东琪 等，2009）；东亚模式和社会制度架构的问题（高文杰，2013）。刘树成等（1999）从文献综述的角度将亚洲金融危机的原因总结为日本起因论、国际流动资金投机论、金融体制论、增长质量原因论、中国起因论、自身综合原因论。总体来看，西方经济学对亚洲金融危机的原因解读集中于三个方面：金融方面的问题、汇率制度的问题、东亚模式的问题。这三个原因都是表象的原因，而不是真正的根源。

而有些长期从事马克思主义研究的学者，对亚洲金融危机原因的解读也是令人费解的。他们为什么不从马克思的角度去解读？而且他们得出的原因也难以令人信服。如冯金华（1998）认为错误的汇率政策、混乱的金融制度和落后的经济模式导致了危机的爆发；周纪信（1998）尝试用马克思的金融危机理论来解释亚洲金融危机，最后却得出经济结构失调、宏观调控乏力是亚洲金融危机的根本原因的结论；卫兴华和桑百川（1999）则认为，东南亚金融危机的根源是这些国家追求不切实际的过高经济增长速度。

基于以上情况，本书尝试从马克思主义的角度对亚洲金融危机进行重新解读。本书认为，亚洲金融危机是一场世界市场的危机，是资本主义基本矛盾在世界市场爆发的体现。因此，我们必须把亚洲金融危机放在整个资本主义世界体系中考察。

（1）亚洲金融危机是发生在资本主义世界的外围地区和半外围地区，资本主义的中心地区并未爆发危机，反而中心地区是危机的受益者，以美国索罗斯的量子基金为代表的国际游资在危机中获利甚丰。在整个资本主义世界体系中，中心地区和外围半外围地区之间的关系是不平等，这种不平等首先源于早期的资本原始积累阶段，中心地区通过对外围半外围地区的掠夺和殖民，建立起包括资本和技术在内的各种优势。二战后外国半包围地区得独立，由于缺乏资本和技术，依靠自身力量进行技术和资本积累的速度过于缓慢，为了发展本国经济，外围半外围地区不得不进入世界市场，一方面引进中心地区的资本和技术；另一方面，充分利用本国的自然资源和廉价劳动力，产品大进大出，依靠中心地区的市场发展外向型经济。在这个过程中，外围半外围地区不断向中心地区输送剩余价值和利润，以至于许多外围半外国地区并未从全球化中获得真正的好处，反而贫困依旧、环境污染严重、社会动荡加剧（樊纲，1999）。这些外围半外围地区伴随着资本积累程度的提高，反而危机重重。李民骐指出，这是由于资本积累成本上升导致的，这使得半外围地区成为资本主义世界体系中阶级矛盾最集中、资本积累结构最脆弱的地区，这种脆弱主要体现在经济结构和收入分配结构上，东南亚国家在20世纪90年代中期的情形恰似如此。

（2）亚洲金融危机的根源仍然是资本主义基本矛盾，其本质仍然是生产相对过剩。在资本主义全球分工体系中，生产相对过剩在中心地区与外围半外围地区的表现形式是不一样的，中心地区往往是虚拟经济领域的金融资本过剩，外围半外围地区则表现为实体经济的生产过剩。而且，资本主义基本矛盾的尖锐程度在中心地区与外围半外围地区也是不一样的，由于中心地区拥有资本和技术优势而一直享受源于外围半外围地区的利润输入，所以中心地区的基本矛盾和阶级矛盾较为缓和。而外围半外围地区的基本矛盾则较为尖锐：一是表现为消费不足。这些地区的贫富差距较大、收入水平较低，购买能力有限，使得生产出来的大量商品不得不依靠出口和世界市场，倘若这些地区的消费市场足够大、购买力足够强，就不存在生产过剩的危机了，因此世界市场一旦出现风吹草动，这些国家就容易遭受危机。二是表现为比例失调。外资在外围半外围地区占有重要地位，而外资通常是大进大出的，一旦面临风险则大量外逃，一旦看见高利润则蜂拥而入，这容易出现投资过冷或过热，导致经济波动过大，而且外围半外围地区的房地产和股市容易成为资本投机和炒作的对象，这就容易出现比例失调，进而诱发危机的风险。三是表现为利润外流和利润率下降。在国际分工中，外围半外围地区创造的大部分利润流向中心地区，而且随着外围半外围地区的经济发展、资本积累和资本有机构成的提高，利润率下降是不可避免的，这就会对外围半外围地区形成双层夹击，一方面是利润外流，另一方面是利润率下降。当资本家无利可图时，资本要么外流，要么被从生产中抽出，这也容易诱发经济危机。所以，在20世纪90年代中期，资本主义基本矛盾和生产过剩危机在较为脆弱的东南亚地区首先爆发。

（3）新自由主义为资本在全球范围内逐利创造了条件，也为危机的连锁爆发创造了条件。由本书第 5 章的图 5.10 可知，美国二战后的非金融公司利润率呈现一个不断下降的趋势，这促使资本由生产领域转向流通领域和投机领域，而新自由主义于 20 世纪 90 年代在英国和美国的倡导下，开始席卷全球。新自由主义主张的贸易自由、资本自由流动、汇率自由波动和利率市场化，为资本在全球范围内逐利创造了条件。东南亚国家在新自由主义的传导下，相继开放了资本项目，这为资本快进快出、大进大出地进行投机创造了条件。因此，亚洲金融危机是由过剩的金融资本在世界市场追逐利润的行为诱发的，并且通过相邻国家之间密切的贸易和金融联系，由一国传递到另一国并逐步蔓延开来，形成了一个地区性的金融危机。

6.3 各个预警指标之间的关系

本书的 4.4 节已经说明，利润率、利率、汇率和外汇储备是本书选取的四个预警指标，这四个指标不仅能在《资本论》中找到理论依据，而且利率、汇率和外汇储备也有经验文献作为支撑，但是利润率指标很少出现在西方经济学的经济危机预警模型当中。本书根据马克思经济危机理论，把利润率放在核心位置，构建以利润率为核心的经济危机预警模型。

6.3.1 对利润率核心地位的说明

经济危机预警不仅是一个定量问题，也是一个定性问题。本书构建的经济危机预警模型，以马克思经济危机的定性分析为基础和核心，在经济危机预警的技术分析上，则采用统计和计量分析方法，即定量分析。因此，本书构建的以利润率为核心的经济危机预警模型，其核心不仅体现在定性上，还体现在定量上。定性上的核心是指使用马克思经济危机理论来分析经济危机，这表现在本章的 6.2，以及第 7 章的 7.1 和第 8 章的 8.2；而定量上的核心是指在模型中使用利润率这一指标，本章的 6.4.3 和 6.4.4，以及第 7 章的 7.2 和 7.3，第 8 章的 8.3 和 8.4 都凸显了利润率在模型中的不可或缺的重要地位。

6.3.2 利润率与其他预警指标的关系

在经济危机预警模型中，利润率是核心指标，利率、汇率和外汇储备是辅助指标，辅助指标并不意味着这些指标不重要。在这三个辅助指标中，利率不仅能够反映使用货币资本的成本和价格，而且利率的变化对虚拟经济的影响、对资产价格的影响更为显著；汇率和外汇储备不仅能够衡量一国的经济基本面，而且还是衡量本国经济受世界市场影响、抵御外部经济风险的可靠指标。

6.4 对1997年亚洲金融危机的预警再检验

6.4.1 构建经济危机指数

本书利用经济危机指数来界定经济危机预警，具体分两步：第一步是定量地界定经济危机；第二步是在定量界定经济危机的基础上，设置一个门槛值，当危机指数超过门槛值时，便发出危机警报，进而形成经济危机预警。

而预警指标，除了核心指标"利润率"之外，还需要外汇储备、实际利率和有效汇率。本书的4.4节已对这四个指标①做了详细的说明。根据本章的6.2节对亚洲金融危机的分析可知，外汇储备、汇率和利率的变化，能够在很大程度上反映经济危机的严重性和破坏力，比如在亚洲金融危机中，泰国的外汇储备消耗殆尽、泰铢的汇率大幅贬值、资金链紧张导致泰国国内利率高企。

此外，根据本书第1章对经济危机预警的定义，本书把经济危机指数（index of economic crisis，ECI）定义为由利润率（profit rate，PR）、外汇储备（foreign exchange reserve，FER）、实际利率（real interest rate，RIR）和有效汇率（effective exchange rate，EER）四个指标构成。其中，在利润

---

① 对于即将可能到来的危机，所有变量都有能力发出一个预警信号，但是要预测危机准确发生的时间，则只有少数几个有意义的基础性的信号能起作用（Frankel and Rose，1996）。

率和外汇储备指标的前面取负号，是因为经济危机的爆发与利润率和外汇储备呈负相关，利润率越高、外汇储备越高，危机爆发的可能性越小；而在实际利率和有效汇率指标的前面取加号，是因为经济危机的爆发与实际利率和有效汇率呈正相关，实际利率越高、有效汇率越高，本币贬值越大，危机爆发的可能性也就越大。

$$\mathrm{ECI}_t^i = -\frac{1}{\sigma_{\mathrm{PR}}}\left(\frac{\mathrm{PR}_t^i - \mathrm{PR}_{t-1}^i}{\mathrm{PR}_{t-1}^i}\right) - \frac{1}{\sigma_{\mathrm{FER}}}\left(\frac{\mathrm{FER}_t^i - \mathrm{FER}_{t-1}^i}{\mathrm{FER}_{t-1}^i}\right) + \frac{1}{\sigma_{\mathrm{RIR}}}\left(\frac{\mathrm{RIR}_t^i - \mathrm{RIR}_{t-1}^i}{\mathrm{RIR}_{t-1}^i}\right) + \frac{1}{\sigma_{\mathrm{EER}}}\left(\frac{\mathrm{EER}_t^i - \mathrm{EER}_{t-1}^i}{\mathrm{EER}_{t-1}^i}\right)$$

$$C_t^i = \begin{cases} 1, & \text{如果 } \mathrm{ECI}_t^i > \overline{\mathrm{ECI}^i} + a \times \sigma_{\mathrm{ECI}^i}^i, \ i = 1, 2, 3, \cdots, 12 \\ 0, & \text{其他} \end{cases}$$

其中，σ 为相应值的标准差，$\overline{\mathrm{ECI}^i}$ 表示经济危机指数的均值，a 根据不同的情况相应地取 1、1.5 和 2，取 1 时表示 1 倍的标准差。计算出 ECI_t^i 和 C_t^i 的值后，比较两者的大小，当 $\mathrm{ECI}_t^i > C_t^i$ 时，意味着 $C_t^i = 1$，达到预警值，经济危机可能爆发，相应地发出危机警报。相应地，本书把经济危机指数超过其 1 倍标准差的预警线视为危机爆发，并发出相应的危机警报，当超过 1.5 倍和 2 倍标准差时，经济危机更为严重，爆发的可能性越大，危机的警报等级也将越高。

经济危机指数中的数据采用月度数据是最恰当的，但是由于受到数据的限制，本书难以找到相应国家的月度数据，而是采用年度数据作为替代。如果本书构建的经济危机指数能够在危机爆发前一年或前两年发出警报，如亚洲金融危机是在 1997 年爆发的，如果预警系统在 1995 年或 1996 年发出警报，则意味着本书构建的预警系统对此次危机的预警是有效的。本章详细的数据见附录 B。

本书的 1.3.2 节已指出，现有的经济危机预警定量模型，对预警指标的选取，基本没有包括利润率，这些预警模型的预警效果较差的一个很重要的原因是未将利润率指标纳入模型当中。本书设计的经济危机指数，包括四个变量，这四个变量在经济危机指数中的权重是根据标准差的大小来设定的，而没有刻意把利润率指标的权重通过设置参数来放大。在这样一个宽松的经济危机指数设置的条件下,如果包含利润率的经济危机指数能够预警到经济危机,而把利润率从中剔除却预警不到危机,则说明利润率在经济危机指数中占据着不可或缺的重要地位,如本章的6.3.3节所述。

6.4.2 亚洲六国的经济危机指数

本节将计算亚洲六国的经济危机指数,即ECI_t^i,所用的数据,利润率来自本书第5章所计算的"制造业利润率(不包括存货)",外汇储备采用世界银行数据库①中相应国家的"总储备可支付进口的月份"表示,实际利率为世界银行数据库中相应国家的"实际利率",有效汇率为世界银行数据库中相应国家的"实际有效汇率指数(2010 = 100)"或"官方汇率(相当于1美元的本币单位,时期平均值)"②。由于各国的数据可得性存在差异,各个指标的时间长短不一,所以本书列出四个指标中最短的时间序列。经过计算,亚洲六国的经济危机指数如下:

由图6.1可知,泰国的经济危机指数在1976—2012年波动较大,大部分时间低于1倍标准差的预警线,其中有两次触碰了1倍标准差的预警线:一次是1980年,一次是始于1996年的亚洲金融危机期间。1998—2000年的经济危机指数也处于预警线之内。1996年的经济危机指数(13.721 3)大幅上升并击破了2倍标准差的预警线,这说明在1997年亚洲金融危机爆发的前一年(1996年),泰国的经济形势便出现了问题,本书利用利润率等指标构建的经济危机指数相应地在1996年发出危机警报。这意味着本书构建的经济危机指数在预警1997年亚洲金融危机中的泰国是成功的。索罗斯当时预想的,也是首先攻击东南亚国家中最薄弱的泰国,让泰国爆发的经济危机传染给其他国家,然后再顺势进攻。

---

① 世界银行数据库,http://data.worldbank.org.cn/country。
② 实际有效汇率指数是本书的首选指标,但是世界银行数据库并未列出韩国、马来西亚、泰国、印度尼西亚的实际有效汇率,因此本书用官方汇率作为这四个国家的代理变量,新加坡和菲律宾则使用实际有效汇率。

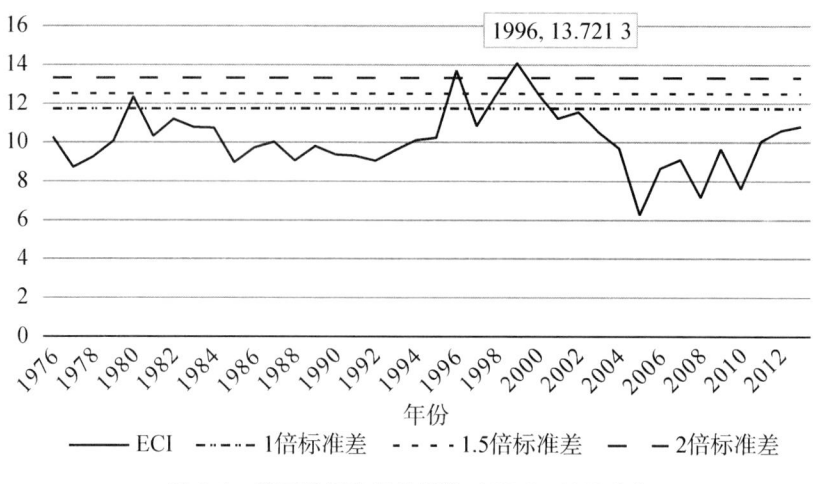

图 6.1 泰国的经济危机指数（1976—2012 年）

由图 6.2 可知，马来西亚的经济危机指数在 1987—2013 年波动较大，大部分时间低于 1 倍标准差的预警线，其中有三次触碰了 1 倍标准差的预警线，分别是 1987 年、1998 年和 2009 年。1998 年的经济危机指数一直高位地保持到了 1999 年。马来西亚 1996 年的经济危机指数为 2.945 1，未触碰预警线，这说明马来西亚 1996 年的经济形势是良好的，而后始于 1997 年的危机，一方面主要是受泰国爆发危机的传染，另一方面则是马来西亚经济的内部也存在问题，危机的爆发使这些问题进一步凸显出来。

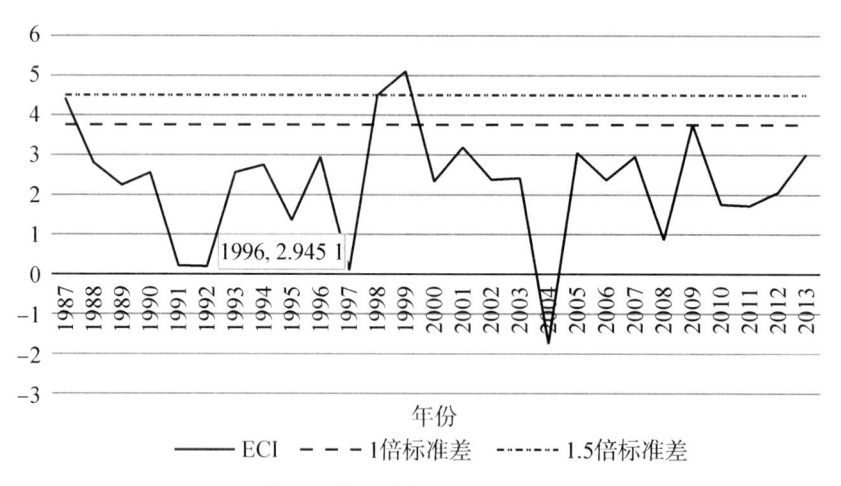

图 6.2 马来西亚的经济危机指数（1987—2013 年）

由图 6.3 可知，印度尼西亚的经济危机指数在 1986—2013 年的波动也是较大的，大部分时间低于 1 倍标准差的预警线，其中有四次触碰了 1 倍标准差的预警线，分别为 1998 年、2003 年、2005 年、2010 年。1996 年的经济危机指数为 4.697，低于 1 倍标准差，这说明印度尼西亚的情况与马来西亚的情况类似。1997 年亚洲金融危机中印度尼西亚的危机主要是受泰国的影响，并在 1998—2000 年爆发和发展。印度尼西亚的经济危机指数在 1996—2000 年展现出来的趋势，与 1997 年亚洲金融危机第二阶段的实际情况相吻合，印度尼西亚是亚洲金融危机第二阶段的主角。

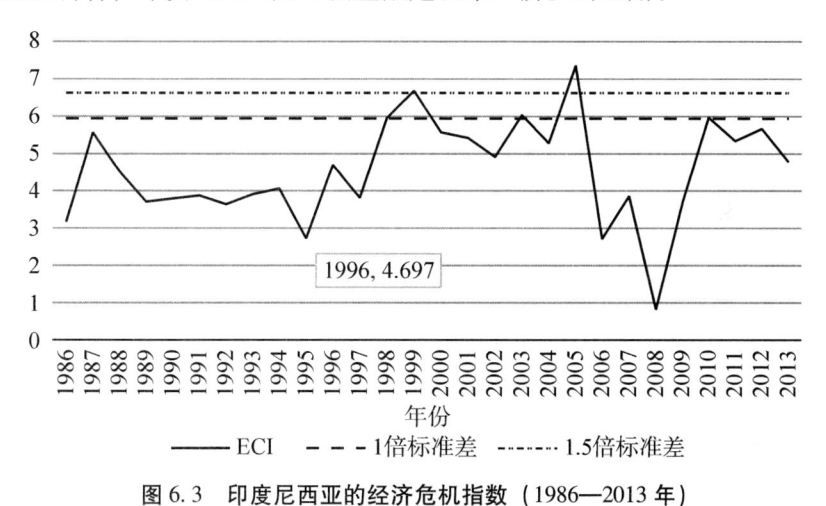

图 6.3 印度尼西亚的经济危机指数（1986—2013 年）

由图 6.4 可知，新加坡的经济危机指数在 1978—2012 年的波动很小，大部分时间低于 1 倍标准差的预警线，其中有四次触碰了 1 倍标准差的预警线，分别为 1980 年、1999 年、2003 年、2009 年。1996 年的经济危机指数为 24.577 1，低于 1 倍标准差，这说明新加坡的情况与印度尼西亚、马来西亚的情况类似。1997 年亚洲金融危机中新加坡的危机主要是受泰国的影响。在危机中，新加坡政府的外汇储备不断下降、利率和汇率则是上升的，经济危机指数随后在 1999 年触碰预警线。由于新加坡的经济实力和经济发展水平都超越了其他东南亚国家，所以经济危机指数在 2000 年便下降了。

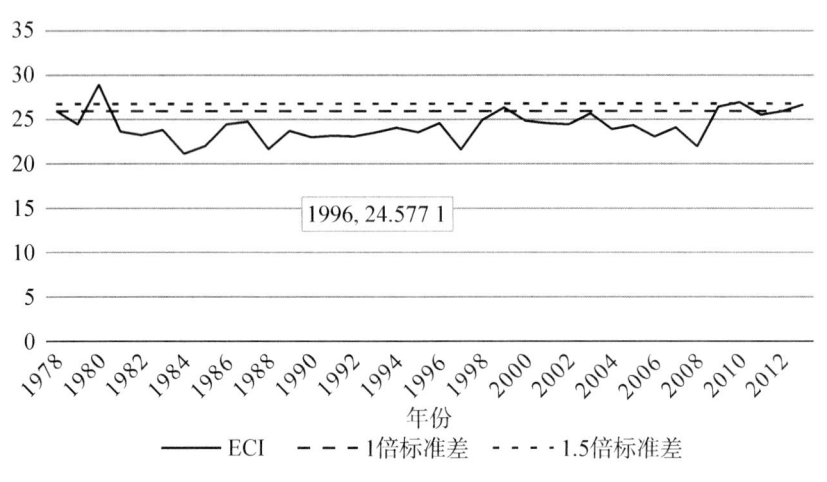

图 6.4　新加坡的经济危机指数（1978—2012 年）

由图 6.5 可知，菲律宾的经济危机指数在 1977—2013 年的波动很大，大部分时间低于 1 倍标准差的预警线，其中有三次触碰了 1 倍标准差的预警线，分别为 1979 年、1991 年和 1997 年。1996 年的经济危机指数为 14.822 2，低于 1 倍标准差，这说明菲律宾的情况与印度尼西亚、马来西亚的情况类似。1997 年亚洲金融危机中菲律宾的危机主要是受泰国的影响，菲律宾的经济危机指数触碰了预警线。

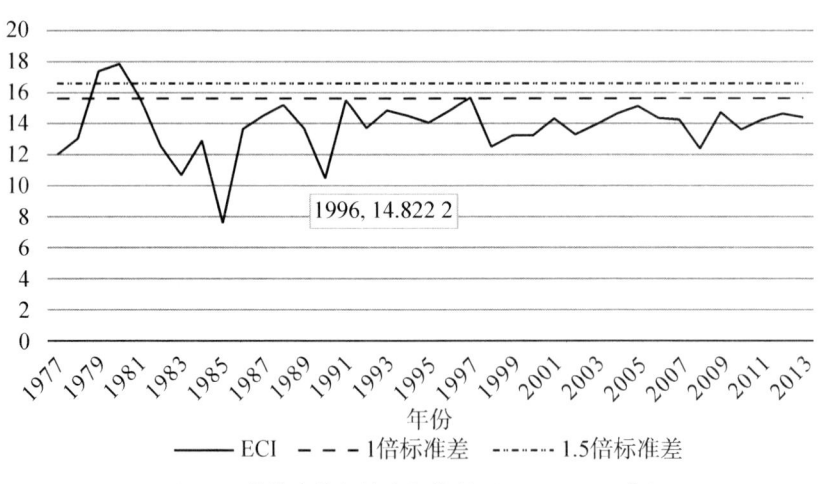

图 6.5　菲律宾的经济危机指数（1977—2013 年）

由图 6.6 可知，韩国的经济危机指数在 1980—2012 年的波动很激烈，大部分时间低于 1 倍标准差的预警线，其中有三次触碰了 1 倍标准差的预警线，分别为 1996 年、2000 年、2006 年和 2009 年。和泰国一样，韩国的经济危机指数在 1996 年便触碰了预警线，其值为 11.307 2，这意味着在 1996 年本书构建的经济危机指数便发出了预警警报。韩国经济在 1997 年亚洲金融危机中遭受重创，这一方面虽然受其他国家危机的传染影响，但更为重要的是韩国经济自身的问题，如企业过度借债导致过高的负债率、政府对企业的过度干预、大财阀大集团主导经济而中小企业活力不足[1]。这说明，本书构建的经济危机指数对韩国可能发生经济危机的预警是成功和有效的。

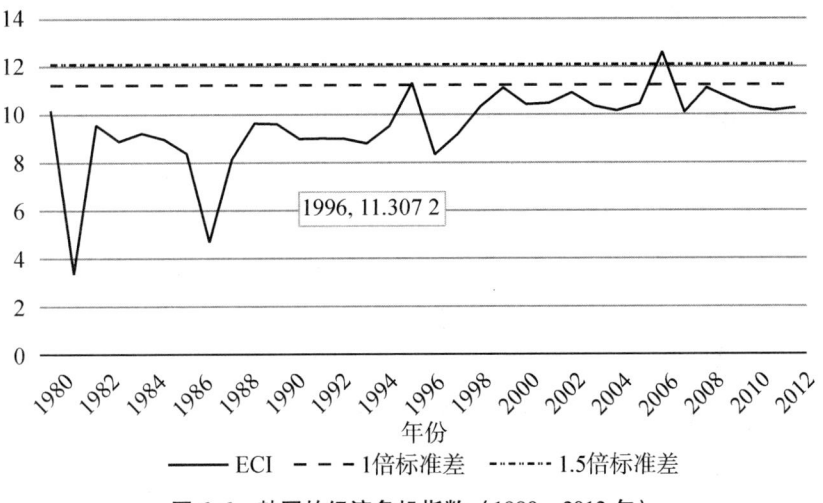

图 6.6 韩国的经济危机指数（1980—2012 年）

综上所述，本书构建的经济危机指数对于泰国和韩国，经济危机指数能够在 1996 年触碰预警线，进而能够在经济危机爆发前发出预警，这说明泰国和韩国的经济在 1997 年亚洲金融危机爆发之前便出现了恶化，存在爆发危机的危险。而亚洲六国中的马来西亚、印度尼西亚、新加坡和菲律宾的经济危机指数，均在亚洲金融危机爆发后的 1997—2000 年触碰预警线。这一方面可以说明这四个国家的危机首先是受到泰国的影响，另一方面可以说明这四个国家的经济内部存在缺陷。亚洲金融危机爆发后，为对抗索罗斯基金的攻击，这些国家几乎耗尽了外汇储备、本币汇率大幅贬值、利

---

[1] 亚洲金融危机与韩国经济转型，国家信息中心，http://www.sic.gov.cn/News/82/3612.htm。

率上升，这才使得这些国家的经济危机指数在危机爆发后的1997—2000年触碰预警线，进而发出危机警报。

6.4.3 利润率指标在经济危机指数中的重要性

为了研究利润率指标在经济危机预警中的重要性，本书把经济危机指数中的利润率指标删去，只留下外汇储备、利率和汇率三个指标，然后比较删去前和删去后的经济危机预警指数。为此，本书把泰国作为研究对象，一方面是因为泰国是亚洲金融危机爆发的起点；另一方面是因为在图6.1中，本书构建的经济危机指数在亚洲金融危机爆发前的1996年便预测到了经济危机、触碰了预警线，并发出了危机预警。图6.7是删掉了利润率指标后得到的泰国的经济危机指数。

图 6.7　泰国的经济危机指数——不包括利润率指标（1976—2012年）

比较图6.1和图6.7可知，图6.7中的1996年的经济危机指数为9.355 4，1996年的值并未触碰到1倍标准差，而图6.1中1996年的经济危机指数不仅触碰了1倍标准差，而且超过了2倍标准差。这说明利润率与危机有着深刻的内在关联性，利润率指标在本书的经济危机指数中占据着非常重要的地位，并且发挥了很大的作用。同时发现不包括利润率指标的经济危机指数，可能无法预测和预警到经济危机。所以，利润率指标是很重要的，利润率指标对于本书构建的经济危机预警模型不是可有可无的。

6.4.4 利用 Probit 模型和 Logit 模型对亚洲金融危机导火索 ——泰国的危机预警再检验

本章利用时间序列数据对亚洲金融危机中的泰国进行危机预警再检验的原因有两个：一是因为泰国是亚洲金融危机的导火索。东南亚国家之间存在紧密的经济联系，倘若一国发生危机，必然形成连锁反应进而传导至其他国家，而当时泰国经济的漏洞较多，于是被索罗斯相中而作为第一个攻击目标，最后引发了亚洲金融危机。二是受数据的限制。特别是在界定危机发生次数时，本书无法找到新加坡和菲律宾的相关数据，进而无法对整个样本（亚洲六国）进行回归分析，但是单独对泰国进行分析，并不会影响预警模型的解释力。

数据说明：解释变量——外汇储备、实际利率、有效汇率和利润率的数据来源与 6.4.2 中的数据来源一致，被解释变量——样本期内危机发生次数的相关数据，源于莱因哈特和罗格夫（Reinhart & Rogoff，2011）中 Reinhart 的主页[①]，他们把经济危机具体区分为货币危机（currency crises）、通胀危机（inflation crises）、股票市场崩溃（stock market crash）、主权债务危机[②]（sovereign debt crises）、银行危机（banking crises），以泰国为例，他们统计了泰国 1800—2010 年各年的危机次数。为此，本书从中选取了1982—2010 年泰国发生危机的次数作为被解释变量，把发生危机的年份设定为 1，未发生危机的年份设定为 0。此外，2011—2014 年泰国经济运行平稳[③]，未发生上述五种具体的危机，因此把这四年设定为 0，具体数据见附录。

泰国数据的统计分析见表 6.2。

表 6.2　泰国数据的统计分析

变量	均值	中位数	最大值	最小值	标准差
外汇储备	5.142 4	5.081 5	9.800 4	2.477 8	1.645 8
实际利率	6.235 2	5.756 7	15.124 8	0.666 2	3.458 3
有效汇率	29.675 1	26.298 8	44.431 9	20.336 1	7.308 8
制造业利润率	0.072 2	0.072 7	0.097 8	0.041 3	0.015 4

---

① Reinhart 主页中的数据库：http://www.carmenreinhart.com/data/browse-by-country/。
② 进一步又区分为国内（domestic）主权债务危机和外部（external）主权债务危机。
③ 泰国经济数据，世界经济信息网，http://www.8pu.com/gdp/country_THA.html。

由于本书研究选取的是泰国1982—2014年的时间序列数据，首先我们需要对时间序列数据进行平稳性检验，以避免"伪回归"。本书采用平稳性检验中的ADF检验，检验结果如表6.3所示。从中可知，所检验的4个数据都是差分一次I（1）平稳，所以可以把这些数据用于回归分析。

表6.3 泰国时间序列数据的平稳性检验（1982—2014年）

变量	模型形式	D.W值	ADF值	P值	临界值 1%	临界值 5%	临界值 10%	平稳性
外汇储备	无	2.018	-6.311	0.000	-2.629	-1.950	-1.611	I(1)平稳
实际利率	无	1.970	-7.241	0.000	-2.629	-1.950	-1.611	I(1)平稳
有效汇率	无	1.950	-5.022	0.000	-2.629	-1.950	-1.611	I(1)平稳
制造业利润率	无	2.025	-4.517	0.000	-2.629	-1.950	-1.611	I(1)平稳

注：采用SIC准则，滞后期数均为0期，模型形式中的"无"，表示不包含趋势项和截距项；D.W值在2附近，表示不存在序列相关；ADF值均小于临界值，表示变量平稳。

表6.4是对经典的经济危机预警模型FR模型的直接运用。由于我们并不知道经济危机是符合标准正态分布还是符合逻辑分布，所以表6.4分别对Logit模型和Probit模型进行回归分析。比较表6.4中的四个模型可知，Logit模型和Probit模型的差异并不大，剔除不显著的"有效汇率"之后，Logit模型（2）和Probit模型（2）都很显著，外汇储备、实际利率和制造业利润率的显著性都在5%以内，很显著，而且这三个变量的符号都与经济意义相符，即外汇储备、制造业利润率与危机发生的概率呈负相关，实际利率与危机发生的概率呈正相关，两个模型的McFadden-R^2都接近0.6，很显著，所以Logit模型（2）和Probit模型（2）差别不大，而且都是可靠的。Probit模型（3）是为了考察利润率指标的重要性。

表6.4 泰国预警模型的回归结果（1976—2014年）

解释变量	Logit模型（1）	Logit模型（2）	Probit模型（1）	Probit模型（2）	Probit模型（3）
常数项	32.3944** (15.1386)	16.8716** (8.6018)	18.6838** (8.4003)	9.7345** (4.7176)	0.6928 (1.4862)
外汇储备	-3.4228** (1.5691)	-2.6953** (1.2312)	-1.9558** (0.8561)	-1.5656** (0.6696)	-0.5471** (0.2690)

表6.4(续)

解释变量	Logit 模型（1）	Logit 模型（2）	Probit 模型（1）	Probit 模型（2）	Probit 模型（3）
实际利率	1.106 3** (0.512 3)	0.892 1** (0.360 3)	0.639 6** (0.282 6)	0.530 9*** (0.203 2)	0.333 1*** (0.120 7)
有效汇率	-0.191 2 (0.124 0)		-0.113 2 (0.072 3)		
制造业利润率	-219.986 9** (101.797 2)	-118.590 4** (57.213 7)	-126.959 9** (56.101 6)	-68.870 2** (31.623 7)	
McFadden-R^2	0.640 8	0.590 2	0.644 6	0.595 1	0.453 5
LR 统计量	34.499 5	31.774 9	34.703 8	32.039 6	24.414 4
LR 的 P 值	0.000 0	0.000 0	0.000 0	0.000 0	0.000 0
不发生危机	21	21	21	21	21
发生危机	18	18	18	18	18
总计	39	39	39	39	39

注：***、**、*分别表示在1%、5%和10%以内置信水平上的显著性，括号内为变量的标准误。

Logit 模型（2）的方程可写为

Y＝1-@CLOGISTIC×[-(16.871 6-2.695 3×外汇储备+0.892 1×实际利率-118.590 4×制造业利润率)]

将泰国1996年、1997年外汇储备、实际利率和制造业利润率的数据代入该方程，则相应得到了经济危机爆发的概率。经计算，泰国1996年发生危机的概率93.514 6%[1]，1997年发生危机的概率为99.93%[2]。利用概率公式，进一步计算发现，泰国从1993年开始经济危机发生的概率便急剧上升。

Probit 模型（2）的方程可写为

---

[1] 泰国1996年发生危机的概率 $Y_{1996} = \dfrac{1}{1+e^{-x}}$，其中1996年泰国的外汇储备、实际利率和制造业利润率分别为5.105 2、8.931 9、0.070 9，x=-(16.871 6-2.695 3×外汇储备+0.892 1×实际利率-118.590 4×制造业利润率) = -2.668 566，所以 Y_{1996} = 0.935 1。

[2] 泰国1997年发生危机的概率 $Y_{1997} = \dfrac{1}{1+e^{-x}}$，其中1997年泰国的外汇储备、实际利率和制造业利润率分别为4.051 7、8.834 3、0.054 7，x=-(16.871 6-2.695 3×外汇储备+0.892 1×实际利率-118.590 4×制造业利润率) = -7.333 58，所以 Y_{1997} = 0.999 3。

Y=1-@CNORM［-(9.734 5-1.565 6×外汇储备+0.530 9×实际利率-68.870 2×制造业利润率)］

将泰国1996年、1997年外汇储备、实际利率和制造业利润率的数据代入该方程，则相应得到了经济危机爆发的概率。经计算，泰国1996年发生危机的概率为94.41%[①]，1997年发生危机的概率为99.99%[②]。泰国从1993年开始，危机发生的概率也是急剧上升的。比较Logit模型和Probit模型可以发现，两个模型得到的结果几乎一致，亚洲金融危机爆发的前一年（1996年），本书构建的预警模型就显示出泰国在1996年爆发危机的可能性就超过了90%，而1997年爆发危机的概率则接近100%。

比较Probit模型（2）和Probit模型（3）可知，当把制造业利润率指标去掉后，McFadden-R^2和LR统计量都显著地下降，而且常数项由原来的非常显著变为不显著。采用上一段Probit模型（2）中类似的计算方法，利用Probit模型（3）得到泰国1996年发生危机的概率只有69.5%[③]，比Probit模型（2）中的94.41%，相差约25%。这说明利润率指标在模型中占据重要地位，利润率指标可以显著地提高经济危机预警的概率，利润率指标在经济危机预警模型中不是可有可无的。

6.5 小结

亚洲金融危机作为一场世界市场的危机，是资本主义基本矛盾在世界市场激化的体现。对1997年亚洲金融危机进行预警再检验是本书的第一个实证案例。本章首先利用利润率、外汇储备、实际利率和有效汇率四个指标构建了一个经济危机指数，利用该指数计算了亚洲六国发生危机的状

[①] 1996年泰国的外汇储备、实际利率和制造业利润率分别为5.105 2、8.931 9、0.070 9，(9.734 5-1.565 6×外汇储备+0.530 9×实际利率-68.870 2×制造业利润率) =1.599 1，泰国1996年发生危机的概率为94.41%，即$Y_{1996}=1-\varphi(-1.599\ 1)=0.944\ 1$。

[②] 1997年泰国的外汇储备、实际利率和制造业利润率分别为4.051 7、8.834 3、0.054 7，(9.734 5-1.565 6×外汇储备+0.530 9×实际利率-68.870 2×制造业利润率) =4.307 3，泰国1997年发生危机的概率为99.99%，即$Y_{1996}=1-\varphi(-4.307\ 3)=0.999\ 9$。

[③] 1996年泰国的外汇储备和实际利率分别为5.105 2、8.931 9，Y=1-@CNORM［-(0.692 8-0.547 1×外汇储备+0.333 1×实际利率)］=1-@CNORM(-0.51)=0.695。其中，@CNORM表示累计正态分布密度函数。

况，发现泰国和韩国的经济危机指数能够在亚洲金融危机爆发前的1996年发出危机预警，而亚洲六国中的马来西亚、印度尼西亚、新加坡和菲律宾的经济爆发主要是受泰国的影响。利用泰国数据，本章随后把经济危机指数中的利润率指标删去，只留下外汇储备、利率和汇率三个指标，发现不包括利润率指标的经济危机指数，可能无法预警到经济危机。所以，利润率指标对于本书构建的经济危机预警模型很重要，不是可有可无的。

而后本章又利用Probit模型和Logit模型对亚洲金融危机导火索——泰国的危机预警再检验，利用Logit模型计算泰国1996年发生危机的概率为93.5146%，利用Probit模型计算泰国1996年发生危机的概率为94.41%，两个模型均显示泰国从1993年开始危机发生的概率急剧上升。而在Probit模型中，将利润率指标剔除后，我们发现模型预警泰国发生危机的概率下降了约25%，这同样也意味着利润率指标在本书构建的预警模型中居于很重要的地位。

通过实证检验，发现本书构建的以利润率为核心的经济危机预警模型，对1997年亚洲金融危机的预警再检验是有效的。而且体现出马克思主义政治经济学特色的利润率指标，在预警过程中发挥了重要的作用。这说明马克思的经济危机理论不仅在危机的定性上是科学的，而且在危机预警中也是非常有效的。

7 以利润率为核心指标的经济危机预警模型：对 2007 年美国次贷危机的预警再检验

利润率在本章模型中的核心地位体现在定性分析和定量分析两个方面：一方面体现在利用马克思经济危机理论来分析美国次贷危机的根源，如本章的 7.1；另一方面则体现在利润率在预警模型中的不可或缺的地位，如本章的 7.2 和 7.3。

7.1 对美国次贷危机根源的争论

2007 年美国爆发了次贷危机，由于美国在全球经济中的重要地位，次贷危机在随后的 2008 年就引发了全球性金融危机。危机爆发后，对次贷危机和金融危机的直接原因、特点、表现形式、根源等问题进行探讨的文献，可谓是汗牛充栋。现有文献对危机的直接原因、特点、表现形式的争论不大，但是对危机根源的争论却很激烈。具体而言，大致存在以下六种观点：

（1）消费过度论。杨绪彪（2009）指出，过度消费是美国次贷危机的根源，美国利用美元本位制和发达的金融业，鼓励提前消费、借债消费和过度消费。这种消费模式虽然能够促进经济增长，并为金融业带来高额利润，但是这种消费模式脱离了收入增长的支撑，寅吃卯粮，注定了不具有可持续性。鲁比尼认为，在实际收入没有大幅提高的情况下，利用低利率和住房抵押贷款来维持高消费的方式，只会提高负债率和加大违约风险，各种金融工具只能转移而不能化解风险，当贷款者无力偿还本金和利息时，债务的链条就断裂了，危机就不可避免地爆发了（余永定，2008）。卢宇峰（2008）认为次贷危机的根本原因是过度消费，危机的本质是收入差距过大。

（2）监管不足论。许多文献将监管不足和监管缺失作为次贷危机的根源，如吴建环认为，监管机构的失职和监管制度的缺陷是美国次贷危机的真正根源，美国对金融机构实行分类监管。而美国金融业却在走向混业经营，忽视了对高杠杆率、风险过大、发展过快的金融创新和金融衍生品的监管，最后导致了房地产泡沫膨胀和次级贷款的风险走向失控。

（3）人性自私贪婪论。张五常认为，人性的自私和贪婪是次贷危机的根源，华尔街投行对高额利润的追求和贪婪，进行各种金融创新、开发各种金融衍生品，忘记了对风险的控制，最后引发了危机（张五常，2008）。易培强（2009）则认为，危机最深刻的根源是资本的贪婪，贪婪导致虚拟经济过度膨胀，直至泡沫破裂。

（4）虚拟经济与实体经济的脱节论。持这种观点的学者也较多，如杨圣明指出，美国的虚拟经济却过分地膨胀，当虚拟经济大大地与实体经济相脱节时，各种相应的问题就会出来，最后只能通过经济危机来解决，所以虚拟经济与实体经济的脱节是次贷危机的根源。杜厚文和初春莉（2008）也认为，次贷危机的根本原因在于虚拟经济的过度膨胀。

（5）新自由主义论。大卫·科茨（2008）认为，新自由主义使原来的各种管制放松了，自由竞争的市场经济得到充分的发展，政府对经济的调控减弱了，劳资双方的力量也改变了，贫富差距拉大等问题最后将不可避免地导致危机的爆发，所以危机的根源是自由主义。彭兴韵和吴洁（2009）、谭扬芳（2009）也认为，美国对自由市场经济的过分追求、新自由主义（华盛顿共识）的失败是次贷危机的根源。

（6）动物精神论。"动物精神"一词源于凯恩斯。阿克洛夫和席勒对该词进行了更深入的阐述和发展，他们认为人除了具有理性之外，还存在非理性的一面，人的冲动和动物本能会影响人的行为和决策，进而影响整个经济。在《动物精神》一书中，阿克洛夫和席勒认为，人的动物精神是2008年全球金融危机的根源所在（季小江 等，2012）。

除了以上六种主要观点外，还有一些其他观点，如葛奇（2008）将次贷危机的根源归因于次级房屋贷款的发放环节。美国前财政部长保尔森将次贷危机的根源归结为中国的高储蓄率（郑良芳，2009）。丁浩（2009）认为，次贷危机的根源是美元本位制、双赤字政策和经济过度虚拟化，三者共同导致了次贷危机。李建伟和杨琳（2011）把次贷危机的根源区分为首要根源和重要根源，房地产泡沫破裂是首要根源，而重要根源是次级债和金融衍生品的泡沫破裂触发了全球金融地震。徐茂魁等（2009）认为，生产与消费的矛盾是次贷危机的根源。

以上文献对次贷危机根源的探讨是不深刻的，这种不深刻首先源于对"根源"一词的理解不深刻，甚至乱用。"根源"有两层含义：一是指根本原因，二是指起源。卫兴华和孙咏梅（2009）指出，许多文献对次贷危机根源的解读是错误的，混淆了危机的直接原因、特点、表现形式与根源的区别，甚至混为一谈，把表面的、浅层的因素视为根源。从方法论的角度来看，赵磊（2009）指出，事物的根源和本质是内在的、稳定的、唯一的，是一元论的。而且以上文献也经不起刨根问底式的"终极追问"（赵磊，2008），追问的最后必然是落脚到资本主义基本矛盾和生产过剩，只要资本主义制度还存在，经济危机就不会消失，经济危机的根源是基本矛盾、经济危机的本质是生产过剩的定论就不会改变。

更进一步，赵磊（2008）对美国次贷危机根源的反思并没有仅仅停留在资本主义基本矛盾和生产过剩，而且指出了次贷危机的逻辑链条，即资本制度的内在矛盾—有效需求不足—生产过剩—透支消费—违约率上升—经济危机，透支消费作为次贷危机的导火索和中介，虽然与古典危机的导火索（消费不足）不一样，但是当代危机与古典危机的本质并未改变。在资本主义制度下，不仅透支消费不能解决有效需求不足的问题，而且任何其他的办法都不能消除生产过剩的危机。西方国家的高福利政策也无法解决生产过剩危机（赵磊，2011）。

赵磊（2009）进一步指出，加强监管是不能消除危机的；资本主义在生产过剩和透支消费之间轮回和兜圈子，资本主义走入了一条死胡同，面对生产过剩，"不透支，吾必死""透支了，吾亦死"；实体经济与虚拟经济的关系是对立统一的，在资本主义制度下，正是有效需求不足和实体经济的生产过剩促进了虚拟经济的发展，进而走向极端，吹大了资产泡沫，最后引发了危机。在现实中实体经济的生产过剩和低利润率问题，却表现和转化为虚拟经济的膨胀和资本的贪婪。实体经济与虚拟经济的这种关系在全球分工上则表现为：发达国家在虚拟经济领域的泡沫和发展中国家在实体经济领域的生产过剩，最后虚拟经济为实体经济的生产过剩背了黑锅（赵磊和李节，2009）。而且资本主义的经济发展和资本积累，必须越来越依靠金融化和虚拟经济（赵磊和肖斌，2013）。

7.2 美国的经济危机指数

在第5章，本书从四个不同的视角计算了美国不同行业部门的利润率，本章选取了两个具有代表性的利润率来计算美国的经济危机指数，这两个利润率分别是基于重置成本的美国非金融公司利润率（r_9）和基于历史成本的美国汽车行业利润率（r_{11}）。与本书计算的美国其他利润率相比，这两个利润率更细致地刻画了美国的实际利润率，能够更贴切地反映美国利润率的变化。美国经济危机指数的计算方法和数据来源，与亚洲六国经济危机指数的计算方法和数据来源是一致的，除了利润率之外，剩余的三个指标也是外汇储备、利率和汇率。

由图7.1可知，采用非金融公司利润率计算所得的美国经济危机指数，在15~25的范围波动，危机指数在大部分时间都低于1倍标准差的预警线，其中有三个主要时间段触碰了1倍标准差的预警线，分别是20世纪80年代初期、20世纪90年代中后期和2005年前后期。2006年的经济危机指数为22.119 8，触碰了1倍标准差的预警线，这意味着该指数在2006年发出了危机警报，而美国次贷危机在2007年爆发，在次贷危机爆发前，美国经济就开始出现恶化和危机的酝酿。这说明本书构建的以利润率为核心指标的经济危机指数，对2007年的次贷危机具有预警效果，能够进行成功的预警。

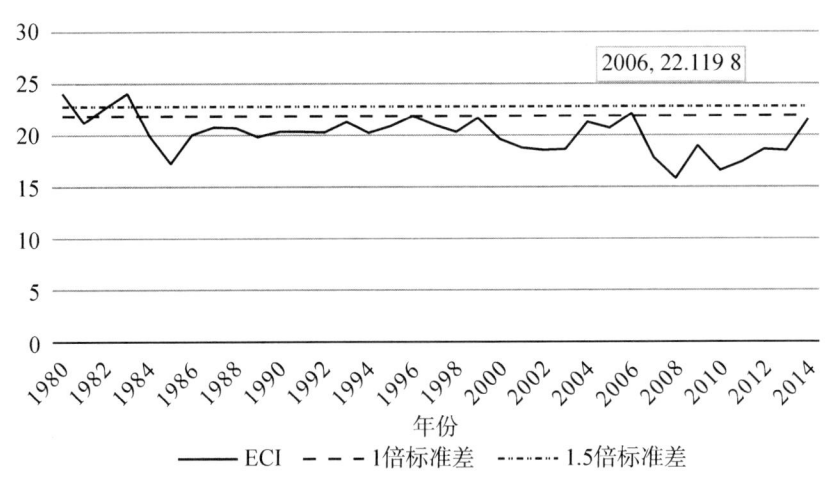

图 7.1 美国的经济危机指数——非金融公司利润率（1980—2014 年）

由图 7.2 可知，图 7.2 与图 7.1 类似，采用汽车行业利润率计算所得的美国经济危机指数，其波动性大于图 7.1，危机指数在大部分时间也是低于 1 倍标准差的预警线，触碰 1 倍标准差预警线的三个时间段也是类似的。2006 年的经济危机指数为 21.366 5，同样触碰了 1 倍标准差的预警线，这意味着使用汽车行业利润率计算得到的美国经济危机指数在 2006 年也能发出危机警报，对 2007 年的次贷危机具有预警效果，对经济危机的预警是成功的。

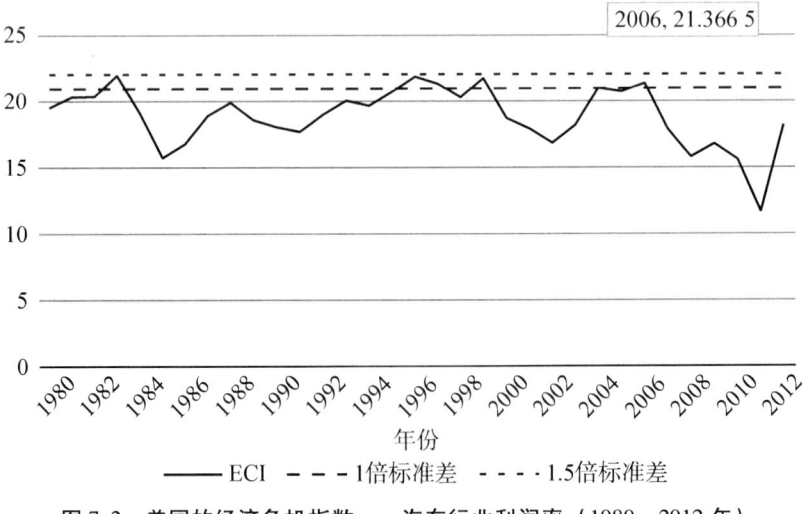

图 7.2 美国的经济危机指数——汽车行业利润率（1980—2012 年）

7.3 利用 Probit 模型和 Logit 模型对美国次贷危机的预警再检验

数据说明：解释变量——外汇储备、实际利率、有效汇率和利润率的数据来源与 7.1 中的数据来源一致，被解释变量——样本期内危机发生次数的相关数据，也源于莱因哈特和罗格夫（Reinhart & Rogoff，2011）中 Reinhart 的主页①，处理方法与第 6 章一致。具体数据见附录。

美国数据的统计分析见表 7.1。

表 7.1　美国数据的统计分析

变量	均值	中位数	最大值	最小值	标准差
外汇储备	2.156 6	1.989 4	6.161 6	0.861 9	1.199
实际利率	4.746 7	5.109 1	8.719 6	1.161 3	2.205 9
有效汇率	111.478 7	108.188 4	148.966 3	95.099 8	12.857 7
制造业利润率	0.026 2	0.025 8	0.040 8	0.010 2	0.007 4
汽车行业利润率	0.025 8	0.052 3	0.209 8	−0.332 6	0.113 4

为了避免"伪回归"，我们首先需要对数据进行平稳性检验，本书采用平稳性检验中的 ADF 检验，检验结果如表 7.2 所示。从中可知，所检验的五个数据采用的是比例、相对数形式，ADF 检验显示它们不需要差分，原序列都是 I（0）平稳的，所以可以把这些数据用于回归分析。

表 7.2　美国数据的平稳性检验（1980—2013 年）

变量	滞后期数	模型形式	D.W 值	ADF 值	P 值	临界值 1%	临界值 5%	临界值 10%	平稳性
外汇储备	0	无	2.10	−3.37	0.00	−2.63	−1.95	−1.61	I(0)平稳
实际利率	1	无	1.87	−1.73	0.08	−2.63	−1.95	−1.61	I(0)平稳
有效汇率	3	截距项	2.02	−3.07	0.04	−3.65	−2.95	−2.62	I(0)平稳

---

① Reinhart 主页中的数据库：http://www.carmenreinhart.com/data/browse-by-country/。

表7.2(续)

变量	滞后期数	模型形式	D.W值	ADF值	P值	临界值 1%	临界值 5%	临界值 10%	平稳性
利润率1	2	截距项	1.97	-3.64	0.01	-3.64	-2.95	-2.62	I(0)平稳
利润率2	0	无	1.49	-1.98	0.05	-2.63	-1.95	-1.61	I(0)平稳

注：利润率1为非金融公司利润率，利润率2为汽车行业利润率，5个变量均采用SIC准则，模型形式中的"无"，表示不包含趋势项和截距项；除利润率2之外，D.W值在2附近，表示不存在序列相关；ADF值均小于临界值，表示变量平稳。

与第6章对泰国经济危机预警模型的分析类似，对美国次贷危机的预警再检验，本书也是采用经典的FR模型，而且都采用Logit模型和Probit模型，并进行对比。表7.3采用的是非金融公司利润率，由表7.3可知，表中的四个模型都不是非常显著，McFadden-R^2都是在0.2左右，把Logit模型（1）和Probit模型（1）中不显著的"实际利率"和"有效汇率"剔除后，得到了Logit模型（2）和Probit模型（2），这两个模型的变量"外汇储备"和"非金融公司利润率"是显著的，而且非金融公司利润率的符号与危机发生的概率呈负相关，这符合经济含义。

表7.3 美国预警模型的回归结果（1）：非金融公司利润率

解释变量	Logit模型（1）	Logit模型（2）	Probit模型（1）	Probit模型（2）
常数项	1.3625 (4.9352)	2.4841 (1.8001)	1.0328 (2.7741)	1.5338 (1.0625)
外汇储备	0.8096* (0.4392)	0.6939* (0.3983)	0.4681* (0.2452)	0.4036* (0.2225)
实际利率	-0.2065 (0.2427)		-0.1198 (0.1475)	
有效汇率	0.0132 (0.0415)		0.0064 (0.0236)	
非公司金融利润率	-109.3392 (67.7499)	-124.9988** (62.2547)	-67.3822* (39.5385)	-75.9164** (36.3397)
McFadden-R^2	0.2031	0.1855	0.2013	0.1852
LR统计量	8.9680	8.1936	8.8884	8.1807
LR的P值	0.0619	0.0166	0.0639	0.0167

表7.3(续)

解释变量	Logit 模型（1）	Logit 模型（2）	Probit 模型（1）	Probit 模型（2）
不发生危机	12	12	12	12
发生危机	22	22	22	22
总计	34	34	34	34

注：***、**、*分别表示在1%、5%和10%以内置信水平上的显著性，括号内为变量的标准误。

表7.4采用的是汽车行业利润率，其他指标、数据和计算方法与表7.3类似。比较表7.4中的四个模型可知，Logit模型（2）和Probit模型（2）是相对较好的模型，其中McFadden-R^2为0.24左右，汽车行业利润率与危机发生的概率呈负相关，这也符合经济含义。

表7.4 美国预警模型的回归结果（2）：汽车行业利润率

解释变量	Logit 模型（1）	Logit 模型（2）	Probit 模型（1）	Probit 模型（2）	Probit 模型（3）
常数项	-7.340 9* (4.402 6)	-1.570 5 (1.109 5)	-3.960 8* (2.398 5)	-0.908 5 (0.637 3)	-1.982 5 (2.218 9)
外汇储备	1.478 8** (0.676 3)	1.375 9** (0.647 6)	0.832 3** (0.357 6)	0.811 5** (0.357 3)	0.475 1* (0.255 0)
实际利率	-0.313 9 (0.254 7)		-0.181 2 (0.147 5)		-0.208 2 (0.137 3)
有效汇率	0.063 6 (0.042 1)		0.034 6 (0.023 5)		0.021 4 (0.022 1)
汽车行业利润率	-14.512 9** (6.448 9)	-13.108 8** (6.044 6)	-8.876 6** (3.805 2)	-8.126 4** (3.621 9)	
McFadden-R^2	0.306 6	0.236 4	0.302 7	0.240 2	0.129 7
LR 统计量	13.537 8	10.437 4	13.367 9	10.606 3	5.729 4
LR 的 P 值	0.008 9	0.005 4	0.009 6	0.004 9	0.125 5
不发生危机	12	12	12	12	12
发生危机	22	22	22	22	22
总计	34	34	34	34	34

注：***、**、*分别表示在1%、5%和10%以内置信水平上的显著性，括号内为变量的标准误。

比较表 7.3 和表 7.4 可知，表 7.4 中 Logit 模型（2）和 Probit 模型（2）的 McFadden-R^2 和外汇储备的显著性水平，均高于表 7.3 中的 Logit 模型（2）和 Probit 模型（2）。因此，本书认为表 7.4 中的 Logit 模型（2）和 Probit 模型（2）是更为恰当和合适的预警模型。Probit 模型（3）用于比较利润率指标的重要性。

表 7.4 中 Logit 模型（2）的方程可写为

Y=1-@CLOGISTIC[-(-1.570 5+1.375 9×外汇储备-13.108 8×汽车行业利润率)]

将美国 2006 年、2007 年外汇储备和汽车行业利润率的数据代入该方程，则相应得到了经济危机爆发的概率。经计算，美国 2006 年发生危机的概率为 63.14%[1]，2007 年发生危机的概率为 80.41%[2]。进一步利用概率公式，进行计算发现，美国从 2003 年开始经济危机发生的概率开始上升。

表 7.4 中 Probit 模型（2）的方程可写为

Y=1-@CNORM[-(-0.908 5+0.811 5×外汇储备-8.126 4×汽车行业利润率)]

将美国 2006 年、2007 年外汇储备和汽车行业利润率的数据代入该方程，则相应得到了经济危机爆发的概率，经计算，美国 2006 年发生危机的概率为 64.06%[3]，2007 年发生危机的概率为 82.12%[4]。我们进一步利用概率公式进行计算时发现，美国从 2003 年开始经济危机发生的概率开始迅速上升。

---

[1] 美国 2006 年发生危机的概率 $Y_{2006} = 1 - \dfrac{1}{1+e^{-1}}$，其中 2006 年美国的外汇储备和汽车行业利润率分别为 0.924 6、-0.063 84，$x = -(-1.570\ 5 + 1.375\ 9 \times 外汇储备 - 13.108\ 8 \times 汽车行业利润率) = -0.538\ 6$，所以 $Y_{2006} = 0.631\ 4$。

[2] 美国 2007 年发生危机的概率 $Y_{2007} = 1 - \dfrac{1}{1+e^{-1}}$，其中 2007 年美国的外汇储备和汽车行业利润率分别为 1.073 5、-0.114 8，$x = -(-1.570\ 5 + 1.375\ 9 \times 外汇储备 - 13.108\ 8 \times 汽车行业利润率) = -1.412\ 0$，所以 $Y_{2007} = 0.804\ 1$。

[3] 2006 年美国的外汇储备和汽车行业利润率分别为 0.924 6、-0.063 84，[-(-0.908 5+0.811 5×外汇储备-8.126 4×汽车行业利润率)] = -0.364 3，美国 2006 年发生危机的概率为 64.06%，即 $Y_{2006} = 1 - \Phi(-0.364\ 3) = 0.640\ 6$。

[4] 2007 年美国的外汇储备和汽车行业利润率分别为 1.073 5、-0.114 8，[-(-0.908 5+0.811 5×外汇储备-8.126 4×汽车行业利润率)] = -0.900 2，美国 2006 年发生危机的概率为 82.12%，即 $Y_{2007} = 1 - \Phi(-0.900\ 2) = 0.821\ 2$。

比较 Probit 模型（1）和 Probit 模型（3）可知，当把汽车行业利润率指标去掉后，McFadden-R^2 和 LR 统计量都显著地下降，LR 的 P 值大于 0.1，而且常数项由原来的显著变为不显著，外汇储备的显著性也降低了。采用上一段 Probit 模型（2）中类似的计算方法，利用 Probit 模型（3）得到美国 2006 年发生危机的概率只有 41.29%[①]，比 Probit 模型（2）中的 64.06%，相差约 23%。这说明利润率指标在模型中占据重要地位，利润率指标可以显著地提高经济危机预警的概率。

7.4 小结

对 2007 年美国次贷危机进行预警再检验是本书的第二个实证案例。本章首先从文献综述的角度对美国次贷危机根源的争论进行了梳理，发现许多文献对次贷危机根源的解读是错误的，它们混淆了危机的直接原因、特点、表现形式与根源的区别，甚至将其混为一谈，把表面的、浅层的因素视为根源。而且这些文献也经不起"马克思主义的终极追问"，只要进行追问，追问到最后必然是回到了资本主义基本矛盾和生产过剩，只要资本主义制度还存在，经济危机就不会消失，经济危机的根源是基本矛盾、经济危机的本质是生产过剩的定论就不会改变。

而后本章利用美国的数据计算了美国的经济危机指数，发现利用其他数据和美国非金融公司利润率计算得到的经济危机指数，能够在 2006 年发出危机警报；利用其他数据和美国汽车行业利润率计算得到的经济危机指数，也能够在 2006 年发出危机警报。这意味着，在次贷危机爆发前，美国经济就开始出现恶化和危机已经开始酝酿。这说明，本书构建的以利润率为核心指标的经济危机指数对 2007 年的次贷危机具有预警效果，能够进行成功的预警。

本章又利用 Probit 模型和 Logit 模型对美国次贷危机进行的危机预警再检验，利用 Logit 模型计算美国 2006 年发生危机的概率为 63.14%，利用 Probit 模型计算美国 2006 年发生危机的概率为 64.06%，两个模型均显示

---

① 2006 年美国的外汇储备、实际利率和有效汇率分别为 0.924 6、4.739 6 和 108.748 5，-1.982 5+0.475 1×外汇储备-0.208 2×实际利率+0.021 4×有效汇率=-0.202 7，美国 2006 年发生危机的概率为 41.29%。

美国从 2003 开始,危机发生的概率开始迅速上升。而我们还发现在 Probit 模型中,将汽车行业利润率指标去掉后,模型预警美国发生次贷危机的概率下降了约 23%,这意味着利润率指标在本书构建的对美国次贷危机预警模型中居于很重要的地位。

通过实证检验,我们发现本书构建的以利润率为核心的经济危机预警模型,对 2007 年美国次贷危机的预警再检验是有效的。而且体现马克思主义政治经济学特色的利润率指标在预警过程中发挥了重要的作用,这说明马克思的经济危机理论不仅在危机的定性上是科学的,而且在危机预警中也是非常有效的。

8 以利润率为核心指标的经济危机预警模型：对中国经济的启示

利润率在本章模型中的核心地位体现在定性分析和定量分析两个方面：一方面体现在利用马克思经济危机理论来分析中国经济进入新常态的深层次原因，如本章的8.2节；另一方面体现在利润率在预警模型中的不可或缺的地位，如本章的8.3节和8.4节。

8.1 中国经济新常态的特征与挑战

2014年5月，习近平总书记在河南考察工作时首次提出"新常态"重要论断。新常态有三个主要特征：中高速增长、经济结构不断优化升级、创新驱动。张占斌（2015）更为具体地把新常态的特征归结为六个方面，即经济增速由高速转变为中高速（由10%以上回落至7%左右）、粗放增长转向集约增长、产业结构走向优化（产业结构由"二、三、一"转向"三、二、一"）、经济增长由依靠要素投入转向依靠创新和科技、市场在资源配置中的作用由基础性转变为决定性作用、增长思路由非均衡增长转向包容和共享。其中，经济增速下滑最明显，也是我们最容易感觉和观察到的特征，还是中国经济所面临的众多问题的最集中体现。中国GDP增速由2010年的10.4%逐步下降至2019年的6.1%。而且在GDP增速上，进入新常态以来全国各省区市也出现了分化，如重庆的GDP增速自2014年第一季度开始连续10个季度全国增速排名第一，2016年上半年GDP增速为 10.6%，而东北地区最近几年的 GDP 增速则经常垫底，辽宁 2016 年第一季度的 GDP 增速为-1.3%[①]。

中国经济进入新常态后，也面临着一系列挑战。中国经济在经历了 30 多年的高速发展后，经济体制中原有的问题依然没有得到根本性解决，经济增长速度一下降，原有的这些问题就更明显地暴露出来了。例如，产能过剩、资产泡沫、"脱实向虚"、房价、土地财政、地方政府债务、生态环境、经济运行成本上升、贫富差距过大等问题。这主要是因为，中国在经济发展和资本积累的过程中，早期的竞争优势不断丧失，如人口红利的消失，而资本积累的成本又在不断上升，在部分核心技术上暂时还无法与发达国家竞争，进而对经济增长形成了一种压力，中国的一般利润率也出现了下降。事物具有两面性，中国经济进入新常态，既有机遇，也存在挑战。那么，中国经济进入新常态的原因是什么呢？

8.2 对中国经济进入新常态的原因的争论

从经济学的研究范式来看，对于中国经济的新常态，我们可以从西方经济学和政治经济学的视角进行研究。现有文献主要从发展阶段论、要素论、经济结构调整论和外部因素论展开探讨。具体观点如下：

（1）发展阶段论。这种观点认为，根据其他国家经济增长的经验，发现当人均 GDP 增长到一定水平后，经济增长速度自然会下降，那么中国当然也不会例外。王庆（2011）将中国经济与日本和韩国经验中的深层次因素和行业依据进行对比，从中国较大的地区差异的角度进行探讨，认为 2020 年前的中国经济一定会发生增长减速的问题。沈坤荣和滕永乐（2013）一方面研究了日本、韩国和中国台湾地区的经济发展历史，认为当人均 GDP 达到 7 000 美元（按购买力平价）时，经济就容易步入减速拐点，并对照中国当时的发展水平，他们认为中国经济的结构性减速与日本、韩国的经济发展历史中的经济减速情形类似；另一方面，他们把结构性减速的原因归结为旧制度红利的消失、刘易斯拐点的到来、社会总需求结构失衡、资源环境承载能力达到极限、收入差距不断拉大。任保平和李

---

① 2016 年上半年全国 31 省区市 GDP 数据及排名，会计网。

梦欣（2021）认为，新常态是我国经济发展的新起点，经济增长由数量型开始步入质量型经济增长，但质量型经济增长的新动力不足，新旧动力的成功转换还存在如下难点：经济增长的效率不高、结构失衡、有效供给不足、创新能力欠缺。

（2）要素论。这种观点从推动经济增长的生产要素出发，认为中国的技术进步、资本要素、劳动力要素的变化影响了潜在的经济增长率。蔡昉（2013）认为，中国潜在生产率或已开始下降，经济减速是人口红利消失与国际出口需求减少共同作用的结果。李扬和张晓晶（2015）认为，要素供给效率变化、资源配置效率变化、创新能力不足、资源环境约束增强是导致中国经济出现结构性减速的四个主要原因。刘伟和苏剑（2014）认为，中国生产成本的上升、技术进步方式的变化、资本投资收益率的下降、出口导向型经济的不可持续，使得中国经济进入了一个新常态。任保平和宋文月（2015）认为，中国要素（自然资源、人口、技术以及资本等）的禀赋结构发生了变化，使得原有比较优势和增长红利出现衰减，中国经济增长的潜力受到制约。李猛（2013）利用增长核算和 Ordered Logistic 的方法，分析了中国经济减速的原因，发现中国经济减速的 90% 可以由全要素生产率的增长放缓来解释，其余 10% 可以由资本增长率放缓来解释，而劳动投入对经济减速的影响微乎其微，所以中国经济稳增长的关键在于提振全要素生产率。王希元和杨先明（2022）基于一般均衡理论和实证研究，发现服务业与工业部门之间生产率差距的扩大，将加快劳动力的去工业化速度，即大量劳动力流向服务业部门，进而导致长期的经济增长出现结构性减速效应，这一效应在 2009—2018 年非常显著。

（3）经济结构调整论。这种观点认为，中国经济结构的变化导致了经济增速的下降。袁富华（2012）通过分析发达国家经济增长的历史数据发现，一方面，20 世纪 70 年代发达国家的经济减速与产业结构向服务化转变导致的生产率下降有关；另一方面，在经济增长的长期过程中，存在结构性加速和结构性减速两种状态。笔者由此认为当前中国的经济减速是由于中国的经济结构向服务化转变的趋势在增强，所以生产率下降。韩永辉等（2016）基于中国 1978—2012 年的省级数据，利用非参数面板模型中的均值估计和逐点估计的方法，分析了产业结构调整和经济增长的关系，发现中国目前正处在倒"U"形曲线的拐点处，中国面临从结构性加速向结构性减速转变的困境之中。刘华军和雷名雨（2019）认为，结构红利的变化是直接导致结构性加速和结构性减速的重要原因，而劳动生产率、增长率的动态变化是其中的主要传导渠道。张月友等（2018）认为，中国经济增长动力衰减的主要产业根源在于工业而不是服务业，工业的结构性失速导致中国经济整体失速，而产业结构服务化在一定程度上反而促进全要素生产率的上升。

（4）外部因素论。这种观点认为，外部因素是导致经济增速下降的主要原因。林毅夫（2015）认为，始于2010年的经济增速下滑，主要不是内部结构问题，而是外部结构问题。因为一方面中国的内部结构性问题以前一直存在，另一方面在中国经济下滑的同时，发达国家和其他发展中国家出现了更大幅度的下滑。赵扶扬等（2021）通过构建动态随机一般均衡模型，发现2008年全球金融危机之后，外部冲击（如外需下降）促使中国转变经济发展模式，表现为地方政府行为模式发生了转变，逐渐转向以基建投资为依托的土地金融模式，使房价和地方政府债务迅速上升，在这一转变过程中经济增长速度由高速增长向中高速增长转变。

而另外一些文献，在没有弄清楚是什么因素导致经济减速的情况下，就直接给出政策建议。比如贾康（2015）指出，要发挥人的主观能动性，调动一切潜力和积极因素，打开新局面，打造升级版，真正提高增长质量。李佐军（2015）从短期和长期的角度，给出了应该如何去引领新常态的具体办法和措施。

总之，这些西方经济学范式的文献对新常态原因的分析，一方面，在方法论上缺乏统一的分析框架，中国经济增长速度下滑的具体原因和表现形式有很多，但主要原因和根本原因是什么，并未搞清楚；另一方面，基于一般均衡理论和市场出清的视角，是不能认清中国经济新常态的本质和真正原因的。

要认清新常态的本质和原因，必须从马克思主义理论的视角出发，特别是从利润率的角度来探讨中国经济增长速度的下降。赵磊和刘河北（2015）认为，从中国经济整体的供求关系和发展阶段来看，中国经济已经步入了生产相对过剩阶段，即出现普遍的产能过剩现象。李民骐（2016）则从资本主义经济危机的角度来探讨中国的经济增长和经济增速下滑的问题，由于资本进行生产经营的目的是追求利润，利润率的大小决定了资本家的投资动机和投资水平，进而决定就业、产出和经济的整体运作状况。李民骐发现，从2007年开始，中国的资本加权平均利润率出现了急剧的大幅度下降，2010年中国的劳动收入份额比例开始上升，利润份额比例出现下降，2014年利润份额下降到33%左右，中国的资本加权平均利润率和利润份额的下降与中国经济增速的下降在时间上是吻合的。

布伦纳（2009）认为，生产能力过剩是2008年全球金融危机的根本原因，20世纪70年代以来的过剩生产能力一直没有被摧毁。为了遏制利润率的下降，发达国家过剩的生产能力不断地向其他国家转移，全球化作为对利润率下降的回应，导致全球性产能过剩，产品供过于求，价格下跌，资本投资回报率和利润率进一步下降。杨继国（2010）认为，资本家追求剩余价值采用的新技术会导致资本有机构成提高，而剩余价值率的变化幅度是有限的，两者共同作用会使利润率下降，利润率下降会导致投资率（储蓄率）下降，经济增速下滑，当经济增速下降至一定程度时便引发了经济危机。

资本主义经济危机具有必然性和周期性，只要存在商品、货币和交换，经济危机爆发的可能性就存在，只要存在大工业和市场经济制度，经济危机爆发的现实性就必然存在。中国虽然实行的是具有中国特色的社会主义市场经济制度，但是市场经济的共性和基本规律依然在中国发挥着作用。这样一来，市场经济中的生产相对过剩问题也必然存在，经济危机爆发就不可避免，那么中国在未来出现经济危机就具有可能性。经济危机爆发前所展现出来的利润率下降、经济增长速度下降就是很自然的事情了。

8.3 中国的经济危机预警指数

自1978年改革开放以来，在中国共产党的领导下，中国经济保持持续高速增长，期间中国未发生过经济危机。利用中国经济的经验历史数据，根据马克思经济危机理论，对中国可能发生经济危机的情况，构建经济危机预警指数，进行数量分析，防患于未然，具有一定的现实意义。在第5章，本书根据世界银行和《中国统计年鉴》的数据，分别计算并得到了中国经济的利润率。本章把利用世界银行数据得到的"制造业利润率（不包括存货）"和利用《中国统计年鉴》数据得到的"利润率R3"分别代入经济危机预警指数的计算公式，相应地得到了两个经济危机预警指数，见图8.1和图8.2。此外，这两个经济危机预警指数的数据来源和计算方法，与亚洲六国和美国经济危机预警指数的数据来源和计算方法是一致的[①]，唯一的差异是图 8.2 的中国经济危机预警指数中利润率的数据是根据《中国统计年鉴》的数据计算得到的。

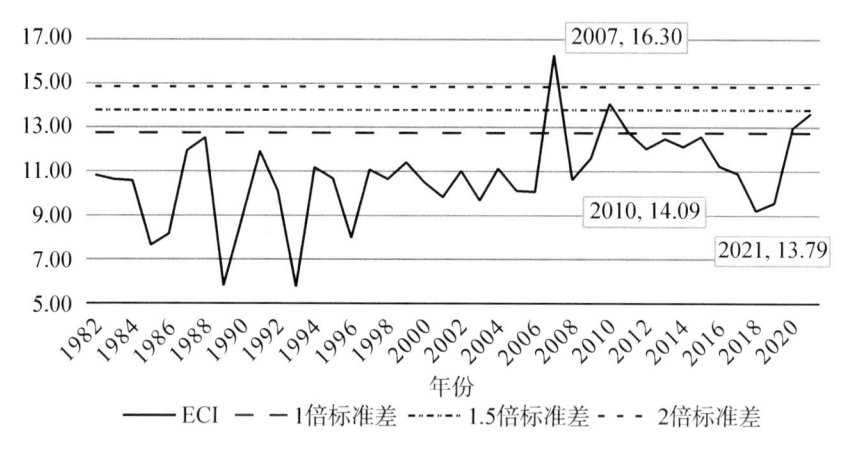

图 8.1 中国的经济危机预警指数（ECI）——制造业利润率（1982—2020 年）

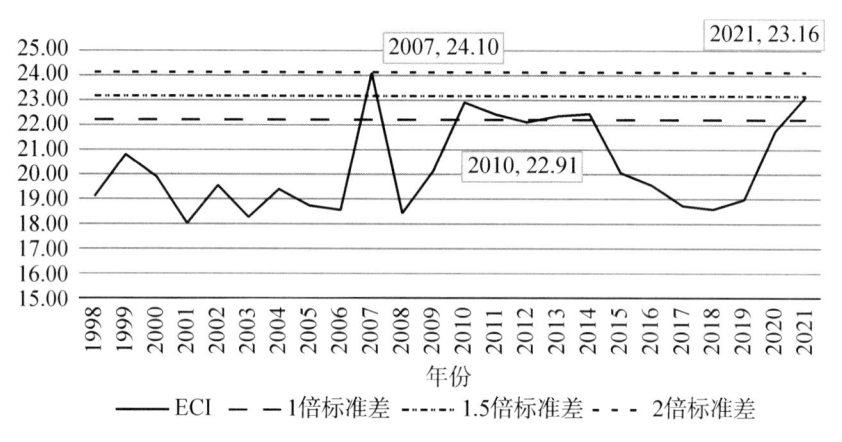

图 8.2 中国的经济危机预警指数（ECI）——利润率 R3（1998—2021 年）

由图 8.1 可知，采用制造业利润率计算所得的中国经济危机预警指数，在 1982—2020 年的波动较大，但危机预警指数在大部分时间都低于 1 倍标准差的预警线，其中 2007—2015 年经济危机预警指数多次触碰了 1 倍标准差的预警线。2007 年的经济危机预警指数为 16.30，不仅触碰了 1 倍标准差的预警线，而且还超过了 2 倍标准差的预警线，这说明在 2007 年中国经

---

① 数据来源：世界银行数据库，http://data.worldbank.org.cn/country。

济发生经济危机的可能性较大。2007年中国的GDP增长率为14.2%，经济过热，出现了通货膨胀、资产价格快速上涨、投资增速过快、供求失衡等现象，这些因素导致中国经济在2007年容易走向失控和危机，图8.1的经济危机预警指数反映了这一现象。2007年美国次贷危机的爆发对中国的影响在2008年才凸显出来，次贷危机导致中国的出口交易量快速下降，同时中国经济增长速度也在下降。为应对2008年全球金融危机，中国出台了"四万亿元计划"，四万亿元投资导致中国经济在2009—2010年出现反弹和房价、股市等资产价格暴涨，产生了一些后果，如产能过剩，图8.1的经济危机预警指数也反映了2010年之后的经济运行状况。2007—2015年的经济危机预警指数，在1倍标准差的附近波动，在这个时间段，中国经济的增长速度逐步下降，经济运行的风险随之增加。2015—2019年经济危机预警指数处于1倍标准差的预警线以下，这一时期供给侧结构性改革的实施，产能过剩、影子银行、"脱实向虚"等问题得到重视并逐渐得到缓解，经济增速下降的势头得到了有效遏制，经济运行处于较为平稳的状态。2020年新冠病毒感染疫情爆发，对中国经济的方方面面均产生了重大影响，经济危机预警指数突破1倍标准差的预警线，达到了1.5倍标准差的预警线。

由图8.2可知，采用利润率R3计算所得的中国经济危机预警指数，在1998—2013年的波动比图8.1的波动小，经济危机预警指数在2007年之前均低于1倍标准差的预警线，经济危机预警指数在2007年、2010—2014年和2020—2021年，均触碰了1倍标准差的预警线，2007年的经济危机预警指数（24.10）甚至确碰了2倍标准差的预警线。2010—2014年，经济危机预警指数均高于或达到了1倍标准差的预警线。2015—2019年，经济危机预警指数均低于1倍标准差的预警线。

图8.1和图8.2均说明了本书构建的以利润率为核心指标的经济危机预警指数，能够反映2007年、2010—2014年和2020—2021年中国的经济运行形势，与中国宏观经济的实际运行情况较为一致。因此，本书构建的以利润率为核心的经济危机预警指数，较好地发挥了经济危机预警的功能。

8.4 在新常态背景下中国可能发生经济危机的领域

由于缺乏相应数据，本节将一方面从定性的角度对中国未来是否发生经济危机做出预判，另一方面从统计数据等角度搜寻某些数据与资料来分析和判断中国未来可能发生经济危机的领域。

马克思已经深刻地论证了，在大工业阶段，资本主义经济危机不仅具有周期性，而且具有必然性。资本主义基本矛盾是经济危机的根源，生产相对过剩是危机的本质。那么，在生产社会化和生产资料私有制这个基本矛盾的逻辑下，只要实行市场经济制度，经济危机的爆发就具有一定的必然性。改革开放以来中国虽然未爆发经济危机，但这并不意味着中国未来不会发生经济危机，中国在未来以何种方式爆发经济危机，却具有一定的偶然性，这也是经济危机预警的困难所在。必然性寓于偶然性之中，并且必然性是通过偶然性体现出来的，因此本节试图从偶然性因素中寻找某些必然性因素，然后进行经济危机预警以及判断危机可能发生的领域。

从经济危机的特点来看，新常态背景下的中国经济具有双重特征，即实体经济的生产过剩（古典危机的主要特征）与虚拟经济的资产泡沫膨胀（现代危机的主要特征），两者共存，并相互作用。

（1）实体经济的生产过剩。生产过剩在中国被称为产能过剩，传统产业的产能过剩更为严重（王文甫 等，2014），而且中国也存在大量僵尸企业需要清理（申广军，2016），与产能过剩紧密联系在一起的是利润率的下降。利润率的高低影响企业的投资决策和投资意愿，而且是体现宏观经济运行状况的重要风向标之一。李民骐等（2016）的研究发现，2007年以前中国经济的利润率很高（超过了25%），但是从2007年开始利润率大幅下跌，2013年仅有17%，利润份额[①]也从2010年开始迅速下跌，比如15%的利润率对于美国经济而言，是一个门槛，利润率低于15%的时期基本上也是美国处于经济危机的阶段。虽然中国经济与美国经济的情况不一样，但是15%的利润率可以作为一个参考值。如果中国经济的利润率没有止跌

---

① 即资本家利润占国民收入的份额。

回升，而是继续下降，甚至下降到低于15%或10%的水平，那么这种状况则更应该引起足够的警惕和重视。从利润率的角度来看，高利润率有利于投资和资本积累，而中国的经济增长对投资的依赖较大，在利润率快速下跌的情况下，投资动力的减弱和投资规模的缩减将是不可避免的，经济增长速度自然会下降，资本也将从低利润率的实体经济抽出并涌向虚拟经济进行投机和炒作。这种现象被称为"脱实向虚"，大量资本涌向房地产行业、金融业等行业（杨筝等，2019）。比如，当前中国工业企业的平均利润率大约只有6%，银行证券等金融业的平均利润率却高达30%左右，而企业营运成本的上升也压低、侵蚀了利润。此外，有数据显示，2014年轮胎企业的平均利润率只有大约5%，第三产业大约为12%，建筑行业大约为8%[①]。中国当前的融资方式依然是以银行贷款为主的。在经济新常态背景下，企业的经营更为困难，盈利能力减弱，企业偿还本金和利息的压力增大，而银行回收贷款的困难也在增大，呆坏账的比重不可避免地上升。

（2）虚拟经济的资产泡沫膨胀。以房地产为例，2016年中国一线城市的房价上涨了25%，引发了全民炒房热和抢房潮。王慧等（2021）指出，房价上涨过快将积累大量金融风险。一方面，房地产的炒作和投机很严重，房价上涨过快；另一方面，房地产与银行信贷、地方政府的财政紧密相联，房地产泡沫一旦破裂，房价一旦下跌，将波及整个经济体系。房地产行业的过度炒作和投机，使得房子脱离了居住的属性，而沦为炒作的投资品。大量本应该投入实体经济的资本涌向房地产行业，不仅抬高了房价，而且导致房租等与生产密切相关的产品价格上升，使实体经济的营运成本上升，将产生一系列不利影响，如影响企业的研发投入和创新（王文春和荣昭，2014）。

张成思等（2022）指出，过高的债务比重、快速上升的杠杆率、股市动荡、房价快速上涨等问题加剧了金融风险，并发现金融化程度的提升将提高宏观杠杆率，但降低微观杠杆率，在2008年后宏观杠杆率的上升加剧了系统性金融风险。根据中国人民银行统计调查司的数据，中国整体的债务水平占GDP的比重，在2008年全球金融危机之前都处于较低的水平，2008年之后则开始快速上升。截至2022年年底，家庭债务为749 323.11

[①] 马绍栋：坚守5%利润率实体经济有多难，齐鲁晚报，http://epaper.qlwb.com.cn/qlwb/content/20140905/ArticelB04003FM.htm。

亿元，家庭债务占 GDP 的比重为 61.92%，企业债务为 1 375 208.05 亿元，企业债务占 GDP 的比重为 113.63%[①]。如此高的债务比重压缩了中国经济回旋的余地。

（3）地方政府债务问题也是中国经济的一大隐患。为了发展经济和用于民生支出，地方政府已经积累大量债务，地方政府债务已经和房地产（土地财政）、银行捆绑在一起（毛锐 等，2018）。部分地方政府存在"地方借债中央兜底"的心理，借债的积极性很高，债务规模越来越大，债务比例越来越高，随之就容易产生债务违约和债务危机的风险。

在经济的新常态背景下，党中央在不同场合、不同会议，都一再强调要推进供给侧结构性改革与防范各种风险，如在 2016 年 10 月的政治局会议中强调对"资产泡沫和金融风险"的控制，在 2017 年 2 月的中央财经领导小组第十五次会议中，强调要做好"去产能、防范金融风险、房地产问题、振兴制造业"四项工作，特别强调处理"僵尸企业"和"房子是用来住的，不是用来炒的"的问题。这些也从另一个角度说明了房地产行业、金融领域和实体经济的产能过剩，存在较大风险，容易引发经济危机。

此外，近年来受贸易保护主义和新冠病毒感染疫情的影响，中国经济受到较为严重的负面冲击，产出、消费、投资、就业等下降，房地产市场萎缩，供应链面临中断的风险（唐遥 等，2020；郑联盛 等，2021）。在外部市场，中国与美国等国面临加征关税、贸易摩擦和"脱钩"的风险（张国峰 等，2021）。在这种情况下，国内循环和国际循环均受到负面影响，家庭收入和企业销售受阻，家庭债务和企业债务面临违约风险，房地产企业如恒大已出现违约，这些不利因素的叠加，极易引发系统性金融风险。

如果矛盾得不到化解，一个偶然的因素就会引发经济危机。所以，对于经济危机预警，不仅要关注各项经济指标的变化，如利润率、利率等，更为重要的是在危机尚未爆发的时候，要有紧迫的危机意识和改革意识，积极主动地采取有效的措施，逐步化解危机，提高实体经济利润率，挤掉资产泡沫，进行供给侧结构性改革。

---

① 中国人民银行，http://www.pbc.gov.cn/diaochatongjisi/116219/116319/4458449/4458453/index.html。

8.5 小结

对中国经济新常态下发生危机的可能性进行预警分析是本书的第三个实证案例。从2010年开始，中国经济增长速度开始逐步下降。现有的西方经济学文献对中国经济进入新常态原因的分析，普遍具有以下特点：在方法论上缺乏统一的分析框架，中国经济进入新常态的具体原因和表现形式有很多，但主要原因和根本原因是什么，还有待进一步深入研究。而要认清新常态的本质和原因，必须从马克思的视角出发。本书认为，近年来中国经济增长速度的下降，衍生出一系列矛盾和问题，这些矛盾和问题如果处理不好，那么中国就容易爆发经济危机。中国实体经济利润率的下降与资本涌向虚拟经济领域所形成的反差应该引起足够的警惕。

本章对中国经济新常态发生危机的可能性进行预警分析，依然是按照第6章和第7章的分析思路，即抓住了利润率这个关键点。本章首先利用中国制造业利润率和其他数据计算了中国的经济危机预警指数，该指数显示中国改革开放以来的1988年、2007年、2010—2014年和2020—2021年，中国面临较为严峻的经济运行形势，发生经济危机的概率也较大，这与中国经济发展的历史相符。而利用利润率R3计算所得的中国经济危机预警指数，也显示了这种状况。

此外，本部分一方面从定性的角度对中国未来是否发生经济危机做出预判，另一方面根据统计数据对中国可能发生经济危机的领域进行分析和预判。发现新常态下的中国经济，一方面是实体经济的低利润率，另一方面虚拟经济领域的资产价格波动较大，房地产行业、金融领域和地方债务的风险较大，是需要重点防范的对象，这些行业领域经济指标的异常变动，应该引起足够高的警惕，因为一个偶然的因素就可能引发危机。此外，贸易保护主义和新冠病毒感染疫情对中国宏观经济造成较大影响，需要加快构建和确立新发展格局，畅通国内国际双循环。

9 主要结论、政策建议与不足之处

9.1 主要结论

本书基于马克思主义政治经济学的视角,对当代经济危机预警进行研究。本书认为对经济危机进行预警涉及两个关键要点:一是选择科学的经济危机理论作为预警的理论基础和前提,二是选取恰当的预警指标进行预警。本书根据这两个关键要点来构建经济危机预警模型,并将该预警模型运用于对1997年亚洲金融危机、2007年美国次贷危机和中国经济新常态背景下可能发生经济危机的实证分析。本书的主要结论有两个:一是理论层次上的结论,二是实证分析所得到的结论。

9.1.1 理论层次上的结论

(1) 本书通过比较研究发现,与西方经济学的经济危机理论相比,马克思的经济危机理论是科学而深刻的。这种科学性和深刻性不仅体现在马克思运用科学的历史观和方法论来分析资本主义制度,而且在内容上,马克思经济危机理论具有深刻性和内在逻辑一致性。马克思对经济危机的分析抓住了经济危机的根源(资本主义基本矛盾)和本质(生产相对过剩),对危机的分析顺序沿着危机的可能性、现实性、必然性、生产过程、流通过程、资本一般和特殊、信用、竞争、投机、世界市场的危机的层次逐步展开,这在逻辑上具有一致性。更为重要的是,马克思经济危机理论能够接受时间和事实的检验,从1825年至今的近200年的时间里,资本主义世界每隔一段时间就会爆发经济危机,而经济危机周期性爆发的事实是对马克思经济危机理论的科学性的最好证明。正是由于马克思的经济危机理论是深刻而科学的，因此本书把马克思的经济危机理论作为本书经济危机预警的理论基础。

（2）马克思的经济危机理论除了质的规定外，还有量的规定。这种量的规定表现在作为经济危机根源的资本主义基本矛盾，有三个主要的表现形式，即消费不足、比例失调和利润率下降。笔者通过比较发现，在说明经济危机的层面上，利润率下降比消费不足和比例失调，都更加深刻，而且利润率下降趋势规律能够与经济危机爆发的具体机制紧密联系在一起。利润率下降的这种量的规定与马克思经济危机理论的质的规定具有内在的一致性，因此本书把利润率指标作为经济危机预警的恰当指标，而且也是最为核心的指标。利润率是反映经济运行状况和生产过剩的良好指标。

9.1.2 实证分析所得到的结论

（1）通过对利润率的估算，本书有两个重要的发现：一是发现马克思利润率下降趋势规律在亚洲六国、美国和中国较长的利润率考察范围，存在较为明显的下降趋势；二是发现利润率的短期波动与宏观经济的周期性波动是紧密联系在一起的，利润率处于下降和低谷的时期也是经济衰退和经济危机发生的时刻，利润率的大幅下降总是伴随着经济危机的爆发，利润率与经济衰退、经济危机的这种关系在亚洲六国、美国和中国的经验数据上表现得都很明显。所以，利润率与经济危机之间存在的这种内在关系，为本书利用利润率来预测、预警经济危机提供了数据上的便利和统计上的可能。

（2）本书利用利润率、外汇储备、实际利率和有效汇率四个指标构建了一个经济危机指数，利用该指数计算了亚洲六国、美国和中国发生危机的概率。研究发现，泰国和韩国的经济危机指数能够在亚洲金融危机爆发前的1996年发出危机预警，美国的经济危机指数能够在美国次贷危机爆发前的2006年发出危机预警，中国的经济危机指数在经济新常态中也发出了危机警报。而且，笔者分析泰国时发现，如果把经济危机指数中的利润率指标删去，只留下外汇储备、利率和汇率三个指标，那么不包括利润率指标的经济危机指数，无法预警到经济危机。所以，利润率指标对于本书构建的经济危机预警模型很重要，不是可有可无的。

（3）本书利用Probit模型和Logit模型分别对泰国（亚洲金融危机导火索）和美国，进行的危机预警再检验。研究发现，泰国在1996年发生危机的概率大于93%，美国在2006年发生危机的概率大于63%，并且将利润率指标从预警模型中剔除后，危机发生的概率则大大下降。这一方面说明本书构建的以利润率为核心的经济危机预警模型对1997年亚洲金融危机和2007年美国次贷危机的预警再检验是有效的；另一方面说明利润率指标在本书构建的预警模型中居于很重要的地位，不是可有可无的。这也证明了马克思的经济危机理论不仅在危机的定性上是科学的，而且在危机预警中也是非常有效的。

（4）本书对中国经济新常态发生危机的可能性进行预警分析，依然是抓住了利润率这个关键点，相应地计算了中国的经济危机预警指数。该指数显示中国改革开放以来的1988年、2007年、2010—2014年和2020—2021年，发生危机的概率也较大，这与中国经济发展的历史相符。随后利用Probit模型和Logit模型对中国经济进行进一步的危机预警研究，发现中国与采用经济危机预警指数得到的结果是一致的，而且利润率在模型中发挥了重要作用。据此，本书一方面从定性的角度对中国未来是否发生经济危机做出预判，另一方面从统计数据等角度分析和判断中国未来可能发生经济危机的领域。结果发现新常态下的中国经济，一方面表现出实体经济的利润率较低，企业固定资产投资增速和GDP增速较低；另一方面则是虚拟经济领域的资产价格波动较大，房地产行业、金融领域和地方债务的风险较大，是重点防范的对象。此外，由贸易保护主义和新冠病毒感染疫情等因素，引发的供应链中断风险也是诱发经济危机的重要因素之一。

9.2　政策建议

在市场经济制度下，经济危机的爆发具有必然性和周期性，但是危机爆发的具体领域、具体时间和具体地点，则具有偶然性。那么，对于具体的经济危机预警而言，我们一方面要认清经济危机的基本规律，只有用科学的经济危机理论作为指导，才能提高经济危机预警的准确率；另一方面，要加强对经济运行状况的监测，建立科学而合理的危机预警指标体系，密切关注各指标的变化，特别是利润率、实际利率、外汇储备和实际汇率的变化，这些指标的恶化是危机爆发的前奏，需要引起特别的注意和警惕。当经济状况恶化时，在危机爆发前，要及时采取有效措施，尽可能化解危机。当危机的爆发无法避免时,则要采取措施尽可能降低危机带来的损失。

在现代市场经济条件下,既然危机的爆发具有必然性,那么我们就需要有强烈的危机意识,在改革和发展中尽量降低危机发生的可能性和概率。处于新常态和贸易保护主义背景下的中国经济,爆发危机的可能性还是很大的。据此,本书从短期、中期和长期提出相应的政策建议。

9.2.1 短期,要加快推进供给侧结构性改革,促使实体经济利润率回升

供给侧结构性改革不仅需要在供给侧发力,还需要重视需求侧,两者都不能偏废。供给侧结构性改革的一个重要目的是促进国民经济的健康发展,在市场经济中,资本所关心的核心问题是能否获得一个合意的利润率,而要在长期维持这样一个合意的利润率,则需要供给与需求的共同合作,需要同时解决供给侧和需求侧的问题。具体而言,就是在"三去一降一补"的过程中,促使中国实体经济利润率的回升,并使利润率保持在一个合意的水平。

(1)去产能。中国的产能过剩集中于钢铁、煤炭、水泥、电解铝等基础性行业,去产能的核心是要重点解决僵尸企业的问题:一方面,把过剩的、无利可图的落后产能淘汰掉,通过市场的兼并重组,发挥市场配置资源的决定性作用,促进产业转型升级,压缩无效、低效的供给,提高优质供给和企业的利润率;另一方面,对僵尸企业的就业人员进行转岗再培训,引导他们进入其他行业进行再就业。

(2)去杠杆。高杠杆率对资本密集型企业、产能过剩企业的负面影响是致命的,较高的杠杆率,意味着沉重的利息负担,意味着大量利润被债务所吞噬。这不仅加重了企业的融资成本,而且加大了银行体系承担的风险。在遵循市场规律的前提下,推行债转股是去杠杆的有效手段。

(3)去库存。去库存主要是针对三、四线城市的房地产而言的,处理好金融与房地产的关系,明确地将房子定位于"房子是用来住的、不是用来炒的",抑制房地产市场的投机炒作。

(4)降成本。降低实体经济的营运成本,一方面是加快简政放权,减少不必要的审批和政府寻租行为,另一方面是降低企业的税费负担,提高融资效率和降低融资成本。成本的降低,最终是为了提高企业的利润率。

（5）补短板。我国社会经济的发展是不平衡的，中国的短板体现在很多个方面。比如民生短板、生态短板、"三农"短板、基础设施短板、融资难短板等，这些短板既属于供给，也属于需求。只有把这些短板逐步补起来，才能为中国经济的健康发展铺平道路。

从2016年国有控股工业企业的营业收入和利润率的状况来看，供给侧结构性改革的效果逐步显现，其中主营业务收入止跌回升，比2015年增长了0.3%，利润总额比2015年增长了6.7%，特别是中央企业在2017年1月，实现营业收入增长8.7%，利润总额增长24.5%[①]。利润率的上升，意味着中国的宏观经济开始回暖和好转。

9.2.2 中期，加大科研投入，加快推进"一带一路"建设

（1）加大科研投入，鼓励技术创新。从整个世界的经济格局来看，中国的经济总量虽然已经位居世界第二，但是中国依然是一个发展中大国，还没有进入发达国家的行列。一方面，中国处于资本积累的成本上升阶段，各种矛盾错综复杂。当前中国处于一个危机爆发的敏感时期，如果各种矛盾处理不好，则极易爆发危机和社会动乱。另一方面，中国整体的技术水平还不能和发达国家（如美国、日本、法国等）相提并论，中国依然在向这些中心国家输出剩余价值，中国仅能得到整个产业价值链中的一小部分利润。中国要想加入发达国家的行列，降低资本积累成本以及化解各种错综复杂的矛盾，从生产要素的角度来看[②]，加大科研投入、鼓励技术创新、提升中国整体的技术水平则是必由之路。中国只有掌握了核心技术、提高了整体技术水平，在相同条件下才能创造更多的社会财富，才能在世界市场的竞争中占据有利地位，才能从其他国家输入超额剩余价值，更有利地改善民生和缓和国内的社会矛盾。只有依靠技术进步，才能跨越

---

① 人民日报：1月央企利润同比增长24.5%，创2012年以来最高增速，凤凰财经，http://finance.ifeng.com/a/20170228/15217299_0.shtml

② 劳动、资本和技术是经济增长的三个生产要素。中国的老龄化社会进程在加快，人口红利逐步消失，劳动年龄人口的数量已经处于下降渠道，通过增加劳动供给的数量来促进经济增长是不可能的了。利润率的分母是资本数量，依靠大规模的投资来拉动经济，不具有可持续性，而且只会导致利润率越来越低，资本投资越来越无利可图。所以，中国未来的经济增长应该越来越依靠技术进步，技术进步不仅附着在劳动力身上，而且附着在机器上面，加强管理、优化资源配置等都能促进技术进步。

"中等收入陷阱",才能真正迈入发达国家的行列。

（2）加快推进"一带一路"建设。当经济发展到一定水平后，资本输出和技术输出是必然趋势，这种必然趋势的根源在于国内利润率的下降，资本在国内投资已无法获得令人满意的利润率了。资本输入和技术输入只是手段，目的是获得更高的利润率。资本输入一方面是缓解国内资本过剩的压力，这样不至于国内利润率下降过大；另一方面将资本和富余产能输入资本有机构成较低的国家，从而赚取更高的利润率。技术输出同样是为利润服务。

"一带一路"倡议是在中国较严重的产能过剩和利润率出现下降的背景下提出来的，而"一带一路"倡议的对象主要是一些发展中国家[①]。未来，中国要实现更顺畅的产业升级和技术进步，一方面要依靠不断扩大的国内市场，另一方面需要依靠国外的市场、资源和资本输出地，只依靠国内市场是无法缓解产能过剩的。只有进行持续的资本输出，中国才能维持较高的利润率，才能实现更高水平、技术更先进的资本积累。因此，"一带一路"倡议要加快推进。

9.2.3 长期，要完善所有制结构

马克思主义政治经济学已经告诉我们，生产社会化与生产资料私有制的矛盾是经济危机的根源。当生产力的发展与生产资料私有制的矛盾被激化时，经济危机就不可避免地爆发了。在人类社会中，生产力的发展是一个永恒范畴[②]，而私有制则是一个历史范畴[③]，私有制是经济危机爆发的土壤和基础，如果私有制消灭了，经济危机便不存在了。

中国现阶段的所有制结构是以公有制为主体，多种所有制经济共同发展，其中国有企业是公有制的主要表现形式，但是这种所有制结构也是处于不断变化之中的。在这种情况下，我们只能想方设法更好地完善中国当前的所有制结构，让所有制结构向有利于国民经济健康平稳发展的方向改

---

① 一带一路主要涉及中亚、东南亚、南亚、非洲等国家和地区。
② 生产力主要是针对人而言的，生产力具有三要素：劳动力、劳动工具和劳动对象。只要人类社会还存在，生产力的概念就存在。这里的永恒范畴是指把生产力放在整个人类社会中来考察，生产力与人类社会同生共灭。
③ 生产力低下的原始社会和生产力高度发达的共产主义社会，私有制不存在。

革。无法否认的是，中国的国有企业存在一些问题，部分国有企业并未发挥它应有的作用。而且，中国贫富悬殊问题，与当前的所有制结构也存在密切关系。所以，中国需要进行有效的国有企业改革，需要完善当前的所有制结构，共同富裕的目标不能忘，贫穷不是社会主义，贫富悬殊更不是社会主义。至于如何进行更有效的国有企业改革，如何完善所有制结构则需要更深入的研究。

9.3 本书的不足之处

本书从马克思主义政治经济学的视角，对当代经济危机预警进行了研究，但还存在一些不足之处。

（1）资本主义基本矛盾不仅是马克思经济危机理论的核心所在，也是经济危机的根源，而资本主义基本矛盾有三个主要表现形式[1]，本书通过论证虽然发现利润率下降是更为恰当的经济危机预警指标，但并不代表消费不足和比例失调不重要。本书的经济危机预警模型主要考虑了利润率下降指标，而未考虑消费不足和比例失调，如果把消费不足和比例失调同时也纳入经济危机预警模型中，或许会得到不一样的结果。这是本书后续研究的方向之一。

（2）本书的经济危机预警模型仅考虑了四个指标。本书的后续研究将纳入更多的与经济危机相关的指标，以期能够获得更高的经济危机预警概率，进而能够更成功地进行经济危机预警。

早期的天气预报是根据经验、物像或者"看云识天气"来推测天气变化，这种天气预报的准确性往往很低，预警功能不强。随着气象理论和大气环流理论的发展，以及气象卫星、气象观测站、数据统计工具和计算机的运算，现代天气预报的准确性非常高，能够对各种恶劣天气进行预警，自然灾害带来的损失随着气象预警的发展也逐步降低。虽然天气预报也存在误报和不准确的问题，但这并不能否认气象理论的理论指导作用，天气预报的准确和误报主要归因于瞬息万变的天气中的偶然性因素和未考虑到

---

[1] 三个主要表现形式为消费不足、比例失调和利润率下降。

的因素。同理，对于当代的经济危机预警而言，一方面，我们要根据现实经济的发展变化，坚持和发展马克思的经济危机理论；另一方面，引发经济危机的偶然性因素很多，但并不代表偶然性因素毫无规律。在马克思经济危机理论的指导下，利用统计数据和数理工具，加强对偶然性因素的研究，找出其中的某些规律。如果人们对经济危机在定性和定量上都有准确和细致的认识，那么像天气预报一样准确地进行经济危机预警就会成为可能。

参考文献

安德鲁·克莱曼，2013. 大失败：资本主义生产大衰退的根本原因［M］. 周延云，译. 北京：中央编译出版社.

白暴力，詹纯新，2005. "价值转形问题"研究的三个学术基础［J］. 经济评论（4）：3-9.

白暴力，2005. "价值转形问题"的塞顿模型分析［J］. 当代经济科学（9）：99-101.

白重恩，钱震杰，2009. 谁在挤占居民的收入：中国国民收入分配格局分析［J］. 中国社会科学（5）：99-115.

布伦纳，2006. 全球生产能力过剩与1973年以来的美国经济史（上）［J］. 孙宗伟，许建康，摘译. 国外理论动态（2）：18-25.

布伦纳，2006. 全球生产能力过剩与1973年以来的美国经济史（下）［J］. 孙宗伟，许建康，摘译. 国外理论动态（3）：17-23.

布伦纳，2009. 布伦纳认为生产能力过剩才是世界金融危机的根本原因［J］. 蒋宏达，张露丹，译. 国外理论动态（5）：5-12.

布伦纳，2010. 高盛的利益就是美国的利益：当前金融危机的根源［J］. 齐昊，译. 政治经济学评论（2）：77-108.

布伦纳，2003. 繁荣与泡沫：全球视角中的美国经济［M］. 王生升，译. 北京：经济科学出版社.

程恩富，鲁保林，俞使超，2019. 论新帝国主义的五大特征和特性：以列宁的帝国主义理论为基础［J］. 马克思主义研究（5）：49-65, 159-160.

蔡昉，2013. 从人口学视角论中国经济减速问题［J］. 中国市场（7）：12-16.

陈守东，杨莹，马辉，2006. 中国金融风险预警研究［J］. 数量经济技术经济研究（7）：36-48.

陈守东，马辉，穆春舟，2009. 中国金融风险预警的 MS-VAR 模型与区制状态研究［J］. 吉林大学社会科学学报（1）：110-120.

陈恕祥，1995. 论一般利润率下降规律［M］. 武汉：武汉大学出版社.

CCER"中国经济观察"研究组，2007. 我国资本回报率估测（1978—2006）：新一轮投资增长和经济景气微观基础［J］. 经济学（季刊）（4）：723-758.

崔百胜，姜逸菲，2015. 欧洲主权债务危机的传染效应及空间传染渠道分析［J］. 国际贸易问题（9）：133-144.

理查德·库珀，2007. 理解全球经济失衡［J］. 国际经济评论（3-4）：14-20.

杜厚文，初春莉，2008. 美国次级贷款危机：根源、走势、影响［J］. 中国人民大学学报（1）：49-57.

渡边雅男，谭晓军，2016. 日本马克思主义经济学者眼中的全球危机［J］. 政治经济学评论（7）：162-172.

大卫·科茨，2008. 美国此次金融危机的根本原因是新自由主义的资本主义［J］. 红旗文稿（13）：32-34.

大卫·科茨，2010. 目前金融和经济危机：新自由主义的资本主义的体制危机［J］. 河北经贸大学学报（1）：9-17.

大卫·科茨，2010. 马克思危机论与当前经济危机：经济衰退或严重积累结构型危机？［J］. 国外理论动态（12）：34-42.

丁浩，2009. 美国次贷危机形成机理与金融危机根源探究［J］. 金融教学与研究（1）：7-9.

丁堡骏，2009. 一个真实的经济学命题和一个伪证的学术否定：评冯金华《价值转形：一个伪问题》［J］. 当代经济研究（3）：1-9.

丁堡骏，1999. 转形问题研究［J］. 中国社会科学（5）：21-34.

丁堡骏，2012. 评萨缪尔森对劳动价值论的批判［J］. 中国社会科学（2）：79-93.

冯金华，2008. 价值转形：一个伪问题［J］. 经济评论（3）：83-89.

冯金华，2009. 不必要的生产价格：再论价值转形是一个伪问题［J］. 经济评论（4）：128-131.

冯金华，2010. 生产价格会偏离价值吗：三论价值转形是伪问题、兼评几种偏离系数转形模型 [J]. 经济评论 (3): 19-23.

冯金华, 2013. 价值转形: 总量相等则个量相等 [J]. 中国人民大学学报 (4): 47-57.

冯金华, 1998. 亚洲金融危机的教训 [J]. 党政研究 (4): 37-38.

冯芸, 吴冲锋, 2002. 货币危机早期预警系统 [J]. 系统工程理论方法应用 (3): 8-11.

樊纲, 1999. 全球化中的不平等问题: 亚洲金融危机的教训及政策含义 [J]. 国际经济评论 (3-4): 41-44.

傅强, 陈园园, 刘军, 等, 2015. 基于面板数据和动态 Logit 方法的金融危机预警模型 [J]. 中央财经大学学报 (1): 33-40.

付克华, 2003. 早期预警体系的理论回顾及其评价 [J]. 世界经济 (3): 77-80.

顾海兵, 1997. 宏观经济预警研究: 理论·方法·历史 [J]. 经济理论与经济管理 (4): 1-7.

顾海兵, 1994. 经济预警新论 [J]. 数量经济技术经济研究 (1): 33-37.

高伟, 2009. 中国国民收入和利润率的再估算 [M]. 北京: 中国人民大学出版社.

高文杰, 2013. 亚洲金融危机成因的综合诠释 [J]. 天津商业大学学报 (11): 26-34.

葛奇, 2008. 次贷危机的成因、影响及对金融监管的启示 [J]. 国际金融研究 (11): 12-19.

韩永辉, 黄亮雄, 邹建华, 2016. 中国经济结构性减速时代的来临 [J]. 统计研究 (5): 23-33.

黄光秋, 2016. "三个出发": 历史唯物主义的方法论 [J]. 理论月刊 (5): 41-46.

贺力平, 2010. 希腊债务危机的国际影响和借鉴 [J]. 经济学动态 (7): 109-113.

胡代光, 魏埙, 1990. 当代西方学者对马克思《资本论》的研究 [M]. 北京: 中国经济出版社.

何秉孟, 2010. 美国金融危机与国际金融垄断资本主义 [J]. 中国社会科学 (2): 28-44.

贾康, 2015. 把握经济发展"新常态"打造中国经济升级版 [J]. 国家行政学院学报（1）：4-11.

季小江，孟华兴，刘洪生，2012. 从个体行为阐释金融危机的根源：《动物精神》启示录［J］. 河北经贸大学学报（3）：83-86.

克拉克，2011. 经济危机理论：马克思的视角［M］. 杨健生，译. 北京：北京师范大学出版社.

克鲁格曼，1998. 拯救亚洲：应当改弦易辙了［J］. 国际金融研究（9）：58-61.

卢宇峰，2008. 收入差距：美国次贷危机的根源与本质［J］. 统计与决策（8）：108-110.

林毅夫，2015. 什么是经济新常态［J］. 领导文萃（2）：32-34.

刘鹤，2013. 两次全球大危机的比较［J］. 管理世界（3）：1-7.

刘贵鹏，杨建飞，2010. 货币视角下的"大危机"：凯恩斯与弗里德曼的理论阐释对比及启示［J］. 生态经济（7）：70-74.

刘伟，苏剑，2014. "新常态"下的中国宏观调控［J］. 经济科学（4）：5-13.

刘伟，2003. 经济学为什么研究价值理论：兼论马克思劳动价值论面临的历史性挑战［J］. 经济理论与经济管理（5）：9-17.

刘斌，2008. 我国DSGE模型的开发及在货币政策分析中的应用［J］. 金融研究（10）：1-20.

刘明远，2014. 经济危机为什么难以准确预测：来自政治经济学的反思［J］. 政治经济学评论（7）：75-89.

刘明远，2009. 马克思主义经济危机和周期理论的结构与变迁［M］. 北京，中国人民大学出版社.

刘志强，2000. 国外预警金融危机的方法评介［J］. 世界经济（7）：16-21.

刘树成，齐建国，张青松，1995. 东亚金融危机原因分析与综述［J］. 数量经济技术经济研究（5）：69-74.

刘诗白，1998. 危机、调整与东亚经济的重振［J］. 经济学家（6）：10-14.

刘华军，雷名雨，2019. 中国结构红利的空间格局及其大国雁阵模式［J］. 中国软科学（3）：86-102.

刘亚琳，申广军，姚洋，2022. 我国劳动收入份额：新变化与再考察［J］.

经济学（季刊），22（5）：1467-1488.

罗贝尔·布瓦耶，2014. 历史视角中的美国和世界的危机［J］. 经济理论与经济管理（3）：84-94.

李培育，1998. 亚洲金融危机的成因及我国面临的挑战［J］. 管理世界（6）：43-49.

李建伟，杨琳，2011. 美国次贷危机的特殊根源及未来走向［J］. 经济纵横（5）：96-101.

李扬，张晓晶，2015."新常态"：经济发展的逻辑与前景［J］. 经济研究（5）：4-19.

李稻葵，刘霖林，王红领，2009. GDP中劳动份额演变的U型规律［J］. 经济研究（1）：70-82.

李佐军，2015. 引领经济新常态走向好的新常态［J］. 国家行政学院学报（1）：21-25.

李猛，2013. 中国经济减速之源：1952—2011年［J］. 中国人口科学（1）：11-26.

李民骐，2016. 资本主义经济危机与中国经济增长［J］. 政治经济学评论（7）：206-215.

李民骐，朱安东，2005. 当前世界的基本状况与资本主义的历史趋势［J］. 高校理论战线（5）：55-58.

李民骐，张耀祖，许准，等，2016. 资本的终结［M］. 北京：中国人民大学出版社.

李铁立，刘程，2016. 中国省际工业资本利润率计算及其变动新趋势分析［J］. 广东外语外贸大学学报（1）：14-20.

李亚平，2008. 中国制造业利润率变动趋势的实证分析［J］. 经济纵横（12）：123-126.

鲁保林，2014. 中国工业部门利润率动态：1981—2009年［J］. 海派经济学（2）：168-180.

鲁保林，赵磊，2013. 美国经济利润率的长期趋势和短期波动：1966—2009［J］. 当代经济研究（6）：55-61.

鲁保林，2012. 一般利润率下降规律：理论与现实［D］. 成都：西南财经大学.

鲁保林，陈鸿池，2022. 利润率下降规律不是一个确定性命题吗？［J］. 当代经济研究（4）：51-61.

马德功，张畅，马敏捷，2007. 货币危机预警模型理论与中国适用［J］. 上海金融（12）：10-13.

马威，肖帅，2014. 金融危机预警指标体系及其结构方程模型构建［J］. 中南大学学报（社会科学版）（8）：47-52.

毛锐，刘楠楠，刘蓉，2018. 地方政府债务扩张与系统性金融风险的触发机制［J］. 中国工业经济（4）：19-38.

南旭光，孟卫东，2007. 基于等比例危险模型的金融危机预警［J］. 重庆大学学报（自然科学版）（5）：138-142.

彭兴韵，吴洁，2009. 从次贷危机到全球金融危机的演变与扩散［J］. 经济学动态（2）：52-60.

钱震杰，朱晓冬，2013. 中国的劳动份额是否真的很低：基于制造业的国际比较研究［J］. 世界经济（10）：27-53.

乔治·艾克诺马卡斯，2010. 马克思主义危机理论视野中的美国经济利润率（1929—2008）［J］. 王向东，译. 国外理论动态（11）：24-35.

荣兆梓，陈旸，2014. 转形问题B体系：模型与计算［J］. 经济研究（9）：149-161.

任保平，李梦欣. 中国经济新阶段质量型增长的动力转换难点与破解思路［J］. 经济研究参考，2021（10）：85-95.

任保平，宋文月，2015. 新常态下中国经济增长潜力开发的制约因素［J］. 学术月刊（2）：15-23.

沈坤荣，滕永乐，2013. "结构性"减速下的中国经济增长［J］. 经济学家（8）：29-38.

沈民鸣，2009. 百年价值转形研究［J］. 经济学家（6）：5-12.

申广军，2016. 比较优势与僵尸企业：基于新结构经济学视角的研究［J］. 管理世界（12）：13-24，187.

孙立冰，2009. 论利润率趋向下降的规律及与资本主义经济危机的内在联系［J］. 当代经济研究（12）：35-38.

孙东琪，朱传耿，周礼，2009. "两次金融危机"产生的原因与影响及对中国经济发展的启迪［J］. 经济地理（5）：722-725.

史建平，高宇，2009. KLR金融危机预警模型研究：对现阶段新兴市场国家金融危机的实证检验［J］. 数量经济技术经济研究（3）：106-117.

苏冬蔚，肖志兴，2011. 基于亚洲六国宏观数据的我国金融危机预警系统研究［J］. 国际金融研究（6）：14-24.

谭扬芳，2009. 新自由主义的困境与马克思的观点：当前国际金融危机根源探析［J］. 四川大学学报（哲学社会科学版）（3）：5-11.

唐正东，2008. 货币的统治与资本主义的幸存：法国调节学派阿格里塔的货币哲学观及其评价［J］. 南京社会科学（2）：1-9.

唐正东，2013. 历史唯物主义的方法论视角及学术意义：从对西方学界的几种社会批判理论的批判入手［J］. 中国社会科学（5）：33-49.

唐遥，陈贞竹，刘柯含，2020. 需求和供给冲击对企业投资以及价值链的影响：基于突发事件的研究［J］. 金融研究（6）：40-59.

托马斯·皮凯蒂，2014. 21世纪资本论［M］. 巴曙松，等译. 北京：中信出版社.

卫兴华，1983. 马克思的生产劳动理论［J］. 中国社会科学（6）：59-75.

卫兴华，孙咏梅，2009. 当前金融危机的特点与根源及应对思考［J］. 经济学动态（5）：15-24.

卫兴华，桑百川，1999. 亚洲金融危机的成因、影响和对我国的启示［J］. 学术月刊（1）：18-23.

王庆，章俊，ERNEST HO，2011. 2020年前的中国经济：增长减速不是会否发生，而是如何发生［J］. 金融发展评论（3）：26-36.

王生升，2012. 危机与战争：金融帝国主义的前景［J］. 政治经济学评论（4）：101-115.

王慧，王擎，徐舒，2021. 房价上涨是否助推企业金融化？［J］. 经济科学（6）：88-100.

王文春，荣昭，2014. 房价上涨对工业企业创新的抑制影响研究［J］. 经济学（季刊），13（2）：465-490.

王文甫，明娟，岳超云，2014. 企业规模、地方政府干预与产能过剩［J］. 管理世界（10）：17-36，46.

王希元，杨先明. 部门间生产率差距、劳动力去工业化与结构性减速［J］. 经济理论与经济管理，2022，42（10）：17-32.

谢富胜，李安，朱安东，2010. 马克思主义危机理论和1975—2008年美国经济的利润率［J］. 中国社会科学（5）：65-82.

谢富胜，郑琛，2016. 如何从经验上估算利润率？［J］. 当代经济研究

（4）：5-15.

熊晓琳，周江霞，2016. 马克思价值转形理论的分析与思考［J］. 江西社会科学（1）：5-11.

许建康，2009. 经济长波论及其各学派分歧的最大焦点［J］. 经济纵横（11）：1-6.

徐茂魁，陈丰，吴应宁，2009. 次贷危机根源之探讨：基于马克思虚拟资本理论［J］. 经济经纬（4）：13-16.

袁富华，2012. 长期增长过程的"结构性加速"与"结构性减速"：一种解释［J］. 经济研究（3）：127-140.

伊藤诚，1990. 价值与危机［M］. 宋群，译. 北京：中国社会科学出版社.

易培强，2009. 马克思虚拟资本理论与国际金融危机［J］. 当代经济研究（1）：1-6.

余永定，2000. 中国应从亚洲金融危机中汲取的教训［J］. 金融研究（12）：1-13.

余永定，2008. 美国次贷危机：背景、原因与发展［J］. 当代亚太（5）：14-32.

杨黛，2002. 对西斯蒙第和马克思经济危机理论的探讨［J］. 广东教育学院学报（11）：78-81.

杨惠昶，孙涵，2015. 希腊主权债务危机引发的对抗：基于马克思主义政治经济学的分析［J］. 当代经济研究（7）：13-20.

杨绪彪，2009. 美元本位制、美国过度消费与美国金融危机［J］. 经济问题探索（4）：165-168.

杨继国，2010. 基于马克思经济增长理论的经济危机机理分析［J］. 经济学家（2）：5-11.

杨慧玲，2009. 信用的发展与资本主义演进［J］. 当代经济研究（11）：12-16.

杨慧玲，2009. 现代资本主义发展轨迹与美国金融危机：全球化与金融化的角度［J］. 海派经济学（27）：144-154.

杨慧玲，2018. 金融不稳定性的逻辑：一个马克思主义的阐释［J］. 当代经济研究（1）：5-14，97.

杨筝，王红建，戴静，2019. 放松利率管制、利润率均等化与实体企业"脱实向虚"［J］. 金融研究（6）：20-38.

颜建晔，杨小玄，殷琳，2014. 主权债务危机预警模型及跨国传染效应：基于probit面板估计［J］. 浙江社会科学（12）：18-29.

严金强，马艳，蔡民强，2016. 动态价值转形理论：模型与模拟演示［J］. 世界经济（12）：3-21.

于泽，2009. IT革命、利润率和次贷危机［J］. 管理世界（6）：19-28.

赵磊，刘河北，2015. 新常态背景下财政支出与农民收入增长［J］. 江汉论坛（4）：10-15.

赵磊，2009."经济人假设"的五个误区［J］. 学术月刊（9）：85-92.

赵磊，2008. 对美国次贷危机根源的反思［J］. 经济学动态（11）：41-46.

赵磊，李节，2009. 金融危机：为什么要重提马克思［J］. 马克思主义研究（6）：65-69.

赵磊，2011. 当代资本主义危机和中国的改革发展［J］. 国外理论动态（12）：157-161.

赵磊，肖斌，2013. 经济金融化何以可能：一个马克思主义的解读［J］. 当代经济研究（3）：61-65.

赵扶扬，陈斌开，刘守英，2021. 宏观调控、地方政府与中国经济发展模式转型：土地供给的视角［J］. 经济研究，56（7）：4-23.

周纪信，1998. 运用马克思金融危机理论探析亚洲金融危机的成因：兼论我国化解金融风险的对策［J］. 当代经济科学（3）：10-15.

张成思，张步昙，2016. 中国实业投资率下降之谜：经济金融化视角［J］. 经济研究，51（12）：32-46.

张成思，郑宁，2020. 中国实体企业金融化：货币扩张、资本逐利还是风险规避？［J］. 金融研究（9）：1-19.

张成思，贾翔夫，廖闻亭，2022. 金融化、杠杆率与系统性金融风险［J］. 财贸经济，43（6）：80-96.

张国峰，陆毅，蒋灵多，2021. 关税冲击与中国进口行为［J］. 金融研究（10）：40-58.

张月友，董启昌，倪敏，2018. 服务业发展与"结构性减速"辨析：兼论建设高质量发展的现代化经济体系［J］. 经济学动态（2）：23-35.

张军，吴桂英，张吉鹏，2004. 中国省际物质资本存量估算：1952—2000［J］. 经济研究（4）：35-44.

张军，2002. 资本形成、工业化与经济增长：中国的转轨特征［J］. 经济研究（6）：3-13.

张元萍，孙刚，2003. 金融危机预警系统的理论透析与实证分析 [J]. 国际金融研究（10）：32-38.

张宇，蔡万焕，2010. 马克思主义金融资本理论及其在当代的发展 [J]. 马克思主义与现实（6）：101-106.

张五常，2008. 金融灾难的核心问题：与贝加商榷 [J]. 黑龙江金融（10）：7-8.

张晓朴，朱太辉，2014. 金融体系与实体经济关系的反思 [J]. 国际金融研究（3）：43-54.

郑良芳，2009. 金融危机的必然性、根源、特点和防治：对保尔森谬论的批判 [J]. 首都经济贸易大学学报（2）：107-110.

郑联盛，范云朋，胡滨，等，2021. 公共卫生危机对就业和工资的总量与结构影响 [J]. 财贸经济，42（4）：115-129.

朱奎，2004. 转形问题的一个马克思主义解：兼评丁堡骏和白暴力的转形理论 [J]. 经济评论（1）：9-17.

朱佳木，2009. 论中华人民共和国史研究 [J]. 中国社会科学（1）：174-189.

朱钧钧，谢识予，许祥云，2012. 基于空间 probit 面板模型的债务危机预警方法 [J]. 数量经济技术经济研究（10）：100-114.

ABIAD A, 2003. Early warning systems: A survey and a regime-switching approach [R]. IMF working paper No. 03/32, International Monetary Fund.

AKKOC S, 2012. An empirical comparison of conventional techniques, neural networks and the three stage hybrid adaptive neuro fuzzy inference system (ANFIS) model for credit scoring analysis: The case of Turkish credit card data [J]. European journal of operational research, 222 (1): 168-178.

AIZENMAN J, PASRICHA G K, 2012. Dereminants of financial stress and recovery during the Great Recession [J]. International journal finance economic 17: 347-372.

BACHE I, JORE A, MITCHELL J, et al, 2011. Combining VAR and DSGE forecast densities [J]. Journal of economic dynamics & control, 35: 1659-1670.

BASU D, 2013. Replacement versus historical cost profit rates: What is the difference? when does it matter? [J]. Metroeconomica, 64 (2): 293-318.

BERKMEN S P, GELOS G, RENNHACK R, et al. 2012. The global financial crisis: Explaining cross-country differences in the output impact [J]. Journal international money finance, 31: 42-59.

BECKMANN D, MENKHOFF L, SAWISCHLEWSKI K, 2006. Robust lessons about practical early warning systems [J]. Journal of policy modeling, 28: 163-193.

BERG A, PATTILLO C, 1999. Predicting currency crises: The indicators approach and alternative [J]. Journal of international money and finance, 18: 561-586.

BUSSIERE M, FRATZSCHER M, 2006. Towards a new early warning system of financial crises [J]. Journal of international money finance, 25: 953-973.

CAPRIO G, KLINGEBIEL D, 1996. Bank insolvency: Bad luck, bad policy or bad banking? [R]. Paper presented at the annual world bank conference on development economics.

CANBAS S, CABUK A, KILIC S B, 2005. Prediction of commercial bank failure via multivariate statistical analysis of financial structures: The Turkish case [J]. European journal of operational research, 166: 528-546.

CHRISTOFIDES C, EICHER T, PAPAGEORGIOU C, 2016. Did established early warning signals predict the 2008 crises? [J]. European economic review, 81: 103-114.

CHRISTIANO L J, EICHENBAUM M, EVANS C L, 2005. Nominal rigidities and the dynamic effects of a shock to monetary policy [J]. Journal of political economy, 113 (1): 1-45.

CHRISTIANO L, TRABANDT M, WALENTIN K, 2010. DSGE models for monetary policy analysis [R]. NBER working paper No. 16074.

CIPOLLINI A, KAPETANIOS G, 2003. A dynamic factor analysis of financial contagion in Asia [R]. Working papers 498, Queen Mary University of London, school of economics and finance.

CONNOR G, FLAVIN T, O'KELLY B, 2012. The U. S. and Irish credit crises: Their distinctive differences and common features [J]. Journal of international money finance, 31 (1): 60-79.

DAVIS E P, KARIM D, 2008. Comparing early warning systems for banking crises [J]. Journal of financial stability, 4 (2): 89-120.

DEMYANYK Y, HASAN I, 2010. Financial crises and bank failures: A review of prediction methods [J]. Omega, 38 (315): 315-324.

DUMENIL G, LEVY D, 1994. The economics of the profit rate: Competition, crises, and historical tendencies in capitalism [J]. The Economic Journal, 104: 1204-1206.

DUMENIL G, LEVY D, 2002. The profit rate: Where and how much did it fall? did it recover? (USA 1948—2000) [J]. Review of radical political economics, 34 (4): 437-461.

DUMENIL G, LEVY D, 2011. The crisis of the early 21st century: A critical review of alternative interpretations [R]. working paper.

EDISON H J, 2003. Do indicators of financial crises work? An evaluation of an early warning system [J]. International journal of finance and economics, 8 (1): 11-53.

EICHENGREEN B, ROSE A K, WYPLOSZ C, 1995. Exchange market mayhem: The antecedents and aftermath of speculative attacks [J]. Economic policy, 21: 251-312.

FRANKEL J A, ROSE A K, 1996. Currency crashes in emerging markets: An empirical treatment [J]. Journal of international economics, 41 (3-4): 351-366.

FRANKEL J, SARAVELOS G, 2012. Can leading indicators assess country vulnerability? Evidence from the 2008-09 global financial crisis [J]. Journal of international economic, 87 (2): 216-231.

FIORAMANTI M, 2008. Predicting sovereign debt crises using artificial neural networks: A comparative approach [J]. Journal of financial stability, 4: 149-164.

FRIEDMAN M, SCHWARTZ A J, 1963. A monetary history of the United States 1867-1960 [M]. New Jersey: Princeton University Press.

GALI J, SMETS F, WOUTERS R, 2012. Slow recoveries: A structural interpretation [R]. NBER working paper No. 18085.

GERTLER M, KIYOTAKI N, QUERALTO A, 2012. Financial crises, bank risk exposure and government financial policy [J]. Journal Monetary Economic,

59: 517-534.

GILLMAN J M, 1957. The falling rate of profit: Marx's law and its significance to twentieth-century capitalism [M]. London: Dennis Dobson.

GLICK R, ROSE A K, 1999. Contagion and trade: Why are currency crises regional? [J]. Journal of international money and finance, 18 (4): 603-617.

GLYN A, SUTCLIFFE B, 1972. British capitalism, workers and the profit squeeze [M]. Harmondsworth: Penguin.

GUO F, CHEN C R, HUANG Y S, 2011. Markets contagion during financial crisis: a regime switching approach [J]. International review of economic & finance, 20: 95-109.

GUPTA R, STEINBACH R, 2013. A DSGE-VAR model for forecasting key south african macroeconomic variables [J]. Economic modelling, 33: 19-33.

GROSSMAN H, 1992. The law of accumulation and breakdown of the capitalist system [M]. London: Pluto Press.

HAWKINS J, KLAU M, 2000. Measuring potential vulnerabilities in emerging market economies [R]. BIS Working Papers 91, Bank for International Settlements.

KLOMP J, DE HAAN J, 2012. Banking risk and regulation: Does one size fit all? [J] Journal of banking & finance, 36: 3197-3212.

KAMINSKY G L, LIZONDO S, REINHART C, 1998. Leading indicators of currency crises [J]. IMF Staff Papers, 45 (1): 1-48.

KAMINSKY G L, REINHART C, 1999. The twin crises: The causes of banking and balance-of-payments problems [J]. American economic review, 89 (3): 473-500.

KAMINSKY G L, 1999. Currency and banking crises: The early warnings of distress [R]. IMF working papers No. 1999/178.

KINDLEBERGER C, 1978. Manias, panics and crashes [M]. New York: Basic Books.

KLIMAN A, 2009. The persistent fall in profitability underlying the current crisis: New temporalist evidence [R]. working paper.

KOLASA M, RUBASZEK M, 2015. Forecasting using DSGE models with financial frictions [J]. International journal of forecasting, 31: 1-19.

KYDLAND F, PRESCOTT E, 1982. Time to build and aggregate fluctuations [J]. Econometrica, 50: 1345-1370.

LACHER R C, COATS P K, SHANKER C S, et al., 1995. A neural network for classifying the financial health of a firm [J]. European journal of operational research, 85 (1): 53-65.

LESTANO L, JACOBS J, KUPER G H, 2004. Indicators of financial crises do work! An early-warning system for six Asian countries [R]. International Finance 0409004, University Library of Munich, Germany.

LAPAVITSAS C, 2009. Financialised capitalism: Crisis and financial expropriation [J]. Historical materialism, 17 (2): 114-148.

MAGE S H, 1963. The "law of falling tendency of the rate of profit" [D]. New York: Columbia University.

MANIATIS T, 2005. Marxian macroeconomic categories in the Greek economy [J]. Review of radical political economics, 37 (4): 494-516.

MANIATIS T, 2010. Marxist theories of crisis and the current economic crisis [J]. Forum for social economics, 41 (1): 6-29.

MICHL T, 1988. The two-stage decline in U. S. nonfinancial corporate profitability, 1948—1986 [J]. Review of radical political economics, 20 (4): 1-22.

MOSELEY F, 1991. The falling rate of profit in the postwar United States Economy [M]. New York: St. Martin's Press.

MOSELEY F, 1998. The rate of surplus value, the organic composition, and the general rate of profit in the U. S. economy, 1947-67: A critique and update of wolff's estimates [J]. American economic review, 78: 298-303.

MOHUN S, 2012. Rate of profit and crisis in the US economy: a class perspective [R]. working paper.

NEGRO M, SCHORFHEIDE F, 2013. DSGE model-based forecasting [J]. Handbook of economic forecasting, volume 2A: 57-140.

OCHOA E M, 1984. Labor values and prices of production: An interindustry study of the US economy, 1947—1972 [M]. New York: New school for social research.

RAZIN A, ROSEFIELDE S, 2011. Currency and financial crises of the 1990s and 2000s [R]. NBER working paper, No. 16754.

RAFTERY A E, 1995. Bayesian model selection in social research [J]. Sociological methodology, 25: 111-163.

REINHART C M, ROGOFF K S, 2011. From financial crash to debt crisis [J]. American economic review, 101 (5): 1676-1706.

ROBERT M, 2015. Revisiting a World Rate of Profit [R]. Working Paper.

SACHS J, TORNELL A, VELASCO A, 1996. Financial crises in emerging markets: The lessons from 1995 [J]. Brookings papers on economic activity, 27 (1): 147-199.

SEVIM C, OZTEKIN A, BALI A, et al., 2014. Developing an early warning system to predict currency crises [J]. European journal of operational research 237: 1095-1104.

SHAIKH A, 1984. The transformation from Marx to Sraffa [M]. London: Ricardo.

SHAIKH A, TONAK A, 1994. Measuring the wealth of nations: The political economy of national accounts [M]. New York: Cambridge University Press.

SMETS F, WOUTERS R, 2003. An estimated dynamic stochastic general equilibrium model of the Euro Area [J]. Journal of the european economic association, 1 (5): 1123-1175.

SMETS F, WOUTERS R, 2007. Shocks and frictions in US business cycles [J]. American economic review, 97 (3): 586-606.

SMETS F, WARNE A, WOUTERS R, 2014. Professional forecasters and real-time forecasting with a DSGE model [J]. International journal of forecasting, 30: 981-995.

TOMELL A, 1999. Common fundamentals in the Tequila and Asian crises [R]. NBER working paper, No. 7139.

VASUDEVAN R, 2008. Finance, imperialism, and the hegemony of the dollar [J]. Monthly review, 59 (11): 35.

WEISSKOPF T, 1979. Marxian crisis theory and the rate of profit in the postwar U. S. economy [J]. Cambridge Journal of Economics, 3 (4): 341-378.

WOLLF E N, 1986. The productivity slowdown and the fall in the U. S rate of profit, 1947—1976 [J]. Review of radical political economics, 18 (1-2):

87-109.

YU L, WANG S, LAI K K, et al., 2010. A multiscale neural network learning paradigm for financial crisis forecasting [J]. Neurocomputing, 73 (4-6): 716-725.

ZHANG G, HU M Y, PATUWO B E, et al., 1999. Artificial neural networks in bankruptcy prediction: General framework and cross-validation analysis [J]. European journal of operational research, 116: 16-32.

ZHANG Y, ZHAO F, 2007. The rate of surplus value, the composition of capital, and the rate of profit in the Chinese manufacturing industry: 1978—2004 [J]. Bulletin of Political Economy, 1 (1): 17-42.

附录

附录A 第5章计算所得的利润率数据

表A.1 亚洲六国利润率：泰国、马来西亚、印度尼西亚（1970—2014年）

年份	泰国 工业利润率	泰国 制造业利润率	马来西亚 工业利润率	马来西亚 制造业利润率	印度尼西亚 工业利润率	印度尼西亚 制造业利润率
1970	0.054 9	0.034 6	0.066 6	0.030 2	0.042	0.023 2
1971	0.057 2	0.037 1	0.068 3	0.031 7	0.045 6	0.020 2
1972	0.060 8	0.041	0.078 5	0.036 4	0.062 3	0.026 7
1973	0.074 3	0.053 2	0.106 5	0.056 9	0.091 4	0.036 6
1974	0.085 7	0.061 6	0.131 3	0.068 6	0.17	0.045 6
1975	0.083	0.06	0.115 1	0.059 6	0.172 7	0.050 6
1976	0.094 5	0.067 2	0.128 6	0.067 9	0.188 9	0.057 4
1977	0.104 6	0.071 9	0.139 4	0.074 2	0.201	0.061 8
1978	0.115 7	0.078 3	0.155 6	0.081 5	0.204 7	0.067 2
1979	0.122 4	0.084 9	0.181 4	0.093 8	0.192 1	0.059 4
1980	0.119 6	0.089 7	0.182 2	0.095 7	0.253 9	0.079 1
1981	0.122 8	0.092 4	0.155 9	0.080 9	0.250 7	0.073 6
1982	0.113 4	0.082	0.132 3	0.066 6	0.196 6	0.062
1983	0.114 6	0.083	0.129	0.064 7	0.159 8	0.051 2
1984	0.112 3	0.080 4	0.127 1	0.063 7	0.142 6	0.053 2
1985	0.097 3	0.067	0.107 7	0.054	0.118	0.052 6
1986	0.103 3	0.074 6	0.089 5	0.044 9	0.091 1	0.045 2

表 A.1(续)

年份	泰国 工业利润率	泰国 制造业利润率	马来西亚 工业利润率	马来西亚 制造业利润率	印度尼西亚 工业利润率	印度尼西亚 制造业利润率
1987	0.111 1	0.080 8	0.096 9	0.049 8	0.084 9	0.039 7
1988	0.124 7	0.093 1	0.099 7	0.056 7	0.093 2	0.049 3
1989	0.131 8	0.097 2	0.104 9	0.062 7	0.099 5	0.051 2
1990	0.133 9	0.097 8	0.114 4	0.065 7	0.103 7	0.054 8
1991	0.130 8	0.095 6	0.111 3	0.067 6	0.106 6	0.056 3
1992	0.122 1	0.088 3	0.113 7	0.071 4	0.101 6	0.056 3
1993	0.119 4	0.085 1	0.111 5	0.072 1	0.106 3	0.059 7
1994	0.114 7	0.080 5	0.106 5	0.070 8	0.107 7	0.061 9
1995	0.111 8	0.078 9	0.110 5	0.070 4	0.111 1	0.064 1
1996	0.102 1	0.070 9	0.112 8	0.072 1	0.113 3	0.066 8
1997	0.075 5	0.054 8	0.099 7	0.063 5	0.097 8	0.059 1
1998	0.054 8	0.041 3	0.068	0.044 6	0.041 9	0.023 1
1999	0.059 8	0.046 4	0.076 7	0.051 1	0.055 7	0.033 4
2000	0.060 6	0.047	0.093 3	0.059 6	0.068	0.041 1
2001	0.056 5	0.043 4	0.086	0.054 6	0.064 4	0.040 3
2002	0.061 8	0.047 9	0.087 6	0.056 8	0.070 7	0.045 7
2003	0.068 9	0.053 9	0.094 8	0.060 9	0.078	0.050 3
2004	0.073 7	0.057 4	0.107 4	0.067 2	0.080 2	0.050 4
2005	0.076 4	0.058 9	0.111 1	0.066 6	0.085 2	0.050 2
2006	0.084 5	0.065 3	0.119 7	0.071 6	0.098 8	0.058
2007	0.093 6	0.072 7	0.128 3	0.075 8	0.104 1	0.060 2
2008	0.095 8	0.074 3	0.146 5	0.080 4	0.110 2	0.063 8
2009	0.085 5	0.065 4	0.11	0.064 6	0.099 9	0.055 3
2010	0.099 5	0.077 2	0.129 8	0.075 1	0.105 7	0.054 5
2011	0.094 8	0.072 6	0.139 3	0.081 6	0.107 6	0.053 3
2012	0.091 8	0.069	0.135 2	0.078	0.092 9	0.045 7
2013	0.088 8	0.066 5	0.125 6	0.071 9	0.078 1	0.038 5
2014	0.085 4	0.064 2	0.129	0.073 9	0.070 3	0.035 3

表 A.2　亚洲六国利润率：菲律宾、韩国、新加坡（1970—2014 年）

年份	菲律宾 工业利润率	菲律宾 制造业利润率	韩国 工业利润率	韩国 制造业利润率	新加坡 工业利润率	新加坡 制造业利润率
1970	0.071 7	0.056	0.046 7	0.031 9		
1971	0.077 3	0.061 8	0.046 8	0.033		
1972	0.084 4	0.066 7	0.051 8	0.038 3		
1973	0.104 3	0.081 3	0.068 9	0.052 5		
1974	0.132 2	0.098 5	0.082 3	0.062 7		
1975	0.129 2	0.094 8	0.083 3	0.061 6	0.062 2	0.042 7
1976	0.136 5	0.096	0.106 7	0.081 9	0.066 2	0.045 7
1977	0.140 8	0.097 2	0.120 7	0.088 2	0.063 1	0.044 9
1978	0.145	0.102 4	0.141 4	0.097 9	0.065 7	0.048 8
1979	0.158 1	0.106 1	0.152 2	0.102 8	0.078 1	0.059 6
1980	0.164 7	0.109 1	0.125 3	0.083 8	0.092	0.07
1981	0.161 2	0.105	0.125 7	0.086 8	0.096 1	0.071 9
1982	0.144 5	0.093 4	0.119 3	0.081 4	0.089 6	0.059 9
1983	0.115 4	0.071 3	0.119 1	0.081 6	0.087	0.054 3
1984	0.097 8	0.063 5	0.120 6	0.084	0.084 7	0.051 5
1985	0.086 2	0.061 8	0.111 9	0.078 2	0.068 4	0.042 8
1986	0.079 4	0.056 5	0.118 5	0.085 1	0.063 3	0.043 2
1987	0.084 6	0.061 1	0.135 3	0.098 5	0.065 5	0.048 4
1988	0.094 5	0.068 9	0.159 4	0.116 9	0.076 8	0.059 6
1989	0.099	0.070 5	0.164 1	0.116 2	0.081 2	0.064
1990	0.095 4	0.068 7	0.156 8	0.102 8	0.086 1	0.068 1
1991	0.089 8	0.066 8	0.152	0.097 7	0.101 1	0.079
1992	0.093 3	0.068 7	0.131 2	0.084 7	0.099 5	0.075
1993	0.090 3	0.065 5	0.128 5	0.082 7	0.103 3	0.078 7
1994	0.096 5	0.069	0.125 5	0.082 2	0.104 9	0.079 2
1995	0.100 4	0.072	0.13	0.085 8	0.107 5	0.081 9
1996	0.101 4	0.072 1	0.116 7	0.075 4	0.099 1	0.072 8
1997	0.091 2	0.063 2	0.094 7	0.060 6	0.085 9	0.061 2
1998	0.079	0.053 9	0.060 8	0.040 9	0.067 9	0.048 1
1999	0.080 9	0.057 5	0.070 6	0.049 3	0.059 2	0.043 8

表 A.2(续)

年份	菲律宾 工业利润率	菲律宾 制造业利润率	韩国 工业利润率	韩国 制造业利润率	新加坡 工业利润率	新加坡 制造业利润率
2000	0.079	0.056 1	0.080 3	0.061 1	0.065 2	0.051 9
2001	0.071 1	0.050 8	0.069 1	0.051 7	0.054 2	0.041 7
2002	0.071 3	0.050 9	0.071	0.053	0.053 4	0.042 9
2003	0.068 9	0.049 1	0.073 3	0.053 4	0.052 3	0.042 8
2004	0.069 4	0.049 2	0.079 1	0.059 4	0.061 3	0.052
2005	0.074 2	0.052 7	0.083 1	0.062 7	0.063 5	0.054 5
2006	0.081 8	0.057 7	0.082 9	0.062 6	0.067 9	0.058 1
2007	0.092 1	0.063 3	0.083 4	0.063 5	0.067 9	0.056 9
2008	0.099 1	0.068 8	0.066 5	0.052 4	0.061 6	0.047 6
2009	0.086 3	0.057 8	0.056 8	0.044 5	0.057 4	0.042 6
2010	0.096 5	0.063 6	0.065 6	0.052 7	0.062 3	0.048 2
2011	0.096 2	0.064 8	0.067	0.054 7	0.061 5	0.047 2
2012	0.097 8	0.064 3	0.062 6	0.051	0.057 8	0.044 2
2013	0.096 4	0.063 1	0.063 1	0.050 9	0.050 4	0.037 7
2014	0.099	0.065	0.068 1	0.054	0.052 3	0.038 6

表 A.3 美国制造业和生产性部门 1997—2015 年的利润率（历史成本与重置成本）

年份	制造业利润率 r_1	制造业利润率 r_2	生产性部门利润率 r_3	生产性部门利润率 r_4
1997	0.348 512	0.264 153	0.407 615	0.284 667
1998	0.379 754	0.290 397	0.407 405	0.289 428
1999	0.374 382	0.287 936	0.405 769	0.291 637
2000	0.362 768	0.280 998	0.392 933	0.283 497
2001	0.325 353	0.255 634	0.380 93	0.276 476
2002	0.334 68	0.264 711	0.390 385	0.283 47
2003	0.360 997	0.284 631	0.412 795	0.299 13
2004	0.386 933	0.297 135	0.445 839	0.309 397
2005	0.407 664	0.305 84	0.460 509	0.305 827
2006	0.427 405	0.317 388	0.466 266	0.302 902
2007	0.419 136	0.309 389	0.460 983	0.301 948

表 A.3(续)

年份	制造业利润率		生产性部门利润率	
	r_1	r_2	r_3	r_4
2008	0.386 148	0.282 097	0.449 947	0.294 296
2009	0.382 924	0.289 201	0.413 548	0.286 974
2010	0.413 713	0.313 973	0.430 931	0.298 6
2011	0.417 219	0.315 042	0.432 222	0.298 691
2012	0.417 872	0.319 231	0.421 717	0.294 9
2013	0.416 132	0.318 054	0.423 063	0.298 466
2014	0.406 855	0.313 927	0.412 86	0.296 02
2015	0.401 721	0.314 926	0.398 078	0.293 272

表 A.4 美国经济 1948—2015 年不同口径的利润率（历史成本与重置成本）

年份	生产性部门固定资本		所有私人部门固定资本	
	历史成本	重置成本	历史成本	重置成本
	r_5	r_6	r_7	r_8
1948	0.549 704	0.316 59	0.262 091	0.130 672
1949	0.464 164	0.282 078	0.219 517	0.115 921
1950	0.496 615	0.289 492	0.229 128	0.119 075
1951	0.516 004	0.303 19	0.237 001	0.124 498
1952	0.474 165	0.286 087	0.217 79	0.118 273
1953	0.445 095	0.277 111	0.203 856	0.115 667
1954	0.401 63	0.259 035	0.181 676	0.106 927
1955	0.421 984	0.265 499	0.187 881	0.110 271
1956	0.402 361	0.249 005	0.179 175	0.105 851
1957	0.380 236	0.237 473	0.170 019	0.102 875
1958	0.351 951	0.228 226	0.156 815	0.098 256
1959	0.362 929	0.239 153	0.159 62	0.102 631
1960	0.345 396	0.236 667	0.151 137	0.100 4
1961	0.338 258	0.238 205	0.147 059	0.100 112
1962	0.342 968	0.247 106	0.148 233	0.103 274
1963	0.346 196	0.255 01	0.148 578	0.106 576
1964	0.347 548	0.257 862	0.148 236	0.106 058
1965	0.361 057	0.270 291	0.154 437	0.110 938

表A.4(续)

年份	生产性部门固定资本 历史成本 r_5	生产性部门固定资本 重置成本 r_6	所有私人部门固定资本 历史成本 r_7	所有私人部门固定资本 重置成本 r_8
1966	0.358 789	0.268 603	0.155 043	0.110 047
1967	0.337 451	0.251 186	0.147 204	0.103 484
1968	0.339 267	0.247 827	0.148 615	0.101 317
1969	0.326 969	0.234 75	0.143 837	0.096 793
1970	0.301 156	0.211 267	0.133 158	0.088 427
1971	0.312 388	0.213 972	0.137 177	0.088 041
1972	0.326 448	0.222 042	0.141 845	0.089 363
1973	0.351 614	0.230 946	0.151 868	0.091 794
1974	0.335 748	0.197 546	0.146 338	0.081 347
1975	0.340 01	0.196 163	0.150 227	0.082 039
1976	0.358 039	0.204 832	0.159 198	0.085 438
1977	0.364 54	0.206 979	0.162 546	0.084 411
1978	0.370 089	0.207 189	0.165 455	0.083 745
1979	0.355 194	0.194 686	0.159 639	0.078 133
1980	0.335 791	0.179 829	0.152 945	0.072 661
1981	0.340 286	0.181 026	0.157 989	0.075 076
1982	0.302 894	0.167 22	0.142 376	0.069 533
1983	0.292 608	0.169 639	0.136 069	0.069 462
1984	0.311 567	0.186 395	0.143 085	0.075 537
1985	0.295 341	0.182 582	0.133 916	0.073 083
1986	0.283 736	0.179 898	0.125 749	0.069 857
1987	0.295 965	0.188 956	0.128 173	0.072 236
1988	0.322 33	0.205 11	0.136 974	0.077 874
1989	0.308 427	0.197 011	0.129 447	0.074 458
1990	0.318 045	0.204 597	0.132 796	0.077 544
1991	0.305 882	0.202 263	0.127 717	0.076 59
1992	0.299 041	0.200 483	0.124 689	0.075 277
1993	0.296 608	0.199 963	0.122 985	0.074 436
1994	0.313 609	0.211 602	0.129 003	0.077 896
1995	0.314 418	0.213 581	0.129 115	0.078 92

表 A.4(续)

年份	生产性部门固定资本 历史成本 r_5	生产性部门固定资本 重置成本 r_6	所有私人部门固定资本 历史成本 r_7	所有私人部门固定资本 重置成本 r_8
1996	0.318 464	0.219 837	0.130 416	0.080 784
1997	0.315 31	0.220 204	0.129 008	0.080 735
1998	0.294 985	0.209 562	0.120 339	0.075 93
1999	0.292 872	0.210 495	0.118 634	0.075 127
2000	0.287 155	0.207 179	0.116 244	0.073 736
2001	0.263 572	0.191 299	0.106 47	0.067 477
2002	0.264 386	0.191 979	0.105 341	0.066 663
2003	0.281 118	0.203 71	0.109 971	0.069 061
2004	0.309 05	0.214 47	0.118 342	0.071 367
2005	0.349 343	0.232 001	0.131 554	0.076 446
2006	0.368 343	0.239 288	0.137 523	0.079 21
2007	0.340 94	0.223 319	0.128 243	0.075 484
2008	0.317 503	0.207 669	0.121 611	0.073 038
2009	0.274 627	0.190 573	0.106 456	0.067 054
2010	0.303 189	0.210 085	0.119 164	0.075 444
2011	0.301 517	0.208 367	0.120 46	0.076 324
2012	0.319 276	0.223 264	0.129 669	0.082 22
2013	0.313 394	0.221 095	0.129 044	0.080 443
2014	0.321 063	0.230 202	0.133 754	0.083 048
2015	0.306 64	0.225 908	0.128 234	0.081 333

表 A.5　美国非金融公司 1929—2015 年净利润率（重置成本与历史成本）

年份	重置成本利润率 r_9	历史成本利润率 r_{10}	年份	重置成本利润率 r_9	历史成本利润率 r_{10}
1929	0.064 286	0.082 442	1973	0.045 202	0.068 347
1930	0.025 462	0.030 218	1974	0.043 032	0.072 992
1931	-0.002 23	-0.002 4	1975	0.036 815	0.063 273
1932	-0.017 54	-0.018 06	1976	0.044 615	0.077 519
1933	0.008 37	0.008 886	1977	0.045 182	0.079 171
1934	0.018 698	0.020 415	1978	0.048 04	0.085 317

表A.5(续)

年份	重置成本利润率 r_9	历史成本利润率 r_{10}	年份	重置成本利润率 r_9	历史成本利润率 r_{10}
1935	0.027 186	0.029 689	1979	0.045 973	0.083 524
1936	0.042 333	0.050 678	1980	0.037 629	0.069 83
1937	0.044 482	0.053 932	1981	0.035 293	0.065 63
1938	0.019 607	0.023 372	1982	0.025 968	0.046 405
1939	0.044 482	0.053 254	1983	0.025 807	0.043 815
1940	0.054 29	0.067 435	1984	0.029 318	0.048 06
1941	0.072 461	0.097 939	1985	0.025 804	0.040 845
1942	0.066 845	0.094 793	1986	0.015 316	0.023 602
1943	0.069 133	0.098 252	1987	0.022 113	0.033 891
1944	0.065 484	0.092 263	1988	0.027 191	0.041 775
1945	0.044 575	0.065 837	1989	0.022 337	0.034 152
1946	0.059 689	0.099 833	1990	0.020 824	0.031 562
1947	0.074 007	0.134 08	1991	0.018 96	0.027 941
1948	0.077 441	0.137 658	1992	0.019 828	0.028 857
1949	0.059 356	0.099 544	1993	0.022 496	0.032 549
1950	0.074 767	0.132 845	1994	0.029 409	0.042 489
1951	0.058 661	0.102 547	1995	0.034 471	0.049 394
1952	0.051 245	0.086 959	1996	0.034 654	0.048 778
1953	0.052 405	0.086 237	1997	0.034 725	0.048 233
1954	0.051 096	0.080 891	1998	0.028 177	0.038 55
1955	0.060 334	0.098 058	1999	0.024 431	0.033 065
1956	0.056 072	0.092 525	2000	0.021 895	0.029 552
1957	0.049 567	0.080 409	2001	0.012 201	0.016 387
1958	0.040 88	0.063 891	2002	0.010 291	0.013 848
1959	0.048 848	0.074 945	2003	0.017 177	0.023 184
1960	0.045 162	0.066 43	2004	0.025 026	0.035 351
1961	0.042 272	0.060 327	2005	0.033 291	0.049 067
1962	0.047 5	0.066 1	2006	0.040 854	0.061 52
1963	0.051 37	0.069 86	2007	0.033 759	0.050 553
1964	0.055 912	0.075 364	2008	0.023 073	0.034 807
1965	0.064 093	0.085 564	2009	0.013 62	0.019 441

表 A.5(续)

年份	重置成本利润率 r_9	历史成本利润率 r_{10}	年份	重置成本利润率 r_9	历史成本利润率 r_{10}
1966	0.064 14	0.085 409	2010	0.026 751	0.038 334
1967	0.054 96	0.073 544	2011	0.025 546	0.036 836
1968	0.051 11	0.069 648	2012	0.031 091	0.044 399
1969	0.043 409	0.060 146	2013	0.034 571	0.049 058
1970	0.032 386	0.045 89	2014	0.034 751	0.048 645
1971	0.035 525	0.051 429	2015	0.026 374	0.035 973
1972	0.039 373	0.057 352			

表 A.6　美国汽车和食品饮料烟草业的历史成本利润率（1948—2013 年）

年份	汽车行业 r_{11}	食品饮料烟草业 r_{12}	年份	汽车行业 r_{11}	食品饮料烟草业 r_{12}
1948	0.581 579	0.18	1981	0.054 858	0.128 814
1949	0.670 526	0.171 406	1982	0.049 925	0.110 782
1950	0.808 095	0.180 606	1983	0.146 834	0.108 858
1951	0.422 8	0.131 014	1984	0.199 857	0.098 28
1952	0.385 172	0.124 714	1985	0.185 767	0.086 197
1953	0.354 118	0.137 222	1986	0.102 874	0.075 579
1954	0.303 077	0.135 867	1987	0.057 667	0.088 1
1955	0.499 545	0.154 156	1988	0.065 832	0.104 732
1956	0.276 6	0.144 074	1989	0.039 844	0.058 795
1957	0.264 63	0.135 714	1990	−0.049 05	0.103 396
1958	0.106	0.150 23	1991	−0.029 78	0.122 286
1959	0.288 772	0.159 89	1992	0.067 126	0.117 965
1960	0.270 5	0.155 957	1993	0.139 712	0.102 652
1961	0.217 778	0.154 388	1994	0.209 863	0.113 493
1962	0.315 455	0.151 65	1995	0.090 121	0.182 463
1963	0.358 592	0.161 091	1996	0.082 468	0.127 116
1964	0.340 13	0.159 655	1997	0.058 553	0.133 5
1965	0.405 465	0.165 081	1998	0.092 192	0.104 008
1966	0.327 368	0.169 104	1999	0.062 338	0.135 172
1967	0.235 941	0.150 764	2000	−0.006 72	0.125 138

表 A.6(续)

年份	汽车行业 r_{11}	食品饮料烟草业 r_{12}	年份	汽车行业 r_{11}	食品饮料烟草业 r_{12}
1968	0.287 685	0.138 758	2001	−0.057 09	0.134 224
1969	0.240 678	0.128 78	2002	−0.032 19	0.113 055
1970	0.099 764	0.134 011	2003	0.044 795	0.121 82
1971	0.252 721	0.139 948	2004	−0.037 1	0.116 252
1972	0.276 959	0.121 1	2005	−0.028 65	0.093 669
1973	0.287 563	0.143 722	2006	−0.063 84	0.130 974
1974	0.119 429	0.151 111	2007	−0.114 84	0.125 358
1975	0.110 601	0.184 323	2008	−0.242 96	0.106 239
1976	0.286 154	0.174 483	2009	−0.332 62	0.161 115
1977	0.315 297	0.163 975	2010	−0.068 14	0.179 08
1978	0.289 96	0.166 487	2011	−0.002 75	0.153 443
1979	0.181 91	0.147 385	2012	0.117 065	0.152 026
1980	−0.021 93	0.143 532	2013	0.099 942	0.160 478

表 A.7 中国 1970—2014 年利润率：世界银行数据

年份	工业利润率	制造业利润率	年份	工业利润率	制造业利润率
1970	0.088 646 728	0.073 875 104			
1971	0.092 970 58	0.077 319 635	1993	0.090 514 953	0.066 356 022
1972	0.102 353 88	0.085 788 468	1994	0.102 228 424	0.074 189 828
1973	0.117 551 972	0.098 666 992	1995	0.118 759 228	0.085 146 477
1974	0.111 588 192	0.093 122 293	1996	0.123 563 449	0.087 545 687
1975	0.122 745 779	0.102 353 966	1997	0.121 315 027	0.085 108 154
1976	0.107 188 041	0.088 641 175	1998	0.111 329 357	0.077 094 308
1977	0.116 240 421	0.097 042 628	1999	0.103 759 32	0.071 999 069
1978	0.095 109 302	0.080 822 417	2000	0.105 892 016	0.074 447 878
1979	0.104 748 133	0.089 409 029	2001	0.103 858 028	0.073 136 814
1980	0.106 059 977	0.088 952 924	2002	0.099 554 261	0.070 181 021
1981	0.099 802 557	0.083 370 564	2003	0.100 121 621	0.071 908 4
1982	0.094 124 601	0.078 470 607	2004	0.101 930 608	0.071 736 31
1983	0.096 674 421	0.079 647 252	2005	0.104 948 664	0.072 414 759
1984	0.096 603 588	0.079 528 044	2006	0.108 848 417	0.075 137 144

表 A.7(续)

年份	工业利润率	制造业利润率	年份	工业利润率	制造业利润率
1985	0.105 309 67	0.085 725 477	2007	0.116 830 122	0.081 653 348
1986	0.095 054 069	0.076 429 903	2008	0.124 613 511	0.086 279 454
1987	0.079 667 255	0.063 344 94	2009	0.109 536 731	0.076 414 396
1988	0.085 118 595	0.067 602 102	2010	0.107 722 626	0.074 332 674
1989	0.087 330 073	0.070 303 989	2011	0.108 587 414	0.074 401 99
1990	0.083 504 215	0.066 307 024	2012	0.097 896 064	0.067 513 456
1991	0.083 032 395	0.064 881 608	2013	0.088 035 025	0.060 680 369
1992	0.087 399 495	0.066 176 688	2014	0.084 707 538	0.054 648 986

表 A.8　中国的利润率与其他指标的变化趋势（1998—2014 年）

年份	GDP增速%	资本形成率%	资本有机构成 C/V	剩余价值率 M/V	利润率 $M/(C+V)$	利润率 R_1	利润率 R_2	利润率 R_3
1998	7.8	35.3	3.484	0.930	0.207	0.189	0.145	0.138
1999	7.6	34.5	3.657	0.964	0.207	0.185	0.143	0.137
2000	8.4	33.9	3.790	0.998	0.208	0.184	0.143	0.137
2001	8.3	35.9	3.889	1.007	0.206	0.180	0.142	0.136
2002	9.1	36.4	3.992	1.013	0.203	0.177	0.140	0.134
2003	10.0	39.9	4.164	1.030	0.199	0.170	0.134	0.128
2004	10.1	42.2	4.618	1.155	0.206	0.176	0.137	0.131
2005	11.3	40.5	5.092	1.270	0.208	0.179	0.141	0.134
2006	12.7	40	5.432	1.320	0.205	0.177	0.140	0.134
2007	14.2	40.7	5.915	1.447	0.209	0.184	0.147	0.140
2008	9.6	42.6	5.911	1.264	0.183	0.160	0.130	0.123
2009	9.2	45.7	5.880	1.030	0.150	0.126	0.103	0.096
2010	10.6	47.2	6.572	1.079	0.142	0.121	0.099	0.093
2011	9.5	47.3	7.008	1.066	0.133	0.111	0.093	0.087
2012	7.7	46.5	7.540	1.032	0.121	0.099	0.084	0.078
2013	7.7	46.5	8.230	1.024	0.111	0.090	0.077	0.072
2014	7.3	45.9	8.910	0.999	0.101	0.081	0.070	0.065

附录 B 第 6 章亚洲金融危机预警再检验所用的数据

表 B.1 泰国发生危机的次数（1976—2010 年）

年份	货币危机	通胀危机	股票市场崩溃	主权债务危机 国内	主权债务危机 外部	银行危机	危机总次数
1976	0	0	0	0	0	0	0
1977	0	0	0	0	0	0	0
1978	0	0	0	0	0	0	0
1979	0	0	1	0	0	0	1
1980	0	0	1	0	0	1	2
1981	0	0	1	0	0	1	2
1982	0	0	0	0	0	1	1
1983	0	0	0	0	0	1	1
1984	1	0	0	0	0	1	2
1985	0	0	0	0	0	1	1
1986	0	0	0	0	0	1	1
1987	0	0	0	0	0	1	1
1988	0	0	0	0	0	0	0
1989	0	0	0	0	0	0	0
1990	0	0	1	0	0	0	1
1991	0	0	0	0	0	0	0
1992	0	0	0	0	0	0	0
1993	0	0	0	0	0	0	0
1994	0	0	1	0	0	0	1
1995	0	0	1	0	0	0	1
1996	0	0	1	0	0	1	2
1997	1	0	1	0	0	1	3
1998	0	0	1	0	0	1	2
1999	0	0	0	0	0	1	1
2000	1	0	1	0	0	1	3
2001	0	0	0	0	0	1	1

表B.1(续)

年份	货币危机	通胀危机	股票市场崩溃	主权债务危机 国内	主权债务危机 外部	银行危机	危机总次数
2002	0	0	0	0	0	0	0
2003	0	0	0	0	0	0	0
2004	0	0	0	0	0	0	0
2005	0	0	0	0	0	0	0
2006	0	0	0	0	0	0	0
2007	0	0	0	0	0	0	0
2008	0	0	0	0	0	0	0
2009	0	0	0	0	0	0	0
2010	0	0	0	0	0	0	0

数据来源：Reinhart 主页中的数据库：http://www.carmenreinhart.com/data/browse-by-country/。

表B.2 泰国的 Probit 模型和 Logit 模型所使用的数据（1976—2014 年）

年份	危机次数	外汇储备	实际利率	有效汇率	制造业利润
1976	0	6.172 464	6.262 932	20.400 1	0.067 365 13
1977	0	4.985 282	4.604 206	20.400 1	0.071 896 53
1978	0	4.850 168	1.168 657	20.336 1	0.078 302 87
1979	1	4.223 033	3.969 564	20.418 94	0.084 859 66
1980	1	3.343 638	3.055 257	20.476 35	0.089 689 22
1981	1	2.722 106	8.153 283	21.820 44	0.092 379 2
1982	1	3.026 598	11.327 55	23.000 12	0.081 959 62
1983	1	2.477 844	11.152 22	23.000 12	0.082 952 11
1984	1	2.539 439	15.124 81	23.639 37	0.080 445 16
1985	1	3.022 327	13.609 82	27.158 89	0.066 953 06
1986	1	3.741 04	11.531 22	26.298 88	0.074 583 62
1987	1	3.819 997	6.510 928	25.722 8	0.080 815 24
1988	0	3.614 022	5.348 397	25.293 88	0.093 141 44
1989	0	4.256 666	5.779 726	25.702 05	0.097 235 8
1990	1	4.411 705	8.171 716	25.585 46	0.097 819 41
1991	0	4.841 166	9.124 943	25.516 8	0.095 588 7
1992	0	5.097 361	7.346 329	25.400 13	0.088 252 52
1993	0	5.383 096	4.389 749	25.319 61	0.085 053 11

表B.2(续)

年份	危机次数	外汇储备	实际利率	有效汇率	制造业利润
1994	1	5.352 056	5.945 566	25.149 95	0.080 546 85
1995	1	5.027 914	7.102 161	24.915 18	0.078 883 94
1996	1	5.105 214	8.931 951	25.342 68	0.070 926 01
1997	1	4.051 764	8.834 355	31.364 33	0.054 797 25
1998	1	6.397 449	5.878 862	41.359 39	0.041 302 83
1999	1	6.685 707	11.862 04	37.813 66	0.046 444 66
2000	1	5.072 972	6.417 135	40.111 8	0.047 031 09
2001	1	5.249 814	5.231 96	44.431 9	0.043 400 18
2002	0	5.776 785	5.098 438	42.960 08	0.047 931 38
2003	0	5.428 5	3.708 341	41.484 62	0.053 874 72
2004	0	5.128 474	1.864 296	40.222 41	0.057 405 68
2005	0	4.352 005	0.666 248	40.220 13	0.058 948 54
2006	0	5.081 59	2.140 631	37.881 98	0.065 307 94
2007	0	5.931 61	4.466 207	34.518 18	0.072 738 69
2008	0	6.082 902	1.814 727	33.313 3	0.074 325 48
2009	0	9.800 459	5.756 718	34.285 77	0.065 400 24
2010	0	9.088 756	1.780 065	31.685 71	0.077 244 87
2011	0	7.786 289	3.053 83	30.491 73	0.072 575 09
2012	0	7.341 701	5.090 607	31.083 09	0.068 973 62
2013	0	6.563 425	5.144 507	30.725 97	0.066 537 49
2014	0	6.722 214	5.753 329	32.479 83	0.064 210 72

注：根据表B.1，将危机次数转化为0与1的形式，0表示不发生危机，1表示发生危机。2011—2014年发生危机的状况，是本书根据泰国的宏观运行数据估算的。外汇储备、实际利率、有效汇率源于世界银行数据库，制造业利润率为第5章计算所得。

附录 C 第 7 章美国次贷危机预警再检验所用的数据

表 C.1 美国发生危机的次数（1980—2010 年）

年份	货币危机	通胀危机	股票市场崩溃	主权债务危机 国内	主权债务危机 外部	银行危机	危机总次数
1980	0	0	1	0	0	0	1
1981	0	0	1	0	0	0	1
1982	0	0	1	0	0	0	1
1983	0	0	0	0	0	0	0
1984	0	0	0	0	0	1	1
1985	0	0	0	0	0	1	1
1986	0	0	0	0	0	1	1
1987	0	0	0	0	0	1	1
1988	0	0	0	0	0	1	1
1989	0	0	1	0	0	1	2
1990	0	0	1	0	0	1	2
1991	0	0	1	0	0	1	2
1992	0	0	0	0	0	0	0
1993	0	0	0	0	0	0	0
1994	0	0	0	0	0	0	0
1995	0	0	0	0	0	0	0
1996	0	0	0	0	0	0	0
1997	0	0	0	0	0	0	0
1998	0	0	0	0	0	0	0
1999	0	0	0	0	0	0	0
2000	0	0	1	0	0	0	1
2001	0	0	1	0	0	0	1
2002	1	0	1	0	0	0	2
2003	1	0	0	0	0	0	1
2004	0	0	0	0	0	0	0
2005	0	0	0	0	0	0	0

表C.1(续)

年份	货币危机	通胀危机	股票市场崩溃	主权债务危机 国内	主权债务危机 外部	银行危机	危机总次数
2006	0	0	0	0	0	0	0
2007	0	0	0	0	0	1	1
2008	0	0	1	0	0	1	2
2009	0	0	0	0	0	1	1
2010	0	0	0	0	0	1	1

数据来源：Reinhart主页中的数据库：http://www.carmenreinhart.com/data/browse-by-country/。

表C.2 美国的Probit模型和Logit模型所使用的数据（1980—2015年）

年份	危机次数	外汇储备	实际利率	有效汇率	制造业利润	汽车行业利润
1980	1	6.161 654	5.730 492	105.051 6	0.037 629 37	-0.021 93
1981	1	4.082 22	8.719 668	115.759 6	0.035 293 47	0.054 858
1982	1	4.837 334	8.151 402	129.516 7	0.025 968	0.049 925
1983	0	3.912 362	6.585 769	135.625 5	0.025 807	0.146 834
1984	1	2.653 562	8.203 194	143.905 9	0.029 318 37	0.199 857
1985	1	2.924 835	6.524 948	148.966 3	0.025 803 79	0.185 767
1986	1	3.166 279	6.189 985	125.154 9	0.015 316 28	0.102 874
1987	1	3.265 036	5.511 425	112.646 5	0.022 112 5	0.057 667
1988	1	2.606 234	5.617 435	106.125 2	0.027 191 37	0.065 832
1989	1	2.803 188	6.723 888	109.577 5	0.022 337 33	0.039 844
1990	1	2.735 577	6.084 919	104.493 7	0.020 824 12	-0.049 05
1991	1	2.601 693	4.969 413	103.113 9	0.018 959 86	-0.029 78
1992	0	2.312 314	3.883 588	100.651 4	0.019 828 13	0.067 126
1993	0	2.397 652	3.536 594	103.668 8	0.022 496 33	0.139 712
1994	0	2.063 914	4.905 799	103.097 1	0.029 408 76	0.209 863
1995	0	1.955 237	6.605 716	99.626 57	0.034 470 94	0.090 121
1996	0	1.662 76	6.329 727	102.613 2	0.034 653 57	0.082 468
1997	0	1.257 269	6.616 914	107.628 3	0.034 724 57	0.058 553
1998	0	1.291 272	7.190 871	115.277 5	0.028 177 34	0.092 192
1999	0	1.079 469	6.366 418	114.223 1	0.024 431 05	0.062 338
2000	1	0.861 989	6.803 01	117.898 5	0.021 895 41	-0.006 72

表C.2(续)

年份	危机次数	外汇储备	实际利率	有效汇率	制造业利润	汽车行业利润
2001	1	0.954 316	4.539 319	124.569 5	0.012 200 61	-0.057 09
2002	1	1.140 456	3.092 403	124.261 4	0.010 290 74	-0.032 19
2003	1	1.228 028	2.086 831	116.338 7	0.017 177 08	0.044 795
2004	0	1.074 104	1.547 721	110.886 7	0.025 025 52	-0.037 1
2005	0	0.912 174	2.878 896	109.366 5	0.033 291 44	-0.028 65
2006	0	0.924 699	4.739 62	108.748 5	0.040 854 26	-0.063 84
2007	1	1.073 57	5.248 971	103.621 9	0.033 759 4	-0.114 84
2008	1	1.093 139	3.065 749	99.544 65	0.023 073 03	-0.242 96
2009	1	1.973 122	2.471 794	104.038 5	0.013 619 98	-0.332 62
2010	1	2.054 669	2.004 173	100	0.026 750 77	-0.068 14
2011	1	2.005 717	1.161 394	95.099 85	0.025 545 78	-0.002 75
2012	1	2.082 614	1.382 482	97.998 97	0.031 090 67	0.117 065
2013	1	1.615 754	1.593 924	99.113 65	0.034 571 02	0.099 942
2014	0	1.504 664	1.581 366	101.181 3	0.034 751 24	
2015	0	1.369 623	2.235 481	113.840 9	0.026 373 54	

注：根据表C.1，将危机次数转化为0与1的形式，0表示不发生危机，1表示发生危机。2011—2015年发生危机的状况，是本书根据美国的宏观运行数据估算的。外汇储备、实际利率、有效汇率源于世界银行数据库，制造业利润率和汽车行业利润率为第5章计算所得。